2021—2035 年國家古籍工作規劃重點出版項目

南京圖書館藏　古籍珍本圖錄

南京圖書館　編

國家圖書館出版社

圖書在版編目（CIP）數據

南京圖書館藏古籍珍本圖録 / 南京圖書館編. — 北京：
國家圖書館出版社, 2023.11
　　ISBN 978-7-5013-7428-1

　　Ⅰ. ①南… Ⅱ. ①南… Ⅲ. ①古籍—善本—圖書目録—
南京 Ⅳ. ①Z838

　　中國版本圖書館CIP數據核字〔2022〕第003627號

書　　名　南京圖書館藏古籍珍本圖録
著　　者　南京圖書館　編
責任編輯　王燕來　　王　雷

出版發行　國家圖書館出版社（北京市西城區文津街7號　　100034　）
　　　　　（原書目文獻出版社　北京圖書館出版社）
　　　　　010-66114536　63802249　nlcpress@nlc.cn（郵購）
網　　址　http://www.nlcpress.com
排　　版　愛圖工作室
印　　裝　北京雅圖新世紀印刷科技有限公司
版次印次　2023年11月第1版　2023年11月第1次印刷

開　　本　889×1194　1/16
印　　張　16.5
書　　號　ISBN 978-7-5013-7428-1
定　　價　380.00圓

編委會

楮墨流輝 佳本共賞

——南京圖書館藏古籍珍本圖録

　　南京圖書館的前身爲創辦於 1907 年的江南圖書館和籌建於 1933 年的國立中央圖書館，二館館名屢有變更，20 世紀 50 年代兩館合并而成今日之南京圖書館。

　　南京圖書館所藏古籍淵源有自，絶大部分來自於私家藏書樓。江南圖書館建館第二年（1908），時任兩江總督端方、江南圖書館總辦繆荃孫、坐辦陳慶年就在機緣巧合間，將晚清四大藏書家之一的浙江杭州丁氏八千卷樓 60 萬卷藏書購入，從而爲今日南圖古籍典藏奠定下堅實基礎，可謂開篇不俗。其後又有武昌范氏木樨香館、常熟翁氏、桃源宋氏等知名藏家的遺書舊籍陸續入藏。

　　中央圖書館則通過采購、接收、調撥等途徑獲取古籍。其中包括抗日戰爭初期，對江浙滬藏書世家如貴池劉氏玉海堂、江寧鄧氏群碧樓、吴興劉氏嘉業堂等流散於上海書肆之善本圖籍進行搶救性收購，以及抗戰勝利後對閩侯陳氏澤存書庫及一些被撤銷機構的藏書進行接收。

　　南京圖書館成立後，接收了蘇南區文物管理委員會等綫裝書籍的調撥。其後又有南京朱希祖酈亭、蘇州顧氏過雲樓藏書入藏，均産生了較大影響。進入 21 世紀以來，則通過競拍、受贈等途徑，成功入藏若干古籍原本，其中不乏國寶級的珍秘之籍，在業界引發不小關注。

　　南圖歷代前輩先賢不畏艱險孜孜以求，百年搜討用心守護，可敬可佩。如今，南圖共擁有古籍 160 萬册，其中善本 1.2 萬餘部 14 萬册，共有 631 部入選《國家珍貴古籍名録》。此珍本圖録即從 631 部入選古籍中遴選出 123 部珍秘善本、佳槧名抄。所選古籍精粹，四部皆備，版本時代自唐至清，版本形式多種多樣，涵蓋官刻、坊刻、私刻刻書系統，包括刻本、寫本、稿抄本、套印本、活字本、拓本、鈐印本、彩繪本等諸多類別，具有極高的文獻、文物及藝術價值。每種珍籍配以簡要文字，揭示基本信息和主要特徵，并選擇具有版本特色、富於文化價值的書影進行展示，彰顯中華古籍之美。

　　本圖録依版本時代先後排序，收録唐宋本 30 部，遼金元本 26 部，明清本 39 部，稿抄本 28 部。

　　就唐宋本來説，存世之本寥若晨星，所選古籍中有多部堪稱白眉的稀世之珍。如：展示寫經體書法風格的唐寫本《妙法蓮華經》。北宋熙宁元年（1068）寫金粟山廣惠禪院大藏經本《温室洗浴衆僧經》，其書寫所用金粟山藏經紙爲中國古代名紙。北宋刻本《禮部韵略》爲科舉考試用工具書，刊刻時間在北宋仁宗景祐四年（1037）至英宗治平三年（1066）之間，爲海内外孤本，亦爲現存《禮部韵略》最早刻本。該書被譽爲古籍界重大發現，於 2013 年通過競拍入藏南圖。南宋紹定三年（1230）俞宅書塾刻本《乖崖張公語録》，孤本存世、宋刻宋印，字體秀美、紙墨精良，爲南宋浙本之上品。宋刻本《龍川略志》六卷《龍川別志》四卷，爲現存唯一一套兩志合刻宋刊宋印本，每册正文首葉均鈐有"楝亭曹氏藏書"朱文印記，曾爲曹雪芹祖父曹寅所藏，2013 年被評爲全國古籍普查的重大發現之一。宋刻本《字苑類編》，載籍少見著録，堪稱秘本。

　　就遼金元本來看，"北朝皇帝好佛法"，今人難得一見的遼代文獻亦以佛經爲主。所選古籍中有多部堪稱上駟的稀世之珍。如：遼重熙四年（1035）泥金寫本《大方廣佛花嚴經》，此本爲版本目録學家沈燮元先生 20 世紀 50 年代購於上海，曾入選"南圖十大珍本"。元皇慶元年（1312）余志安勤有堂刻本《集千家注分類杜工部詩》，良工精刻，校勘幾無錯訛，爲極具價值的現存早期版本。醫家傳世名作《張仲景注解傷寒百證歌新編張仲景注解發微論》，典型元刻本風格，版刻粗獷，墨色濃重，草筋紙刷印，存世僅三部。同樣曾入選南圖十大珍本的元刻本《樂府新編陽春白雪》，正文前有柳如是小像一幀，書中并有柳如是校記，黄丕烈、丁丙題跋。

　　就明清本來看，明清兩代雕版繁榮，丰富多彩，刻書盛況遠超宋元。明洪武刻本《[洪武]蘇州府志》，洪武原刊，雕版古樸，雅近元刻，又集古今名家校訂批跋。此爲歷史上第一部《蘇州府志》。明初所刻，尚有元刻遺風的《增廣注釋音辨唐柳先生集》，書中夾縫多有朱筆校字，爲校勘名家何焯手筆，卷末有康熙四十三年（1704）何焯跋文。明弘治十二年（1499）楊茂仁刻《楊文懿公文集》爲楊氏家刻本，楊家有"一門五進士"之謂。書經黄丕烈、汪憲、吴翌鳳、汪士鐘等名家遞藏，末有藏書大家黄丕烈題跋。

　　就稿抄本來看，稿本，形態多樣，作爲一書不同版本的祖本，若是未刊稿本，其學術與史料價值更是自不待言。抄本，在雕版印刷術產生之前，抄寫是文化傳播的主流方式，雕版印刷術流行之後，抄本漸成印本的補充，其中的名家抄本，以底本可靠、内容全面、校訂精審、繕寫精工而尤顯珍貴。從藝術價值來看，一些名家稿、抄本，本身就是極具觀賞性的書法佳作。如：明末清初著名學者顧炎武稿本《天下郡國利病書》，有錢大昕、黃丕烈（倩沈書山書）跋。自題其室名曰"千元十駕"的藏書家吳騫稿本《巾箱集》，此手稿一直不曾刊刻，亦未見於各家書目著録，極爲珍貴。明隆慶元年（1567）居節抄本《吳中舊事》，有居節跋文，字迹清雅秀逸，令人賞心悦目。種種珍品，不勝枚舉。

2023 年 6 月 1 日，習近平總書記在考察中國國家版本館時强調，要"把自古以來能收集到的典籍資料收集全、保護好，把世界上唯一没有中斷的文明繼續傳承下去"。編輯出版館藏珍本圖録，體現南圖在古籍收藏方面的深厚積澱與傳承有序，既是公藏機構嘉惠學林、義不容辭的社會責任，也是藉此熟知典籍、鑒古知今，增强文化自覺、堅定文化自信，弘揚中華優秀傳統文化的重要舉措。

南京圖書館（江蘇省古籍保護中心）

2023 年 7 月

凡　例

　　圖録所收之書，選自南京圖書館入選《國家珍貴古籍名録》之部分古籍，共計 123 部。

　　所收古籍珍本分爲唐宋本、遼金元本、明清本、稿抄本四類。各類以版本年代排序，版本時代不明確者，依著書時間排序。

　　圖録依據古籍原書著録基本信息，包括題名、著者、版本、批校題跋、存卷、行款、國家珍貴古籍名録編號。原書信息不完整或有訛誤者，則考證後予以補充、訂正。

　　經摺裝、蝴蝶裝、毛裝等特殊裝幀形式，著録於行款之前。未著録裝幀形式者爲綫裝古籍。

　　每部珍本簡要概括内容，附録著者簡介。

　　書名按原書照録，其餘均采用規範繁體字。

　　圖録所載人物籍貫按原始地名著録，并在初次出現時標注現行行政區劃地名。人物生卒年不詳者，不作特意説明。近代民國人物不標注朝代。

　　每部珍本選擇能反映該書版本特徵的書影一至多幅不等，書影均采用原件拍攝或掃描。

目　録

【唐宋本】

【遼金元本】

【明清本】

【稿抄本】

監樂堂 并序

巴川郡治之圃曰監樂堂者紹興戊辰始剏樹

七年敗于張水而故製迫陋亦令人意不怡嘗

平使者僚屬馮俟茂恭攝守一新大之俟故家

于學古入官慕循吏名迹欲與相角剪弊剗之

禁姦繩暴率之以正行之以公持之以果輔之

以明政大事小節目具舉舊爲害最甚曰益曰

妙法蓮華經卷第三

（後秦）釋鳩摩羅什譯　唐寫本

鳩摩羅什（343—413），後秦高僧，翻譯家。

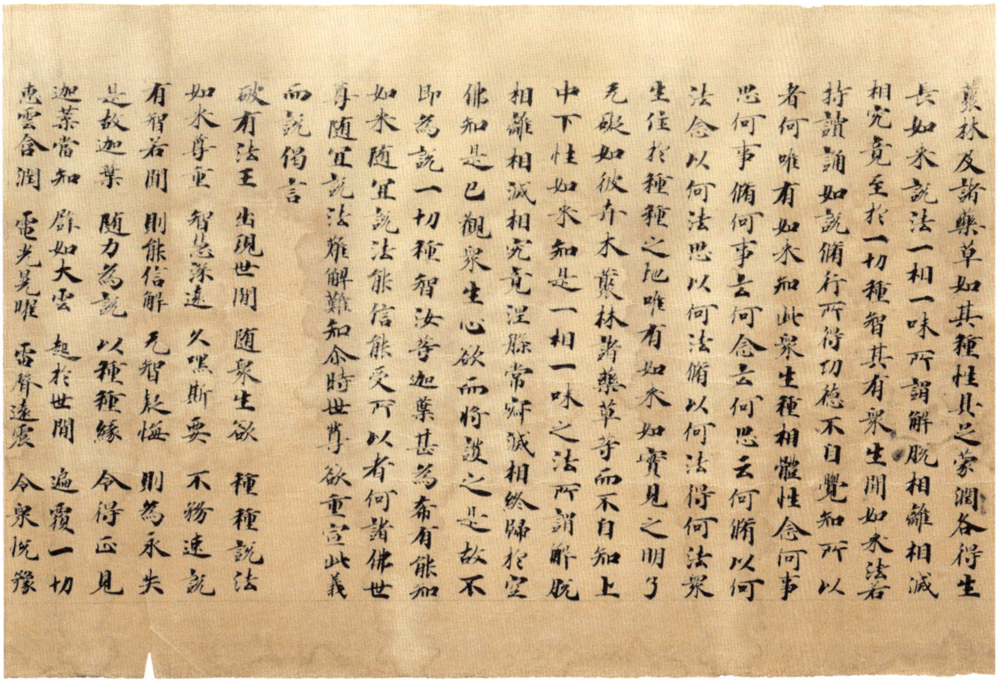

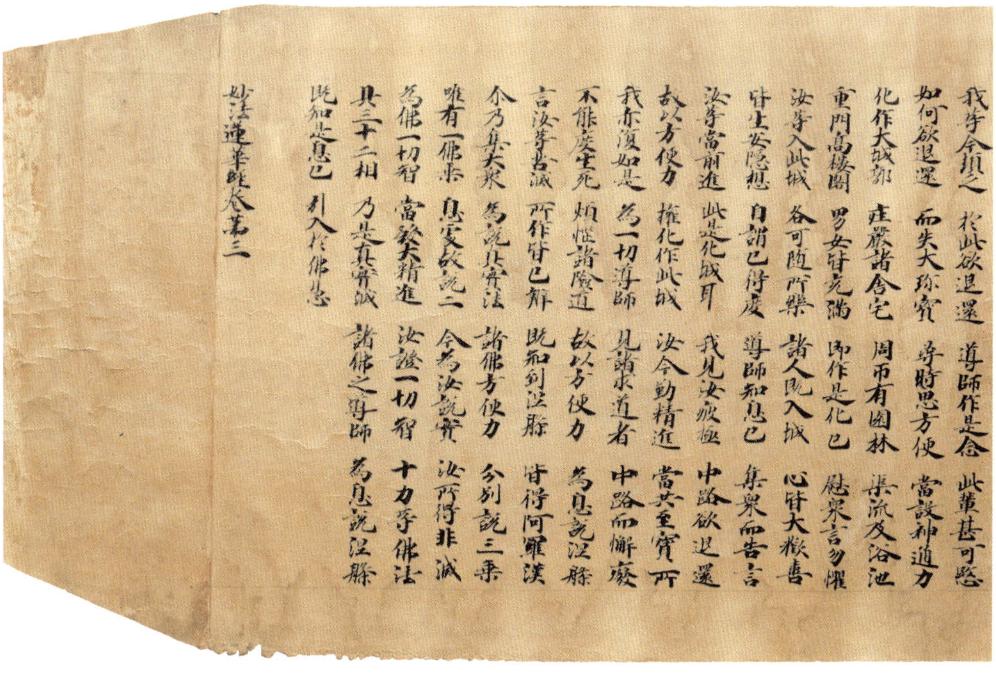

　　《妙法蓮華經》簡稱《法華經》，大乘佛教初期經典之一。"妙法"意指釋迦成佛以後所説教法微妙無上，"蓮華經"比喻經典的純潔。漢譯、藏譯等版本近二十種，以鳩摩羅什譯本流傳最廣影響最遠。

　　卷軸裝。首殘尾全。高 26.3 厘米，長 1004.5 厘米。存二十一紙。行十七至二十字。烏絲欄。國家珍貴古籍名録編號 12306。

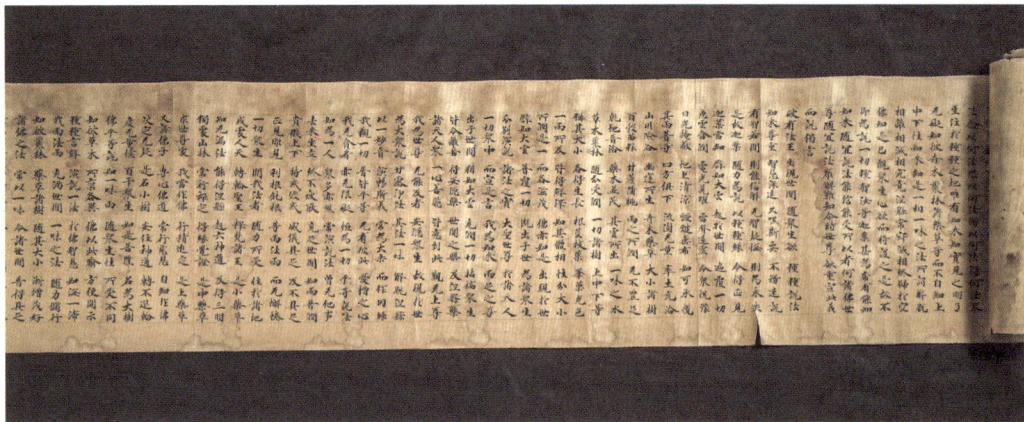

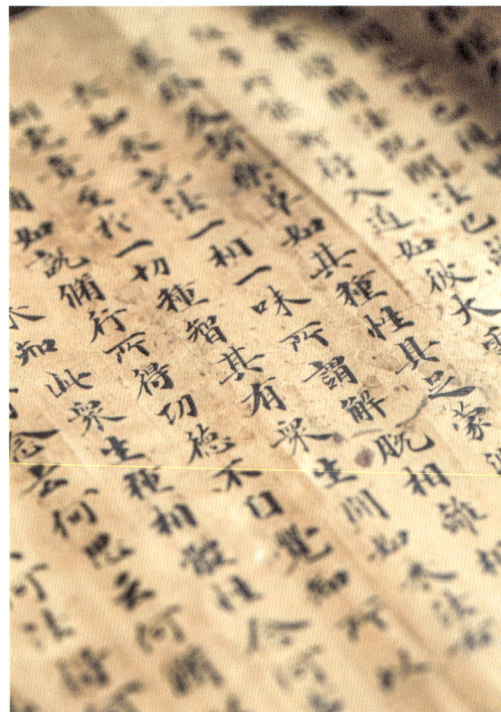

禮部韻略五卷

（宋）丁度等撰　北宋刻本（卷一、五有缺葉）

丁度（990—1053），字公雅，開封（今屬河南）人，官至端明殿學士。訓詁學家。

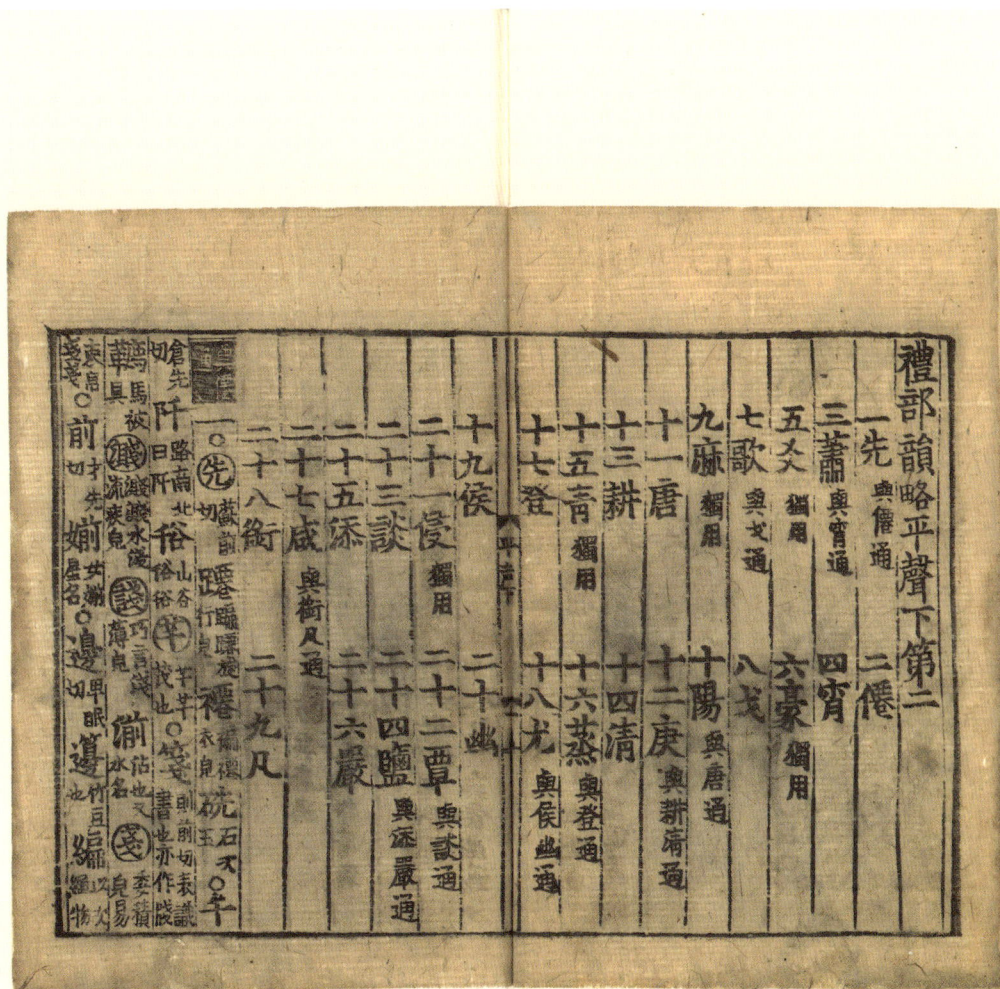

　　是書爲北宋仁宗景祐四年（1037）丁度等人奉敕編撰，專爲科舉而設以作審音定韵標準的權威韵書。全書五卷，去聲、入聲兩卷保存完好。避神宗“恒”字諱，未避仁宗之後諸帝之御名及嫌名。字體古樸，刀法古拙，爲北宋仁宗時期坊間刻本。

　　框高 16.4 厘米，寬 12.7 厘米。半葉十行，行大小字數不等。左右雙邊，黑口，雙或單魚尾。國家珍貴古籍名録編號 12355。

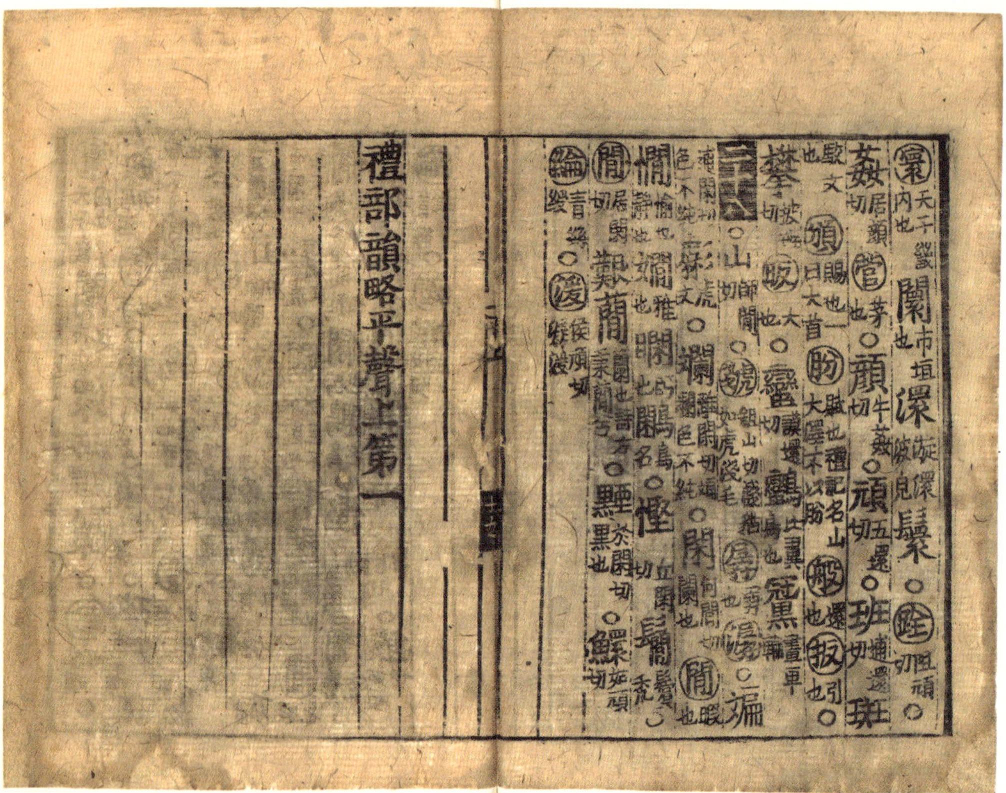
禮部韻略平聲上第一

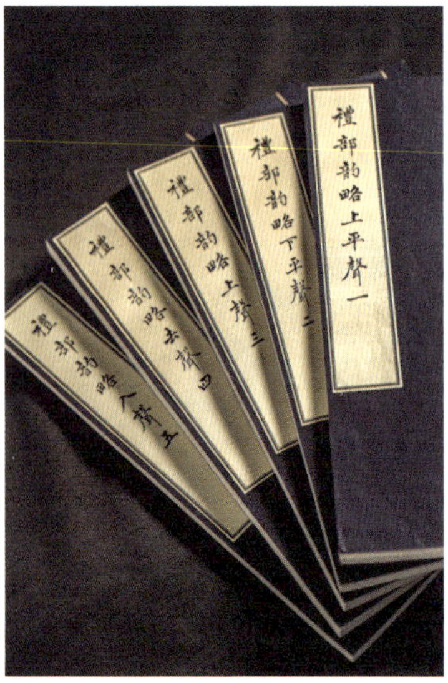
禮部韻略上平聲一
禮部韻略下平聲二
禮部韻略上聲三
禮部韻略去聲四
禮部韻略入聲五

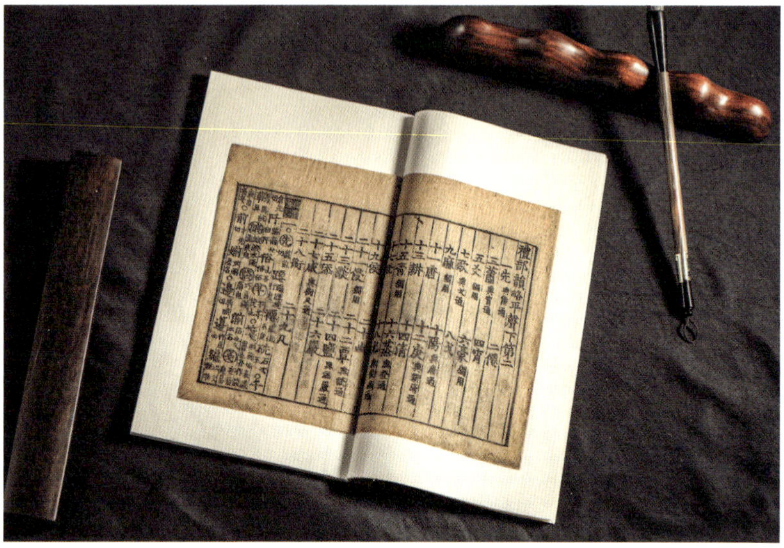

佛説温室洗浴衆僧經一卷

（漢）釋安世高譯　北宋熙寧元年（1068）寫金粟山廣惠禪院大藏經本
安世高，漢時安息國（今伊朗）入華僧人。本名清，以字行。

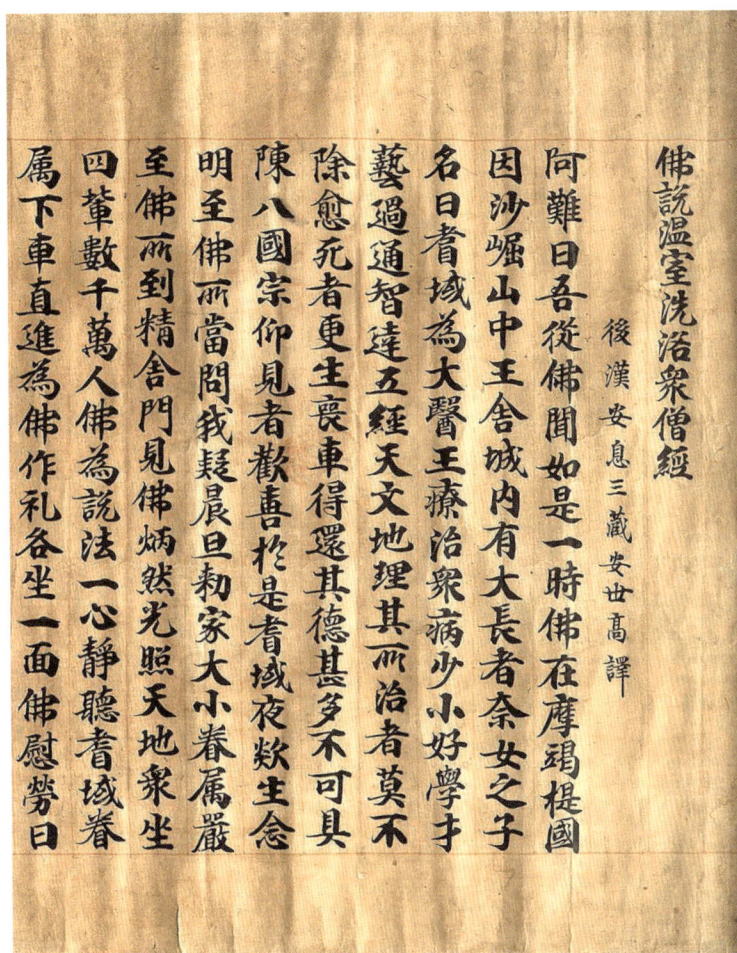

　　温室浴僧乃佛教重要習俗，是經闡述沐浴可令人除垢净身，祛病療疾，消除煩惱，從而達身心強健之目的。

　　金粟山位於浙江省海鹽縣，金粟寺於大中祥符元年更名廣惠禪院，與此同時開始組織抄寫大藏經。金粟山大藏經的寫經用紙纖維匀細、紙質堅韌，稱"金粟山藏經紙"，爲中國著名古紙。

　　卷軸裝。高32厘米，長158.6厘米。一紙長60.5厘米。每紙三十行，每行十七字。朱絲欄。千字文帙號原缺。國家珍貴古籍名録編號00856。

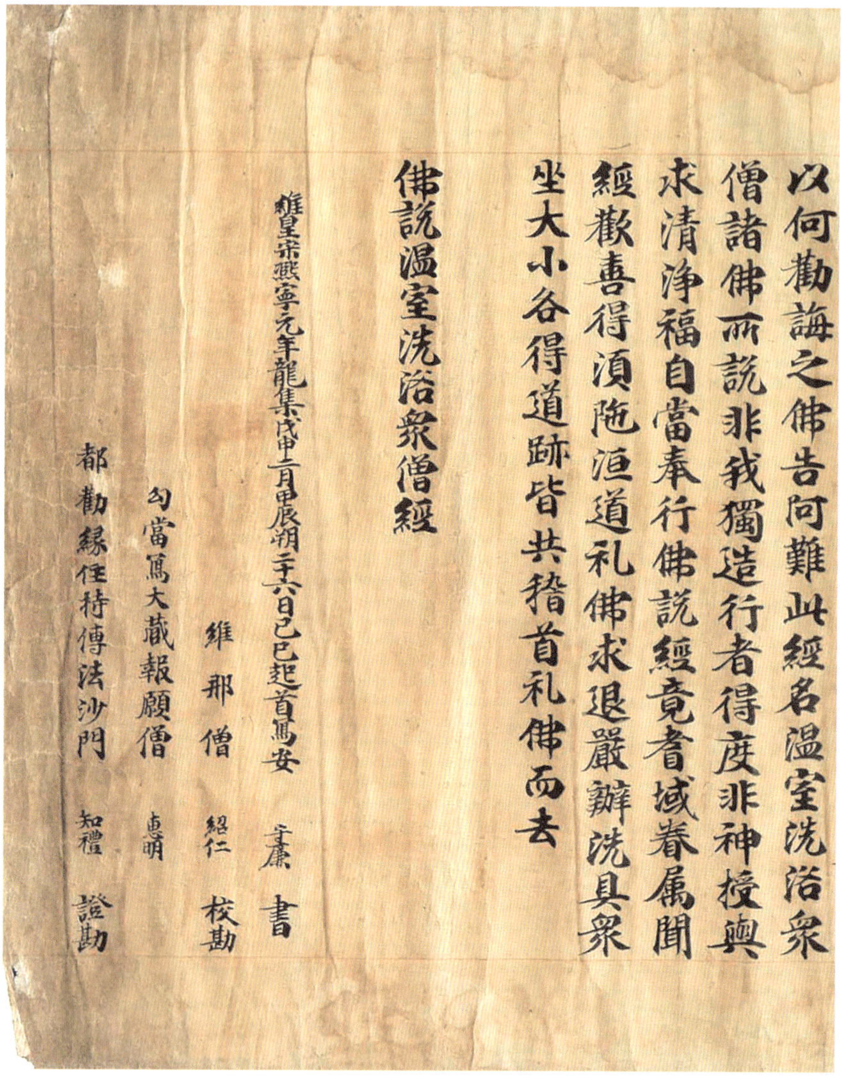

以何勸誨之佛告阿難此經名溫室洗浴衆
僧諸佛所說非我獨造行者得度非神授與
求清淨福自當奉行佛說經竟耆域眷屬聞
經歡喜得須陁洹道礼佛求退嚴辦洗具衆
坐大小各得道跡皆共稽首礼佛而去

佛說溫室洗浴衆僧經

維皇宋熙寧元年龍集戊申二月甲辰朔二十六日己巳起首寫安　元康　書
維那僧　紹仁　校勘
勾當寫大藏報願僧　惠明
都勸緣住持傳法沙門　知禮　證勘

佛說溫室洗浴衆僧經
後漢安息三藏安世高譯
阿難曰吾從佛聞如是一時佛在摩竭提國
因沙㟙山中王舍城内有大長者奈女之子
名曰耆域爲大醫王療治衆病少小好學手
藝過通智達五經天文地理其所治者莫不
除愈死者更生喪車得還其德甚多不可具
陳八國宗仰見者歡喜於是耆域夜欻生念

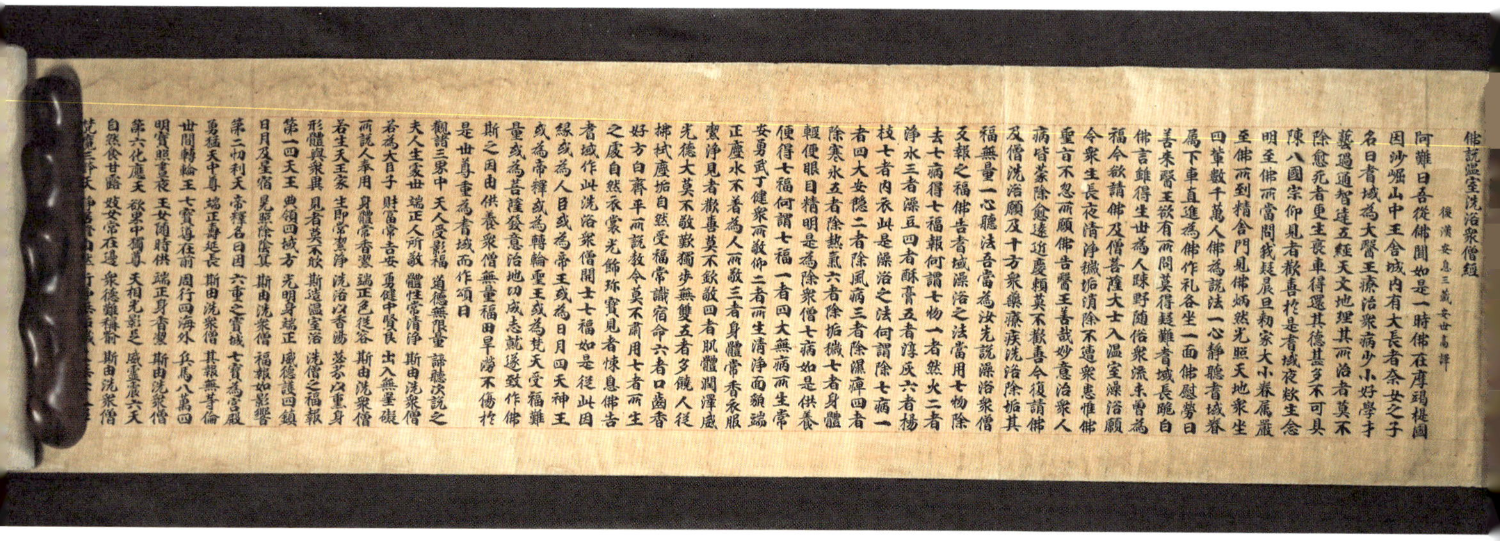

阿毗達磨大毗婆沙論二百卷

（唐）釋玄奘譯　北宋元豐三年至政和二年（1080—1112）刻福州東禪等覺禪院崇寧萬壽大藏經本　存一卷（九十六）　［日本］山本縣定題款　顧麟士畫并題款

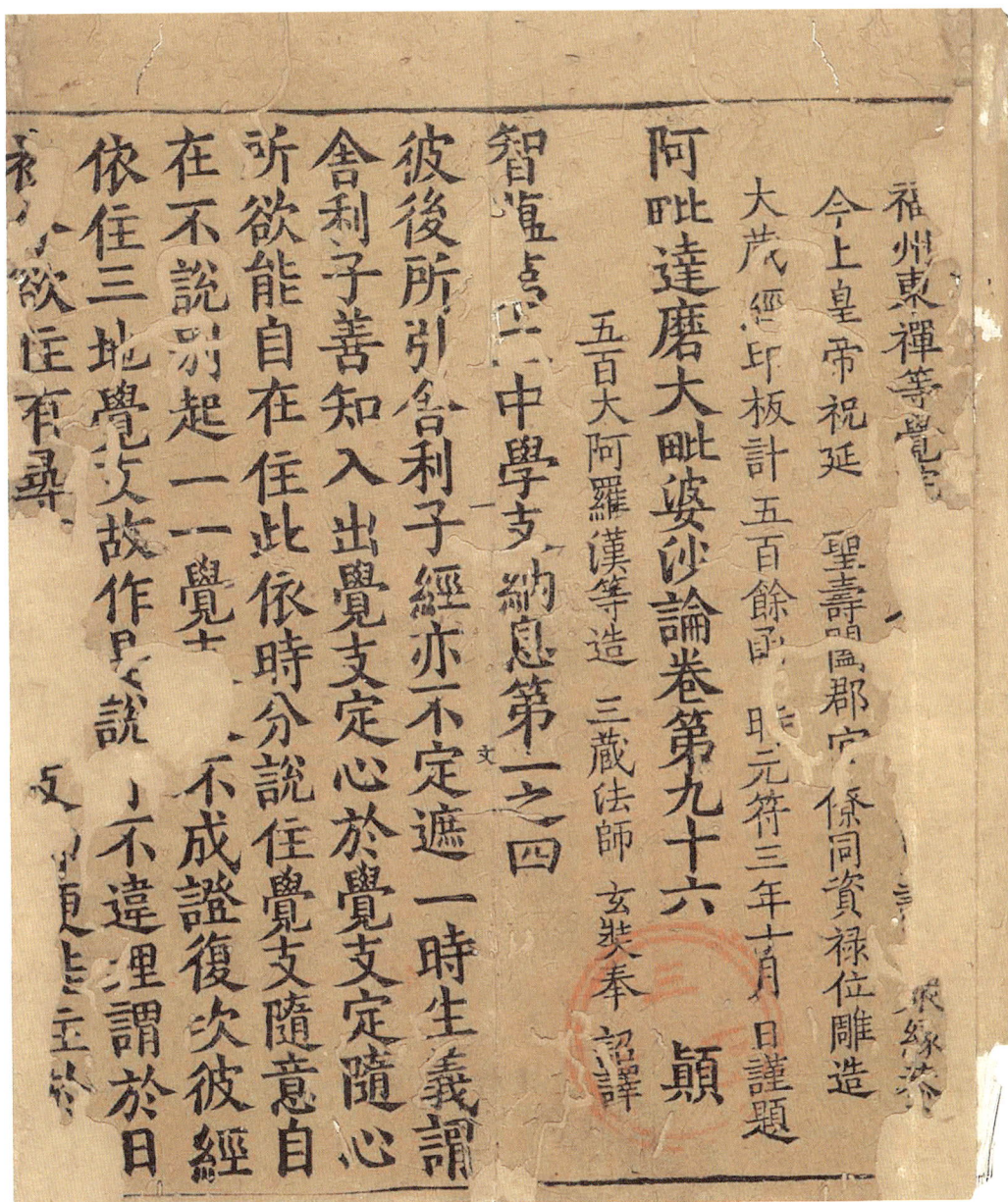

　　此論亦簡稱《婆沙》，至唐玄奘始完全譯出，是小乘説一切有部所依之論藏。該論廣明法義，備列衆説，爲詳解迦多衍尼子《阿毗達磨發智論》而造的釋論。

　　經摺裝。框高 24.5 厘米，寬 11.5 厘米。半葉六行，行十七字，上下單邊。千字文帙號爲"顛"。鈐"三聖寺""因因盦""麟士""顧崔逸"等印。國家珍貴古籍名録編號 02942。

靈巖寺宋賢題詩題名集拓

（宋）李迪　滕涉等撰　宋天聖六年至政和五年（1028—1115）刻石　宋拓本　葉恭綽題端　陳承修、方還、穆湘玥、吴湖帆題跋

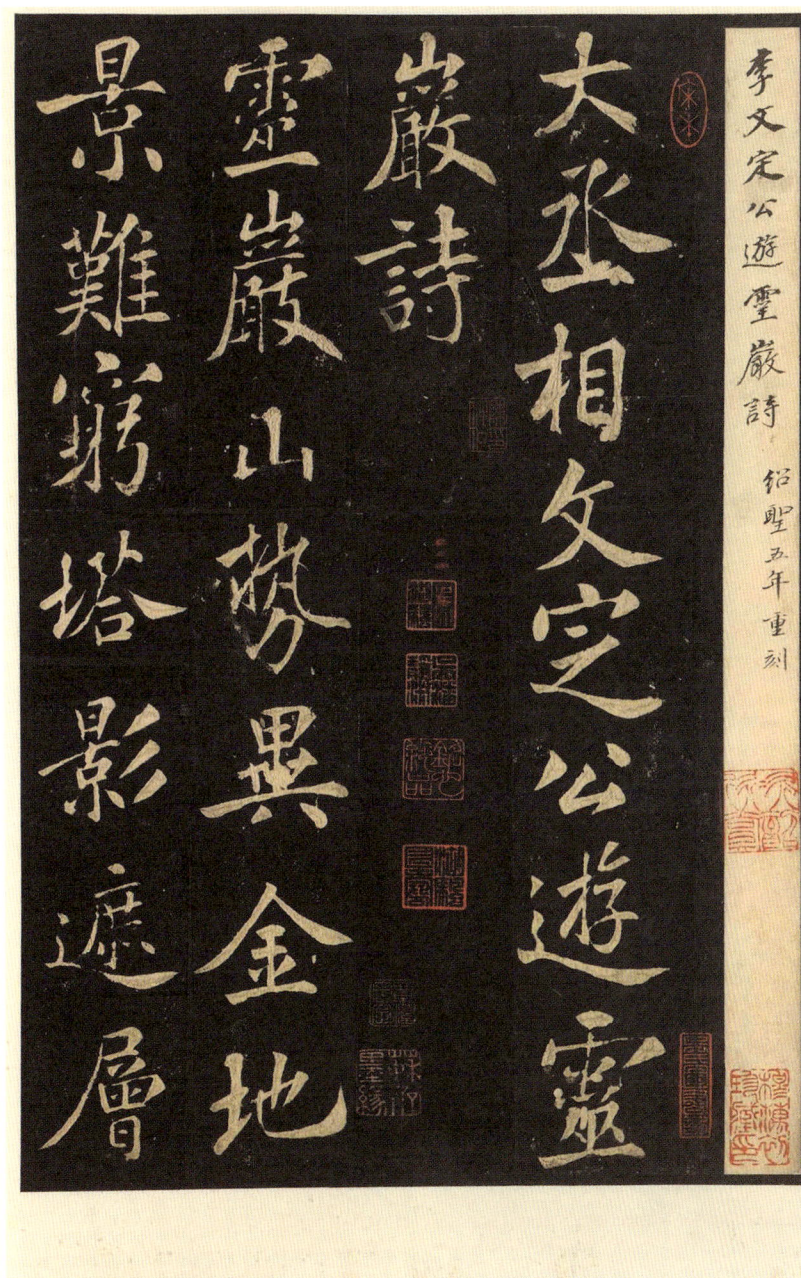

宋拓靈巖寺宋賢詩記題名

丁卯十月
湖帆題

靈巖寺位處山東長清靈巖山，爲海內四大禪寺之首。北宋年間因地理位置成往來官員文人停駐游觀之所，并漸爲齊地詩歌創作中心。

正文凡九篇。首篇爲李迪天聖年間由兗州赴任青州途中，路經靈巖寺時之題壁詩，主僧爲之刻石。紹聖五年李迪侄孫新滑州白馬縣主簿李侃見石刻字畫刓缺，乃命工再刊石，并將詩題作《李文定公游靈巖詩》。《全宋詩》題名《靈巖》。

經摺裝。三十一開。墨本高 38.5 厘米，寬 26.7 厘米。鈐"劉墉之印""樊彬收藏金石文字印""葉印恭綽""吳萬私印""吳湖颿藏""吳潘静淑""陳承修""方還""穆藕初珍藏印"等。國家珍貴古籍名録編號 07226。

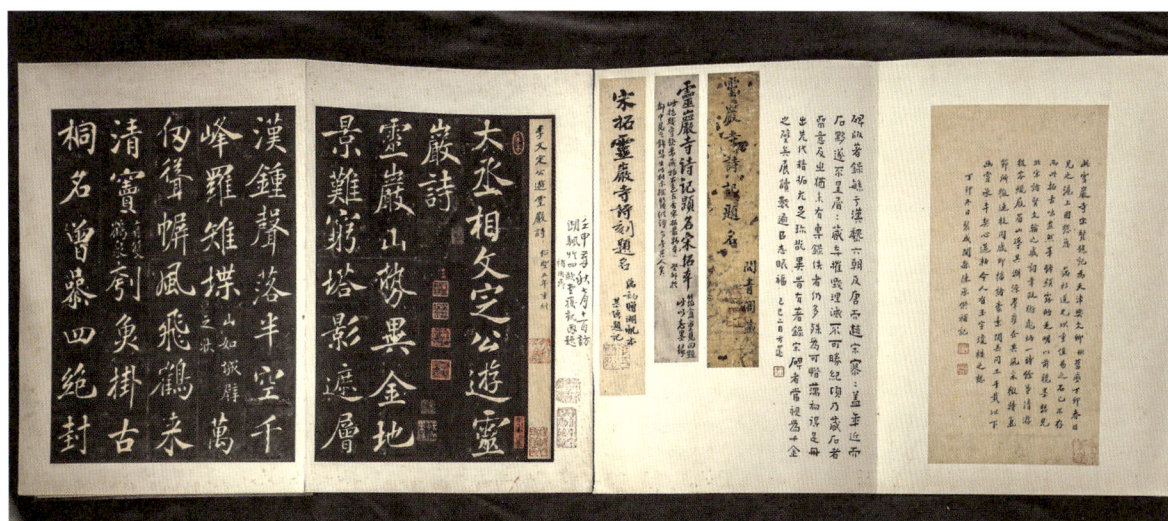

頤堂先生文集五卷

（宋）王灼撰　宋乾道八年（1172）王撫幹宅刻本（目錄及附錄抄配）　丁申、丁丙跋

王灼，生卒年不詳，約北宋神宗至南宋高宗間人。潛心著述，涉文學、戲曲、音樂等諸多領域。
著有《碧鷄漫志》《糖霜譜》等。

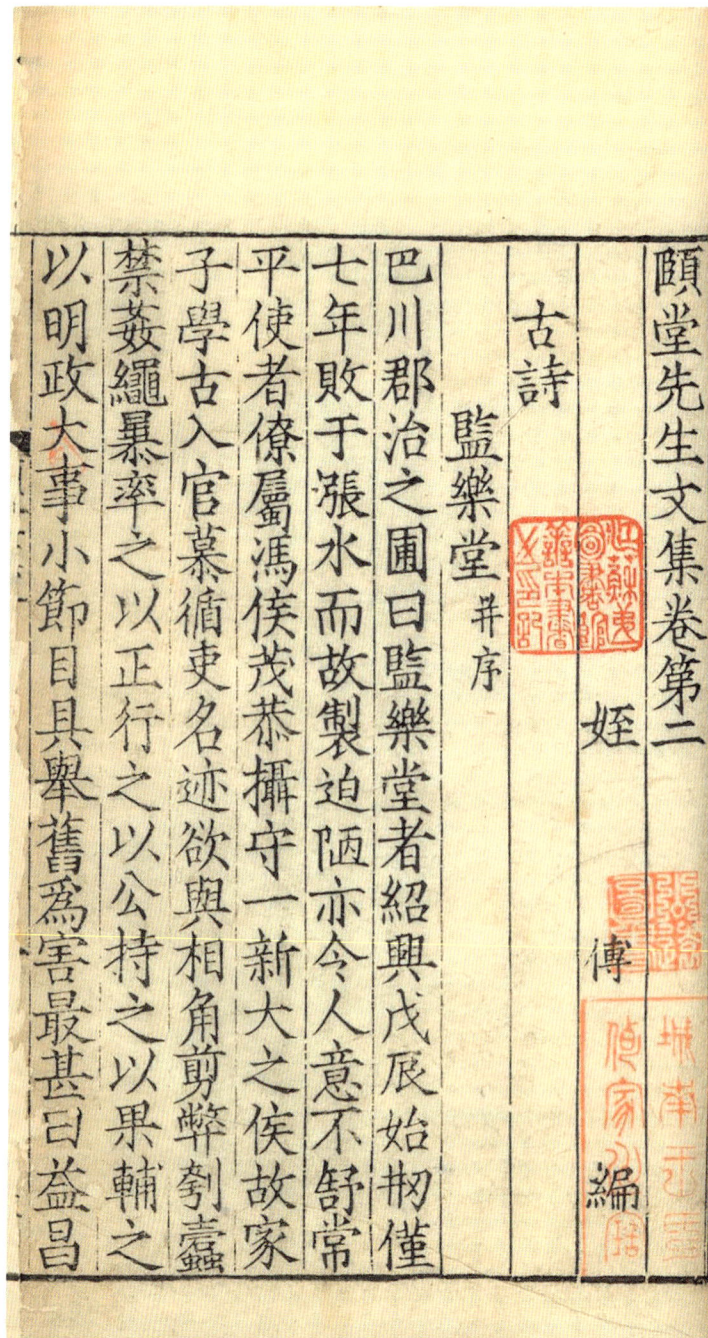

全書五卷。卷一古賦，卷二至四古詩，卷五近體詩。後附《頤堂文集》之《近古堂記》《碧鷄漫志序》二篇及《頤堂詞》二十一闋。卷一後有"乾道壬辰六月王撫幹宅謹記"條記。

框高 20.3 厘米，寬 14.2 厘米。半葉十行，行十八字，小字雙行同。左右雙邊，白口，單黑魚尾。鈐"古潭州袁卧雪廬收藏""城南王氏傳家之寶""公遠圖書""潁川子""振唐""王璉印""王氏圖書""泉唐嘉惠堂丁氏收藏善本書籍記"等印。國家珍貴古籍名錄編號 01144。

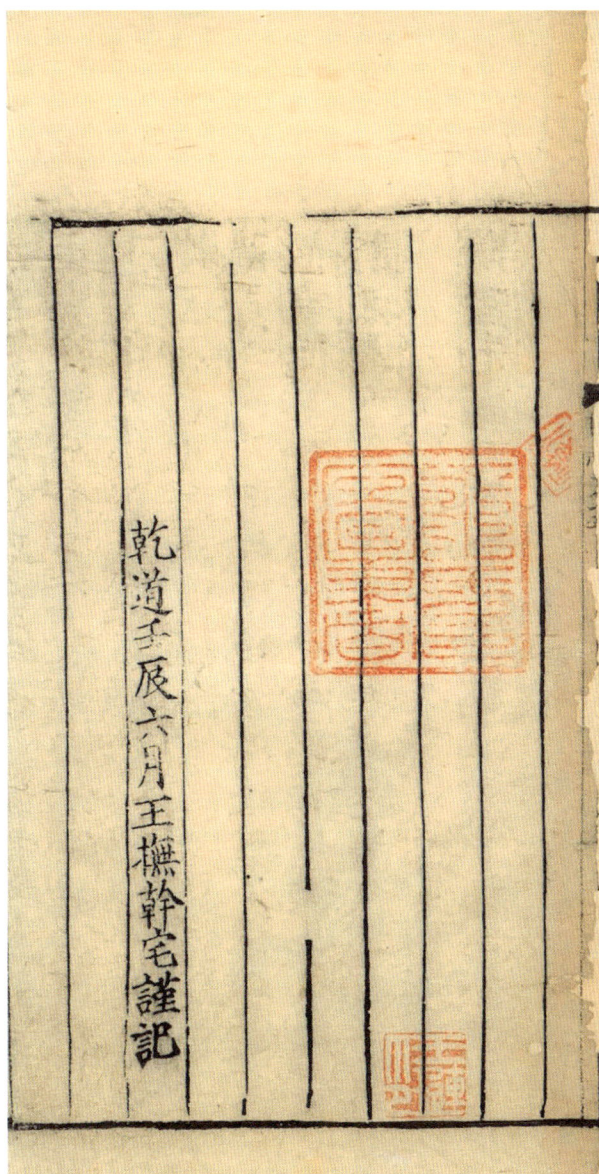

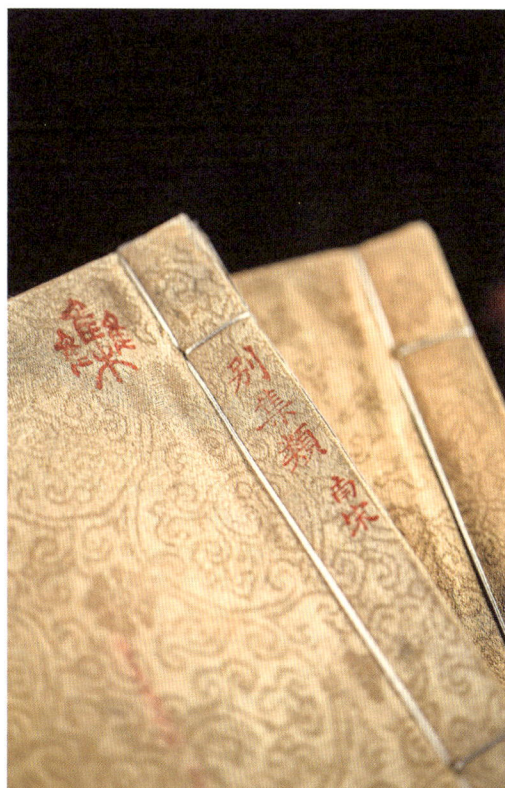

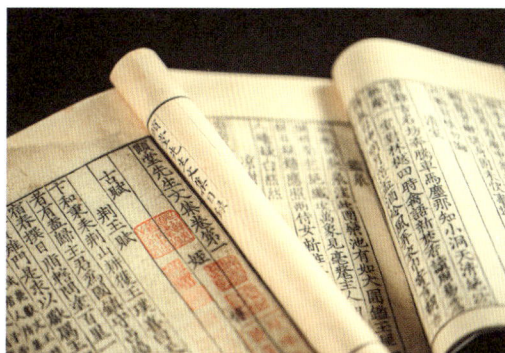

通鑑紀事本末四十二卷

（宋）袁樞撰　宋淳熙二年（1175）嚴陵郡庠刻遞修本　存一卷（十九）

袁樞（1131—1205），字機仲，建寧府建安（今福建建甌）人。隆興元年（1163）進士。

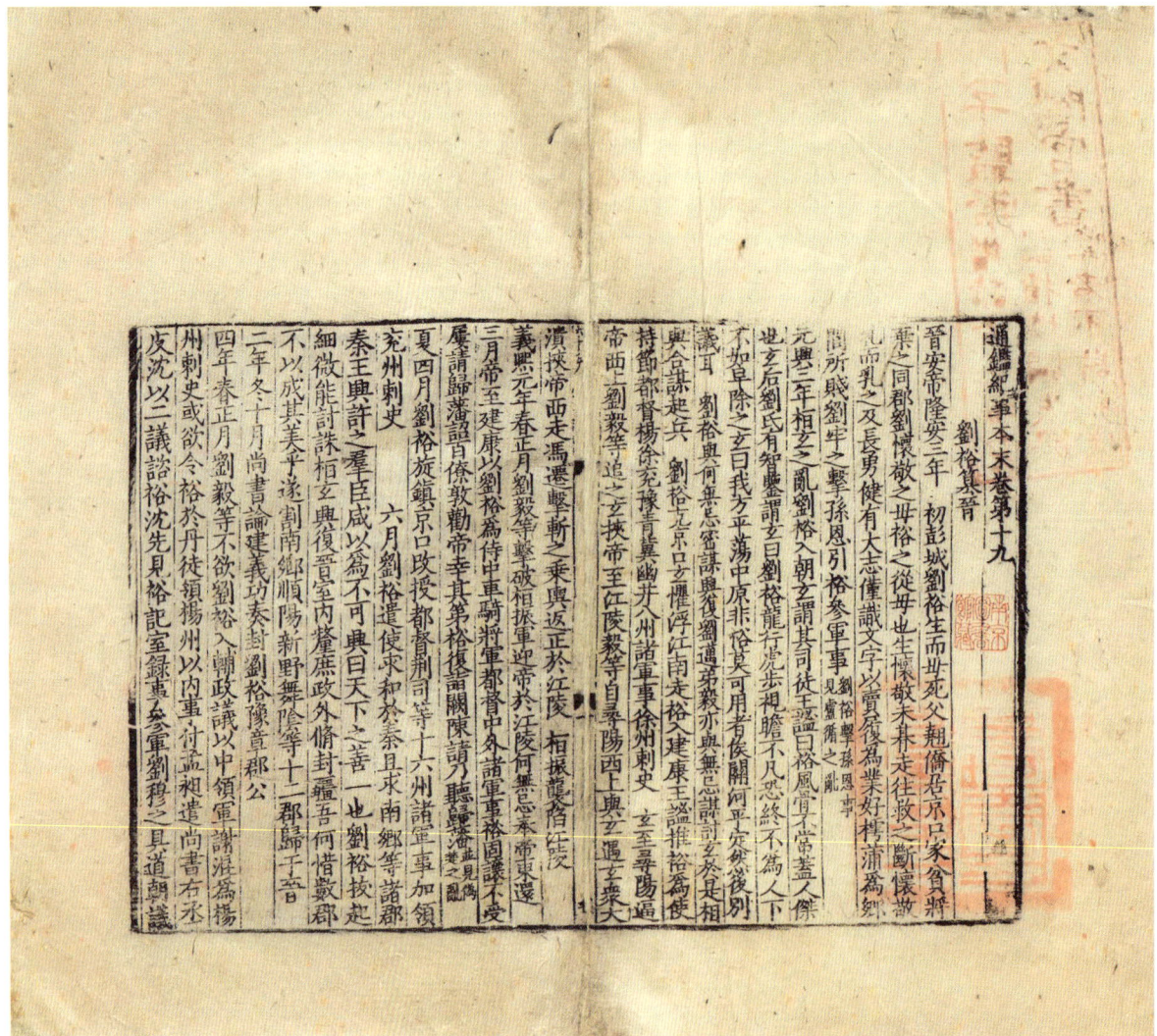

　　是書輯抄《資治通鑑》，自三家分晋至周世宗征淮南，加以分門別類，共記二百三十九事，附錄六十六事。開紀事本末之體。此本世稱嚴陵小字本，爲存世兩種宋刻之一。

　　蝴蝶裝。框高 20.2 厘米，寬 15.6 厘米。半葉十三行，行二十四至二十五字，小字雙行字數不等。左右雙邊，白口，雙順黑魚尾。首葉及末葉紙背分別鈐有元代“國子監崇文閣官書／借讀者必須愛護損坏闕失典掌者不許收受”朱文豎長印，表明是書自宋入元後成爲國子監官書。國家珍貴古籍名録編號 02815。

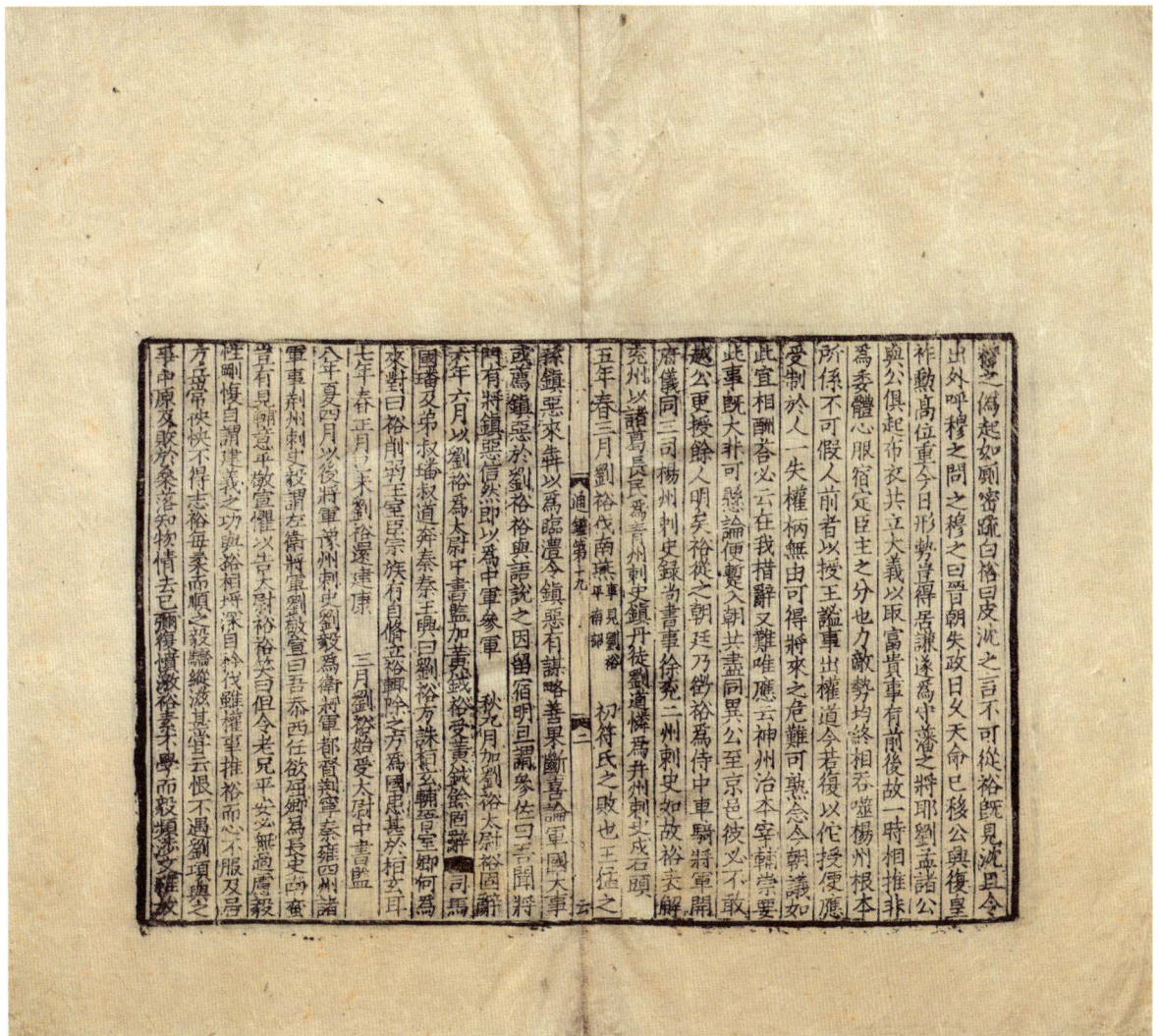

新刊五百家註音辯昌黎先生文集四十卷外集十卷

（唐）韓愈撰　　（宋）魏仲舉輯注　**序傳碑記一卷韓文類譜十卷**　　（宋）魏仲舉輯　宋慶元六年（1200）魏仲舉家塾刻本（卷三至四、六至七、十五至十七、二十一配清抄本）　王菜、丁丙跋　存五十四卷（文集一至二、五、八至十四、十八至四十、餘全）

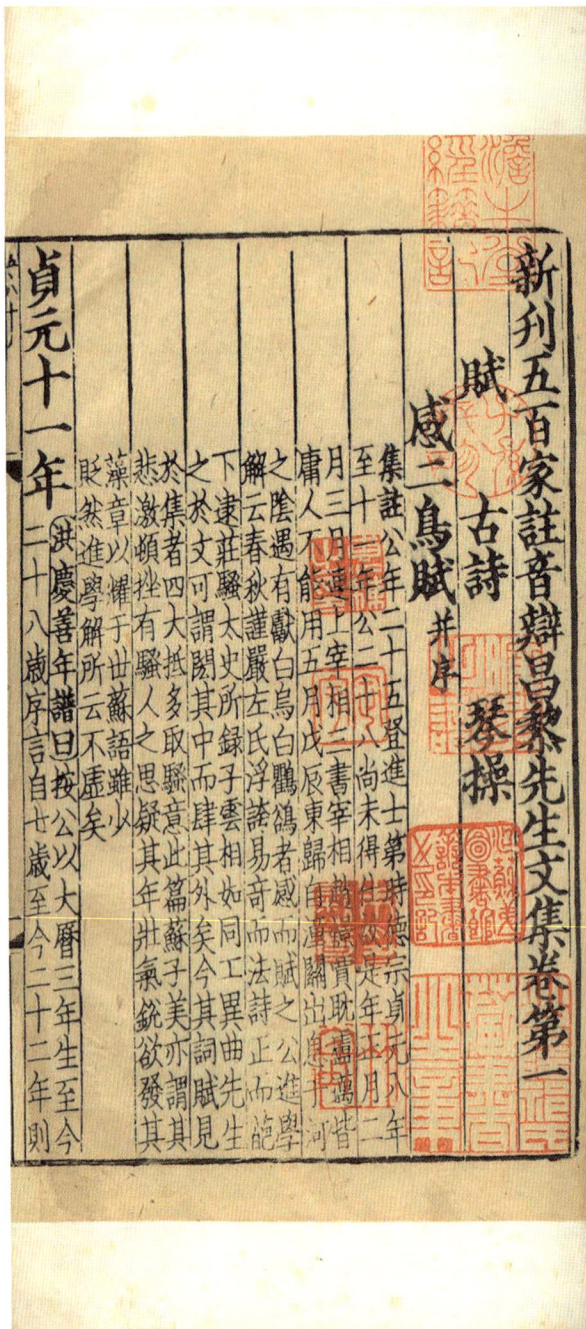

韓愈文章，閎深奥博，非注不明，故校釋者衆。此本輯多家校釋散入文集各句之下，以便尋覽。“五百家註”爲號稱之數，實計三百餘家。其中許多宋代文獻已多數失傳，賴此書方得以保存部分文字。

框高20.6厘米，寬13.2厘米。半葉十行，行十八字，小字雙行，二十三字，左右雙邊，黑口，雙魚尾。鈐“山陰祁氏藏書之章”“澹生堂經籍記”“曠翁手識”“朱印彝尊”“竹垞”“惠棟之印”“定宇”等印。國家珍貴古籍名録編號01049。

漢書一百卷

（漢）班固撰　（唐）顏師古注　宋蔡琪家塾刻本　盧文弨、朱文藻、黃丕烈、錢泰吉、胥繩武、丁丙跋　鮑廷博、周廣業、陳焯、錢馥、邵志純、張燕昌題記　存十四卷（四十七、六十四至六十五、六十七至七十、八十三至八十六、八十九、九十二、九十七）

乾隆乙卯三月五日樓客攜此書至荊溪僻舍
示大令善化唐仲冕陶山時嘉興王士端禮
園寧鄉王人作稽岫上海曹樹柏華峰仝縣
胡大觀滄門同觀鳳臺胥繩武燕亭題
嘉慶壬戌之秋過　兔牀先生耕煙山館
文漁張燕昌拜觀并識

循吏傳第五十九　漢書八十九
師古曰循順也上順公法下順人情也
漢　護軍班固撰
盧議大行秘書監琅邪縣開國子顏　師古　集註
漢興之初反秦之敝與民休息凡事簡易
禁罔疏闊而相國蕭曹以寬厚清靜為天
下帥　師古曰帥謂…也民作畫一之歌　師古曰謂歌曰蕭何曹參…為法講若畫一
孝惠垂拱高后女主不出房闥而
代之守…而勿失

　　《漢書》爲首部紀傳體斷代史書，唐顔師古彙集漢魏以來各家注釋，糾謬補闕，多所發明，是《漢書》最好的注本。此南宋刻本爲今存最早刻本之一。行格疏朗，字大如錢，宋刻中之上品。

　　框高21.8厘米，寬14厘米。半葉八行，行十六字，小字雙行二十一字。四周雙邊，細黑口，單或雙魚尾。鈐"朗齋""文藻""陳焯""盧紹弓""胥繩武""蕘翁藉讀""黃丕烈""錢泰吉""紅藥山房收藏私印""八千卷樓"等印。國家珍貴古籍名錄編號02676。

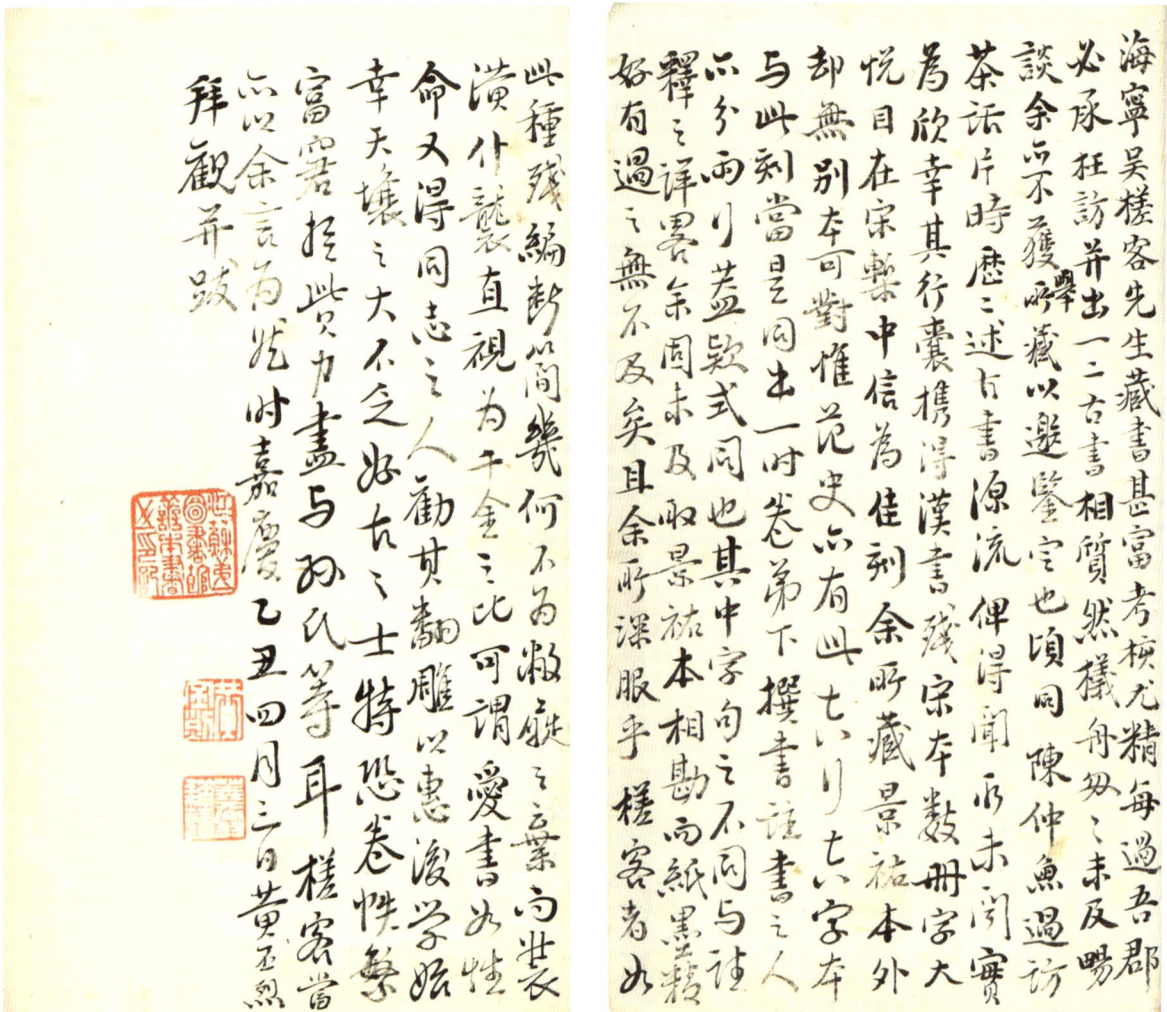

雲仙散録一卷

題（唐）馮贄撰　宋開禧刻公文紙印本　徐渭仁、丁丙跋

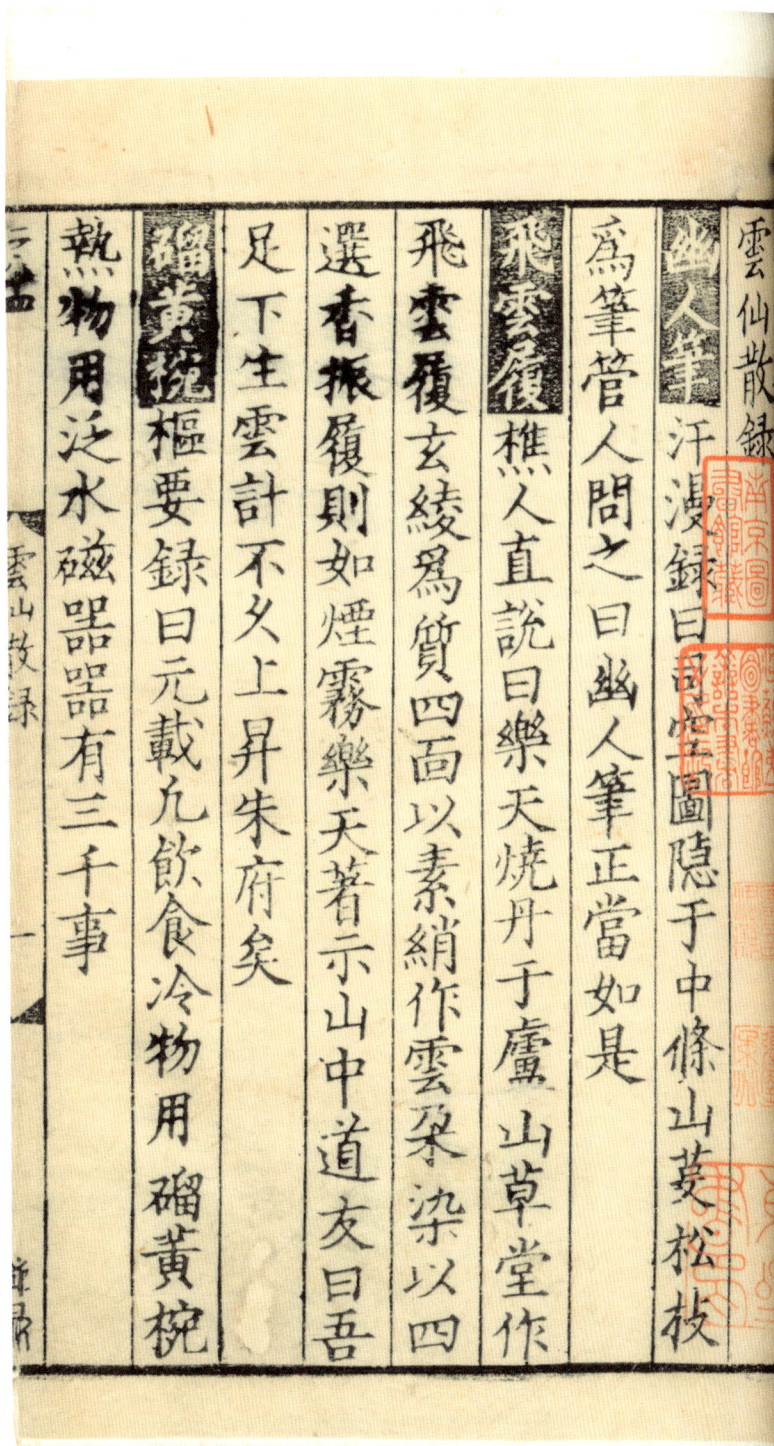

　　後人疑此書爲好事者隨事杜撰，向壁虚造之作。前有五代天成元年《雲仙散録序》，後有宋開禧元年郭應祥跋。全書不分卷，共計三百六十七條"傳記集異之説"。

　　框高 29 厘米，寬 14.5 厘米。半葉九行，行十八字。左右雙邊，白口，雙對黑魚尾。鈐"慧海樓藏書印""泰峰""郁印松年""四庫著録""彊園涒灘"等印。國家珍貴古籍名録編號 00773。

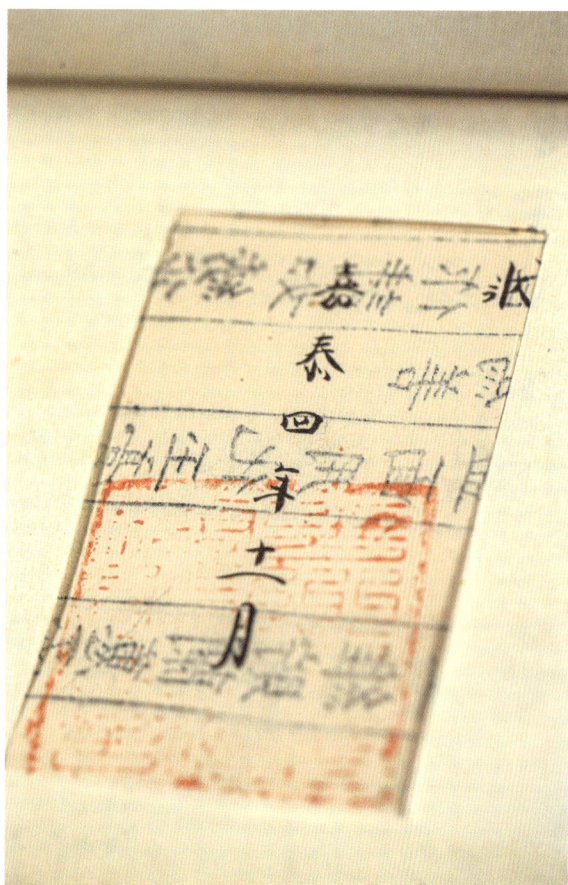

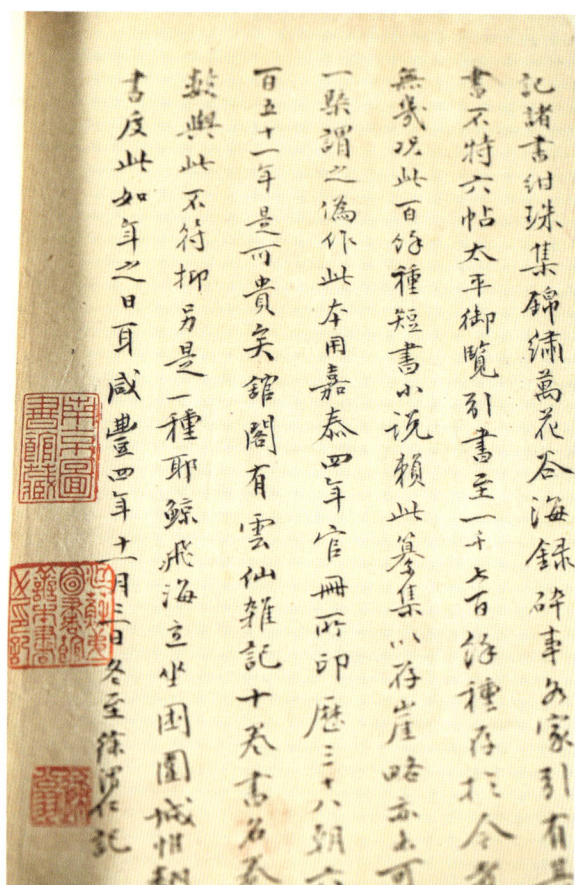

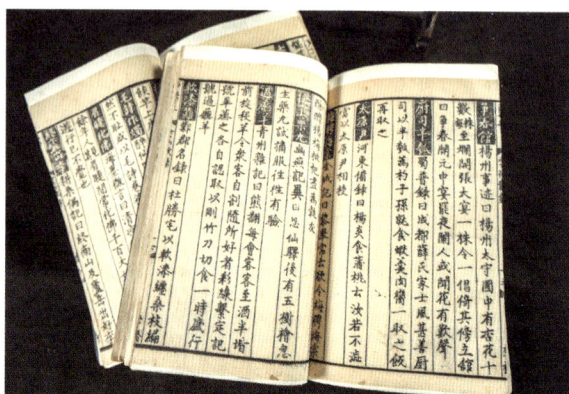

儀禮經傳通解三十七卷

（宋）朱熹撰　宋嘉定十年（1217）南康道院刻元明遞修本（卷八至十、二十三配明抄本）
丁丙跋　存三十六卷（一至十四、十六至三十七）

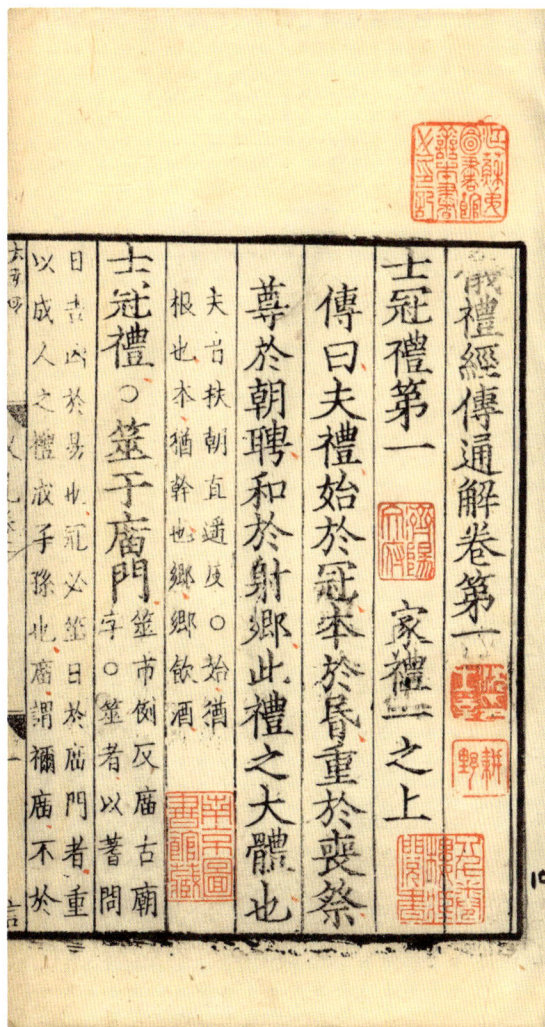

　　此爲朱熹和弟子集諸儒傳說，歷經二十餘年共同完成的禮學代表作，分家禮、鄉禮、學
禮、邦國禮、王朝禮、喪禮、祭禮七部分。

　　框高 19.4 厘米，寬 14.2 厘米。半葉七行，行十五字，小字雙行同。綫黑口，左右雙邊，
雙魚尾。鈐"汲古主人""毛晉""太原叔子藏書記""蓮涇""懽稼邨翁""八千卷樓藏
閱書"等印。國家珍貴古籍名録編號 00259。

昌黎先生集四十卷

（唐）韓愈撰　宋刻本（卷十八配另一宋刻本）　王棻、丁丙跋

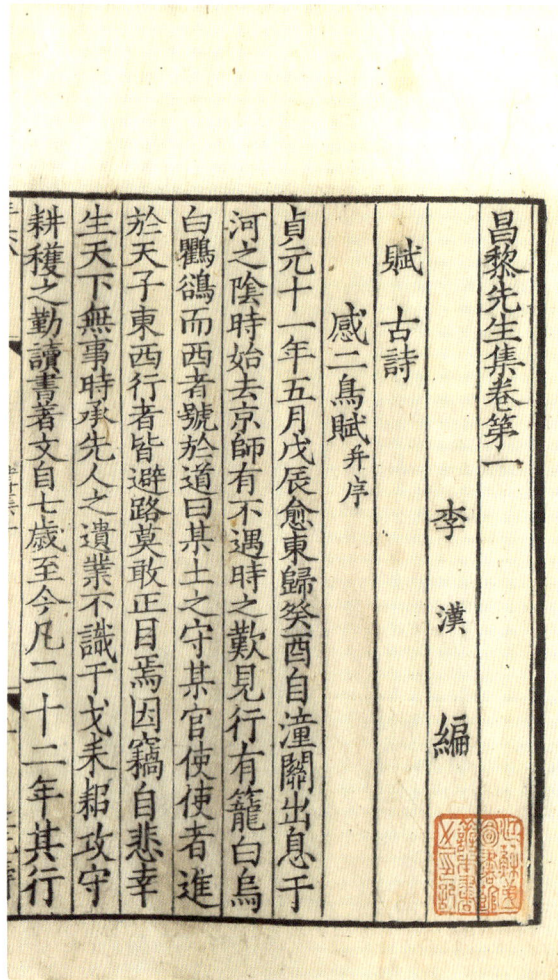

（竪排古籍書影）

韓愈集宋元集本超過百種，流傳至今僅存十三種。此前一直認爲其中的池州本正集四十卷僅存七卷（十二至十八）於今國家圖書館所藏宋刻本《新刊經進詳注昌黎先生文集》的配補卷中。然經核查，南圖此本原存三十九卷，其版式、刻工等與國圖池州本完全一致，故南圖本實爲宋紹定二年（1229）張洽池州刻本。且此本以宋刻配宋刻，殊爲難能可貴。

框高 22.4 厘米，寬 16.2 厘米。半葉十行，行二十字，小字雙行，字數不等，左右雙邊，白口，雙順黑魚尾或上單黑魚尾。鈐"乾學""徐健菴""泉唐嘉惠堂丁氏收藏善本書圖記"等印。國家珍貴古籍名録編號 03108。

乖崖張公語録二卷

（宋）李畋輯　宋紹定三年（1230）俞宅書塾刻本　曹元忠跋

張咏（946—1015），字復之，號乖崖，濮州鄄城（今屬山東）人。宋太平興國間進士，累遷樞密直學士、禮部尚書。被譽爲諸葛亮之後治蜀第一人。

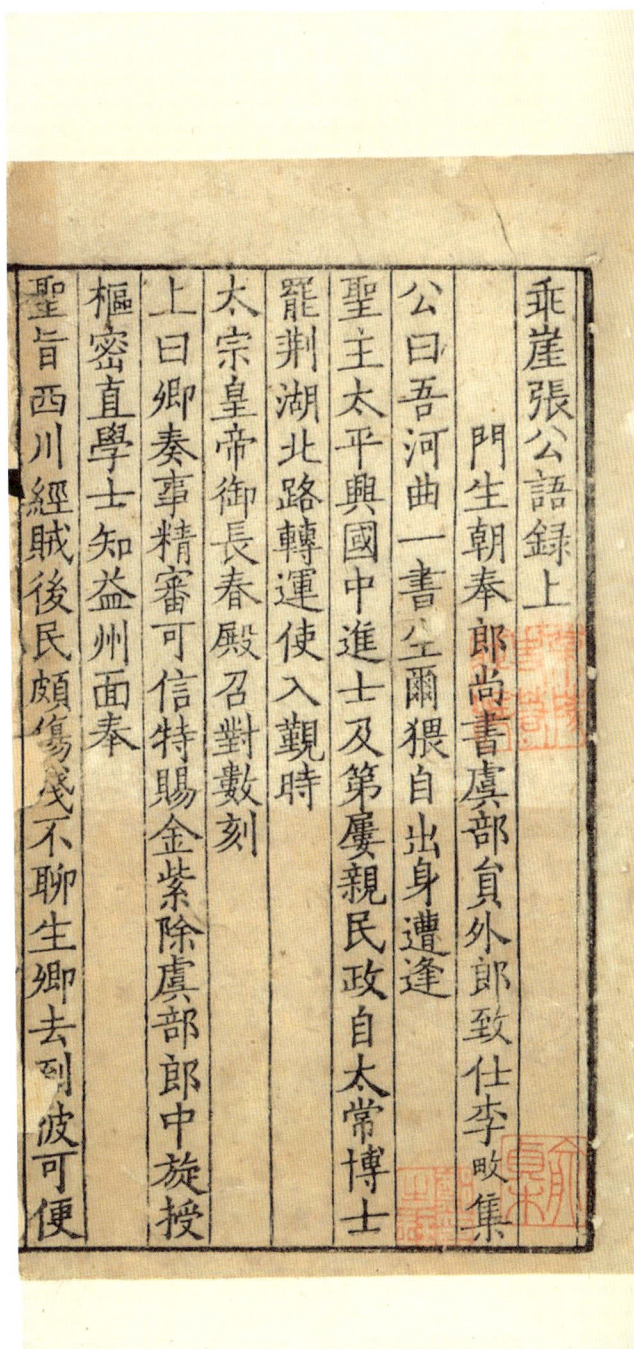

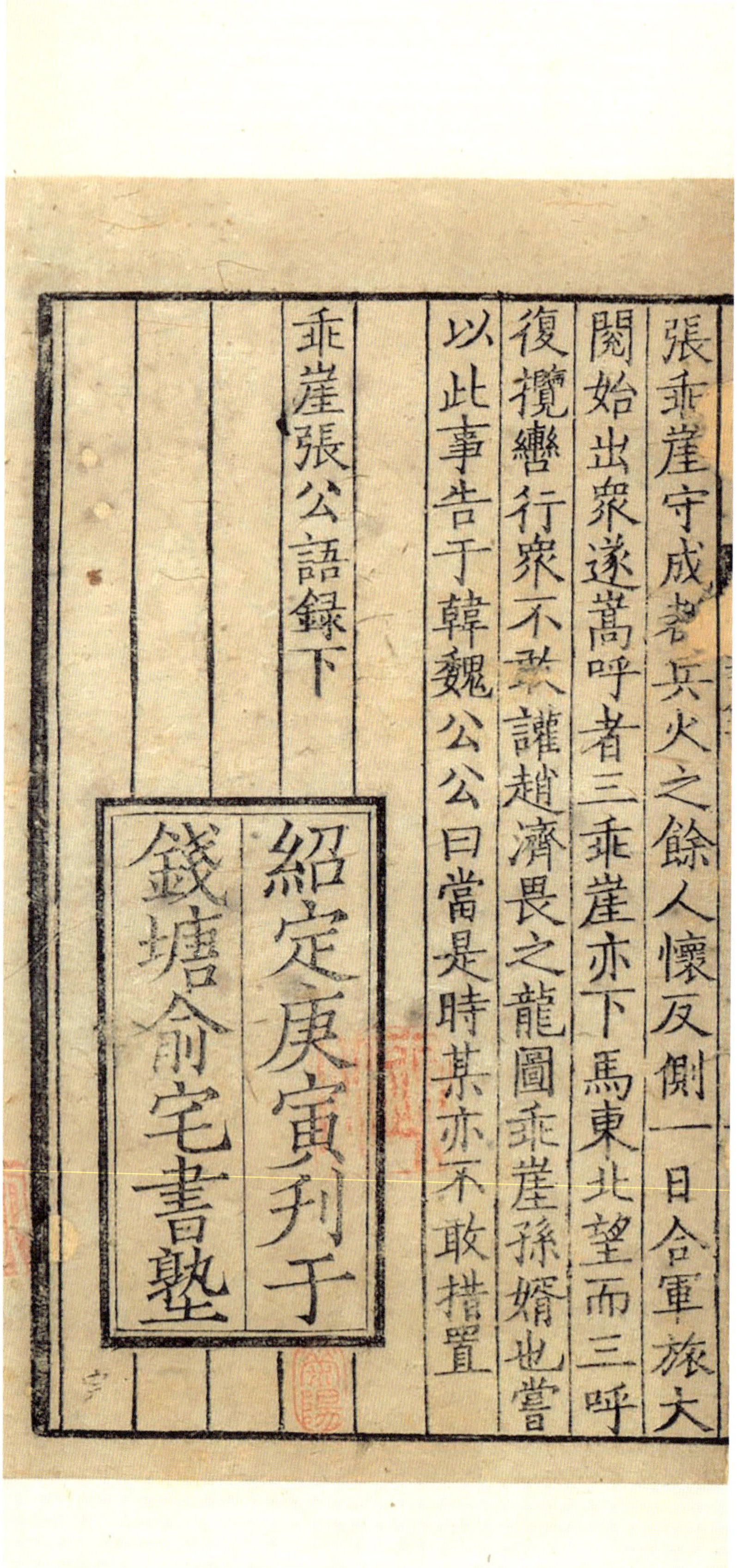

張乖崖守成都兵火之餘人懷反側一日合軍旅大
閱始出衆遂蔿嵩呼者三乖崖亦下馬東北望而三呼
復攬轡行衆不敢謹趙濟畏之龍圖乖崖孫婿也嘗
以此事告于韓魏公公曰當是時其亦不敢措置

乖崖張公語錄下

紹定庚寅刊于
錢塘俞宅書塾

　　此書爲其門人李畋編輯，主要記載張咏治蜀期間的政事言行。現存宋刻本有兩種，一收録於《乖崖先生文集》中，一爲單行本。此本即爲宋刻僅存之單行本。所收"語録"六十五則，而《文集》僅十九則，且記事也較《文集》本更爲詳備而有序。

　　卷末木記題："紹定庚寅刊於錢塘俞宅書塾。"避宋諱，"完""慎"等字缺末筆。端楷秀美，墨色匀净，具典型南宋浙本特徵，宋刻宋印，存世孤本。

　　書高 25 厘米，寬 14.8 厘米。框高 18.1 厘米，寬 11 厘米。半葉九行，行二十字，左右雙邊，白口，單魚尾。鈐"俞貞木""曹印元忠""君直經眼"等印。國家珍貴古籍名録編號 02918。

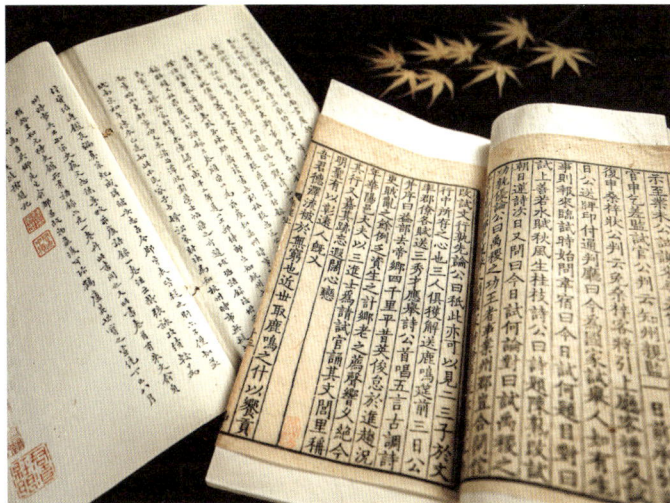

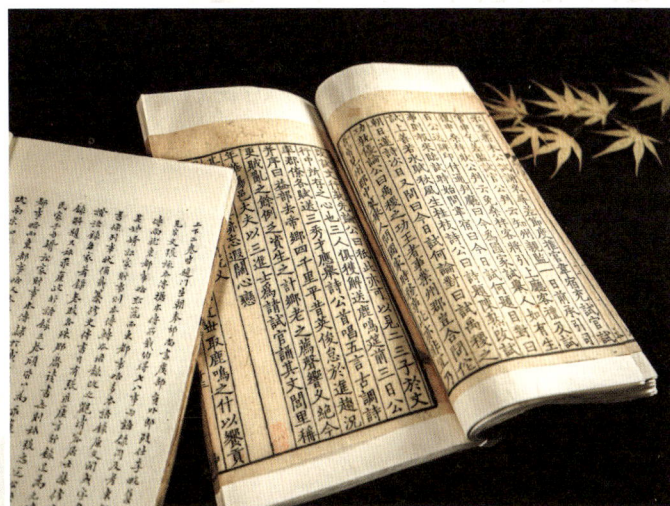

通鑑紀事本末四十二卷

（宋）袁樞撰　宋寶祐五年（1257）趙與𥍓刻元明遞修本

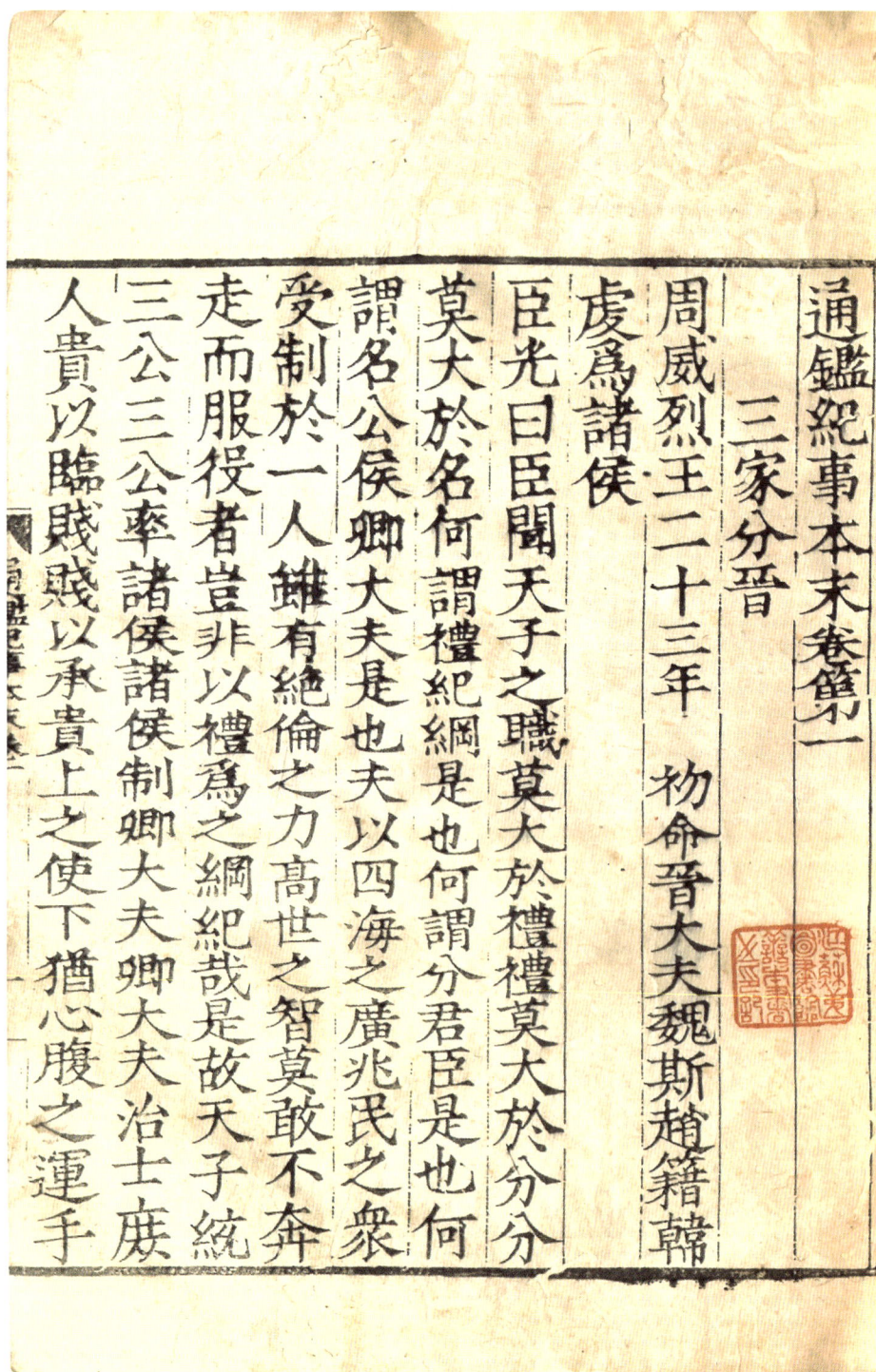

是書宋寶祐丁巳（五年，1257）趙與懃序稱："嚴陵舊本字小且訛，乃易爲大書，精加
讎校，以私錢重刊之，非特便老眼訓子弟，庶與四方朋友共之云。"趙與懃（？—1260），
字德淵，號節齋，宋太祖十世孫。寓處浙江青田，嘉定十三年（1220）進士。歷官户部侍郎、
户部尚書、吏部尚書。諡忠惠。此本世稱湖州大字本，爲存世兩種宋刻之一。

框高 25.6 厘米，寬 19.8 厘米。半葉十一行，行十九字，小字雙行同。左右雙邊，白口，
上單黑魚尾。鈐"八千卷樓 / 珍藏善本"朱文長印、"曾經 / 八千卷 / 樓所得"朱文方印、"善
本 / 書室"朱文方印。國家珍貴古籍名録編號 02827。

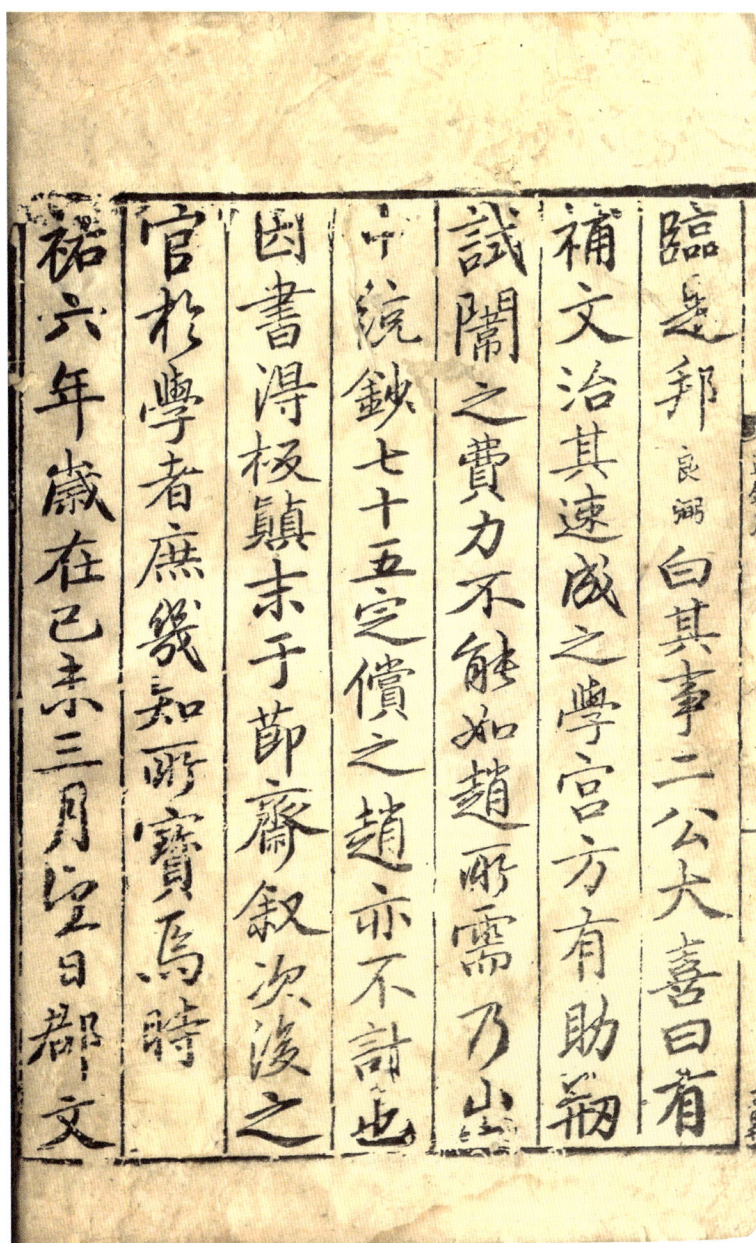

［咸淳］臨安志一百卷

（宋）潛説友纂修　宋咸淳刻本（目録、卷一至二、五至十、十三至十九、三十二至五十、五十六至六十三、六十五至八十九、九十一至九十七配清抄本）　周廣業校并跋　沈垣校跋并題詩　丁丙跋　存九十五卷（一至六十三、六十五至八十九、九十一至九十七）

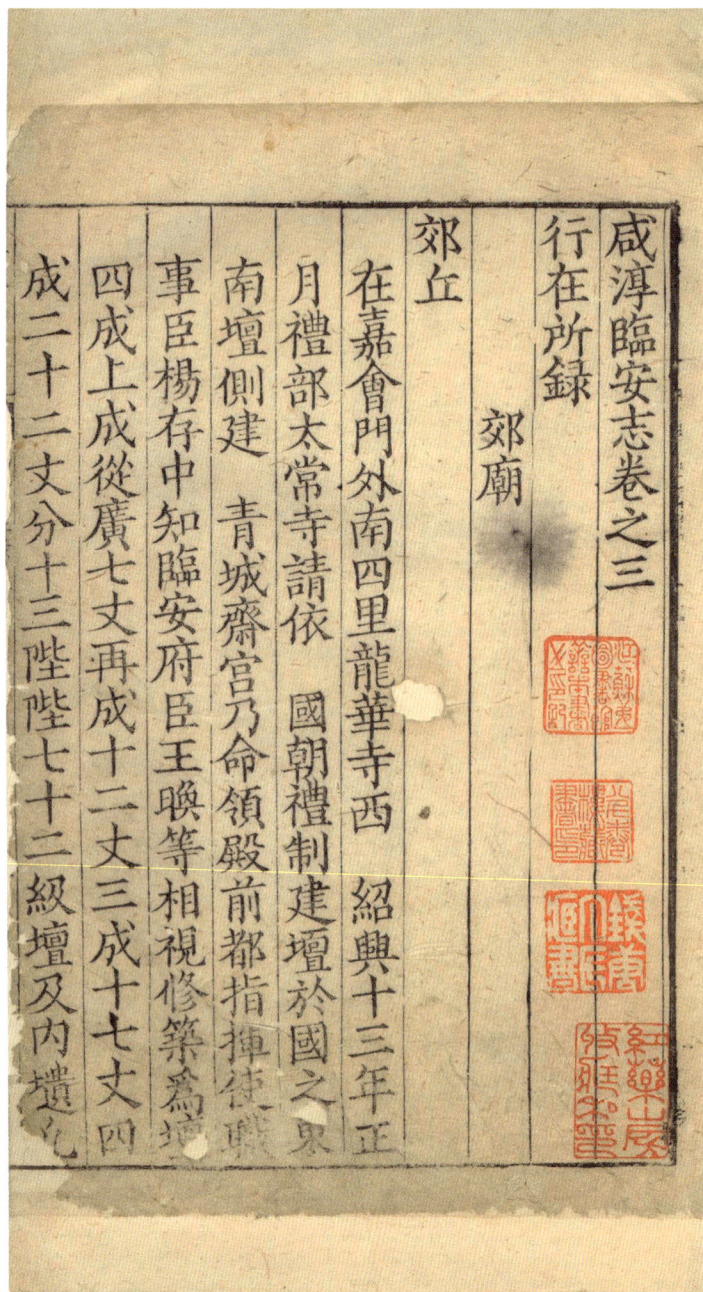

是志記事下限至咸淳九年（1273），爲"臨安三志"中體例最完善、存世最完整者。宋刻今藏於三處：國家國書館、南京圖書館、日本静嘉堂文庫，三家存卷不一，均有抄配。南圖藏本除二十一卷宋刻外，其餘皆爲抄配。此書卷帙龐大，各家爭藏之間致該書的抄校配補、遞藏分合，多有扑朔迷離、抵牾不確之處。南圖此本，抄配部分的責任者非鮑氏知不足齋一家，而是不同時期成於衆手。

框高 26.5 厘米，寬 19.4 厘米。半葉十行，行二十字，小字雙行同。左右雙邊，白口，上單黑魚尾。鈐"天水""秀水朱氏潛采堂圖書""漁村子仲安""朱馬思贊印""吳兔牀書籍印""八千卷樓藏書印"等。國家珍貴古籍名録編號 00563。

西山先生真文忠公讀書記丁集二卷

（宋）真德秀撰　宋福州學官刻本　存一卷（一）　丁丙跋

真德秀（1178—1235），本姓慎，避孝宗諱改姓真。字實夫，後更字景元，又更字希元，號西山。浦城（今屬福建南平）人。人稱"西山先生"。創西山真氏學派，爲朱熹後理學正宗傳人。

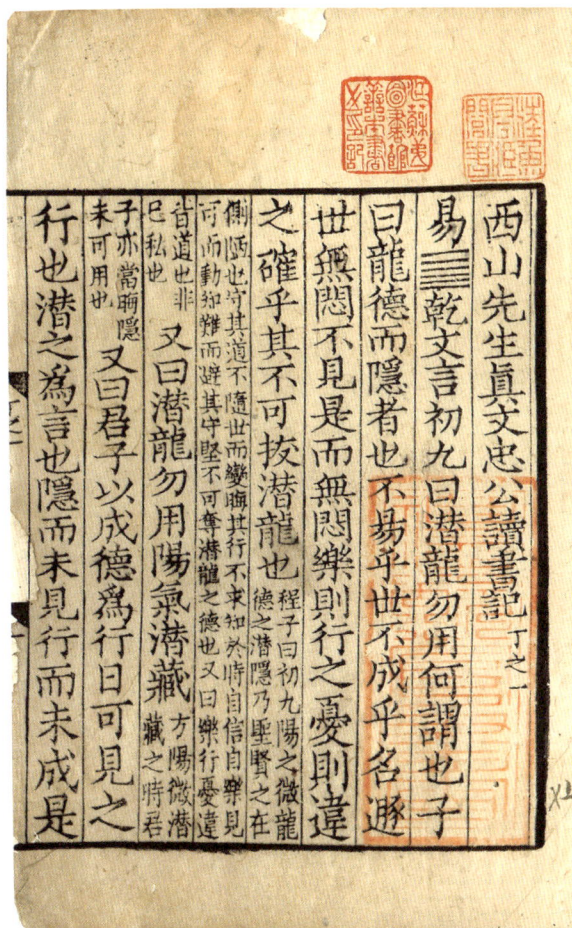

　　《讀書記》共甲、乙、丙、丁四集，此丁集共分二卷，上卷論出處大義，下卷分處貧賤、處患難、處生死、安義命、審重輕諸目。

　　宋代福建刻書主要集中於建陽、福州兩地。福建刻本多用柳體，此本可觀福建官刻風格。

　　框高 21.5 厘米，寬 15.9 厘米。半葉九行，行十六字，小字雙行二十四字。左右雙邊，白口，雙魚尾。鈐"禮部官書處""汪魚亭藏閱書""錢唐丁氏正修堂藏書""八千卷樓珍藏善本"等印。國家珍貴古籍名録編號 07132。

二十先生回瀾文鑑二十卷後集二十卷

（宋）虞祖南輯　　（宋）虞夔注　宋江仲達群玉堂刻本（前集卷十三至二十、後集卷八配清抄本）

存二十三卷（前集十三至二十，後集一至八、十四至二十）　陸心源、丁丙跋

虞祖南，字承之，曾任承奉郎連州簽書判官廳公事之職。虞夔，字君舉，幔亭（今福建武夷山）人。

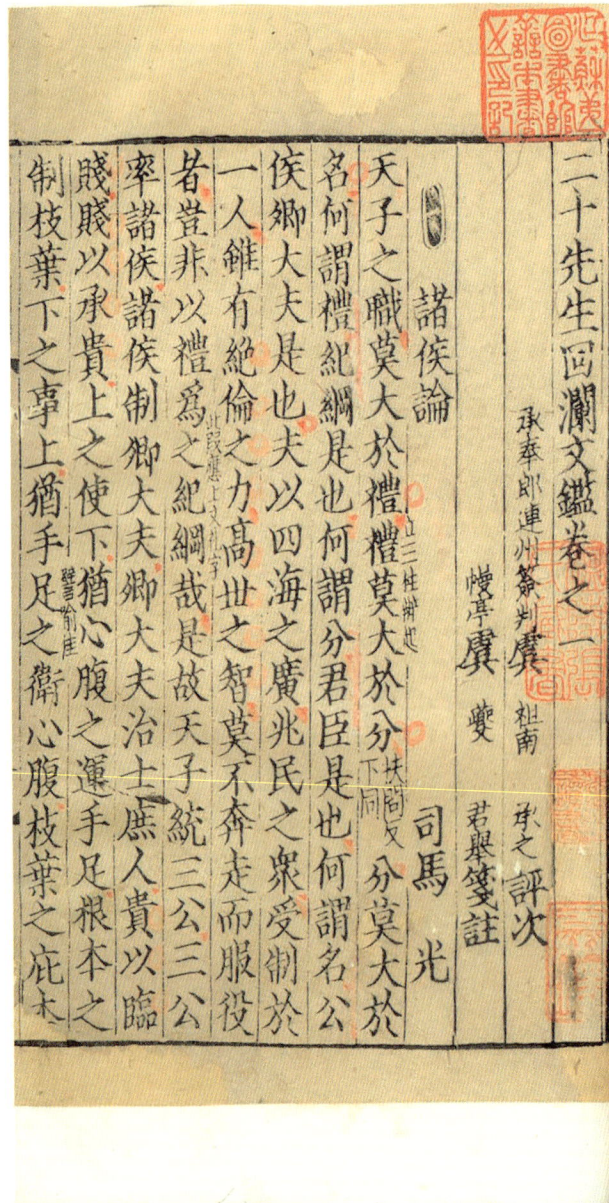

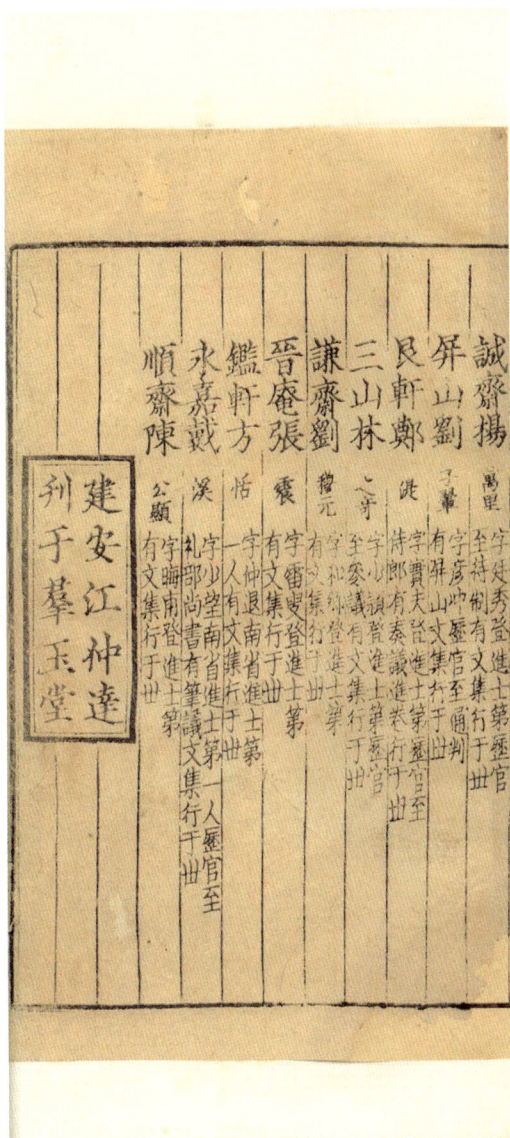

是書收錄司馬光、范仲淹、孫明復、王安石、石介、汪藻、洪邁、張拭、朱熹、呂祖謙、周必大、楊萬里、劉彥冲、鄭湜、林之奇、劉穆元、張震、方恬、戴溪、陳公顯二十先生之文章一百篇。略注音之反切，文之柱意，事之來歷，每篇各有評論。第八卷抄自天一閣藏本。另輯十三至二十凡八卷，第十三卷收錄馬存、張耒、李覯，十四卷胡寅，十五卷闕名，十六卷陳傅良，十七卷陳亮，十九至二十卷葉適。

《目錄》及《二十先生行實》後有牌記"建安江仲達／刊于羣玉堂"。避宋諱不嚴格。

框高19.1厘米，寬12.6厘米。半葉十二行，行十九字，小字雙行，行二十五字，左右雙邊，白口，雙對黑魚尾，左框外有書耳。鈐"季振宜讀書""陸印心源""存齋""善本書室""嘉惠堂丁氏藏"等印。國家珍貴古籍名錄編號01228。

監本纂圖春秋經傳集解三十卷

（晋）杜預撰　（唐）陸德明釋文　宋刻本

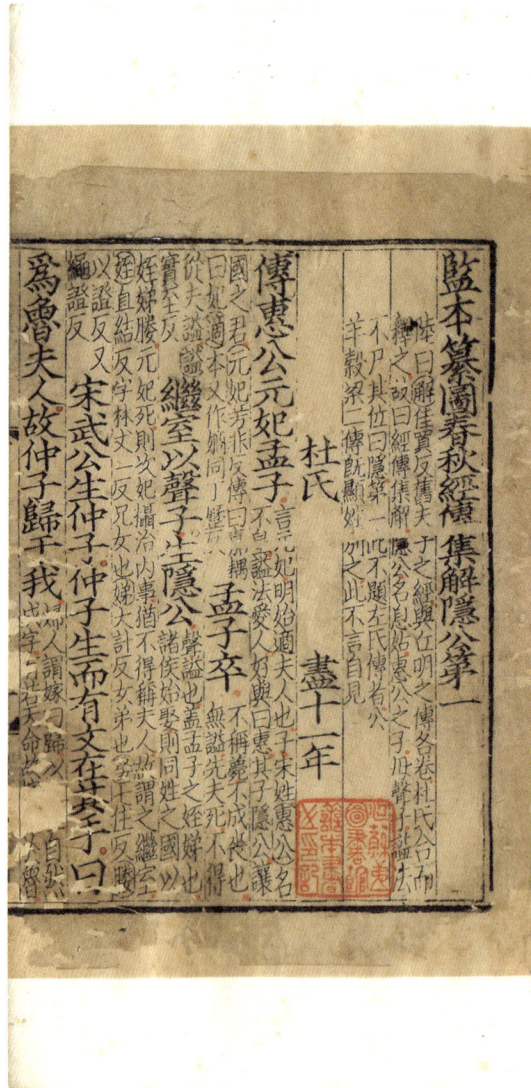

　　春秋三傳，即左傳、穀梁傳、公羊傳。此宋刻爲現存最早的春秋左氏傳注本，也是最經典的注本。"匡""恒""桓"等字缺末筆。

　　框高 20.3 厘米，寬 13.1 厘米。半葉十行，行十八至二十字不等，四周雙邊，白口，雙魚尾。鈐"大明錫山桂坡安國民太氏書畫印""玄晏齋""八千卷樓所藏"等印。國家珍貴古籍名録編號 02585。

聲隅子歔欷瑣微論二卷

（宋）黃晞撰　宋刻本　嚴元照、丁丙跋

黃晞（約997—1057），字景微，自號聲隅子，建安（今福建建甌）人。少通經，聚書數千卷，學者多從之游。

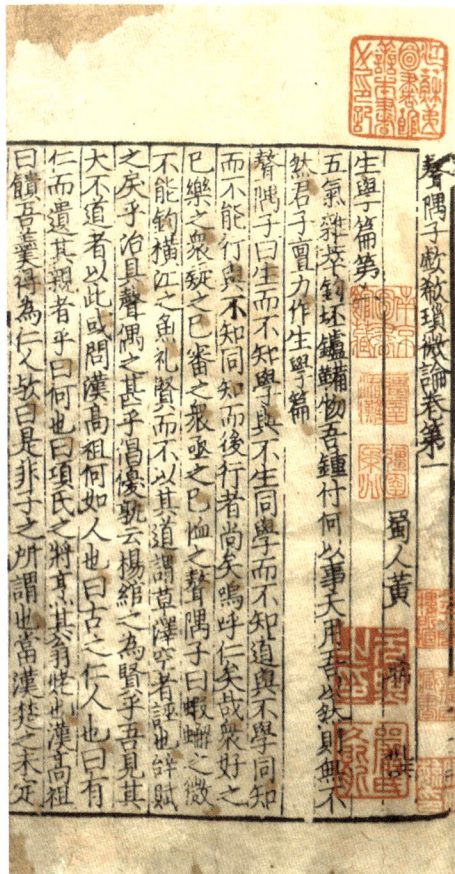

　　聲隅者栖物之名，歔欷者嘆聲，瑣微者述辭也。全書分二卷，卷一生學、進身、揚名、虎豹、仁者五篇，卷二文成、戰克、大中、道德、三王五篇，每篇各有小序。是一部闡發古人道義隱微、古今治亂得失的雜著。

　　框高17.9厘米，寬12.2厘米。半葉十三行，行二十三字，四周單邊，白口，雙魚尾。鈐“徐健庵”“乾學”“季振宜藏書”“元照之印”“芳茉堂印”“八千卷樓所藏”等印。國家珍貴古籍名錄編號00755。

歐陽先生文粹五卷

（宋）歐陽脩撰　　（宋）陳亮輯　宋刻公文紙印本（有抄配）　胡鳳丹、丁丙跋

歐陽脩（1007—1072），字永叔，號醉翁、六一居士。吉州廬陵永豐（今屬江西吉安）人。官至翰林學士、參知政事。北宋文壇領袖。陳亮（1143—1194），字同甫，號龍川，婺州永康（今屬浙江金華）人。南宋文學家。

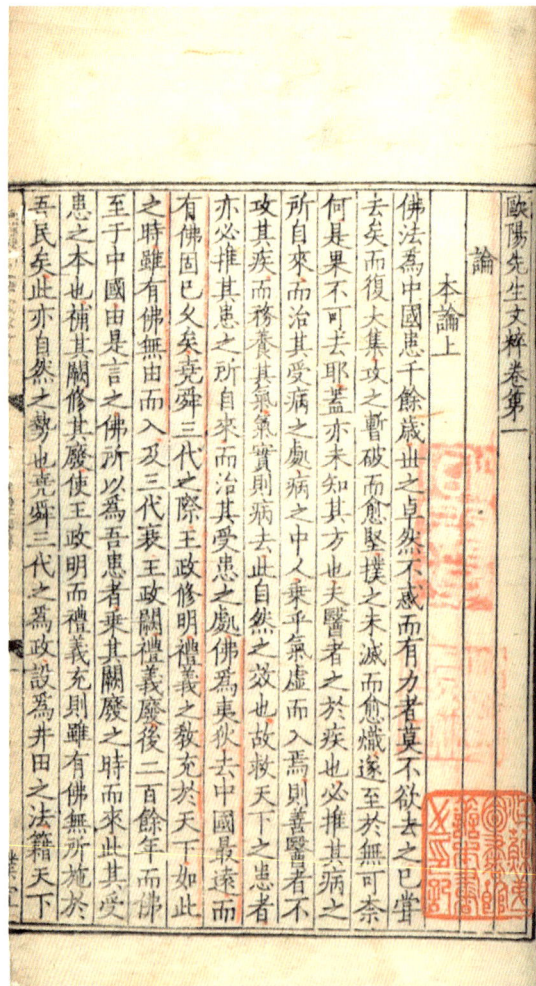

書凡五卷，卷一論，卷二書，卷三札子、奏狀、雜著，卷四序、記，卷五碑銘。

框高 15.9 厘米，寬 11.7 厘米。半葉十四行，行二十六字，四周雙邊，白口，雙順黑魚尾。鈐"江德量觀""姑餘山人""沈與文印""辨之之印""吳郡沈文""秋士""篋思堂沈九川收藏圖籍印章""泉唐嘉惠堂丁氏收藏善本書圖記"等印。國家珍貴古籍名錄編號 01096。

唐書二百二十五卷

（宋）歐陽脩　宋祁等撰　宋刻本（卷一配明抄本）　丁丙跋

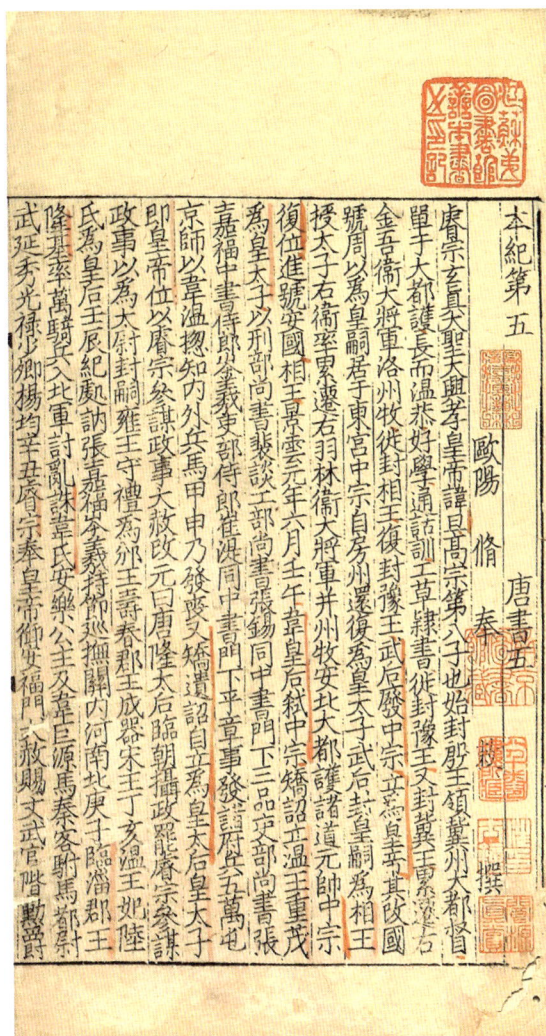

　　北宋歐陽脩、宋祁等人編撰《唐書》之後，《唐書》始有新舊之分。此《新唐書》二百二十五卷，本紀十卷、志五十卷、表十五卷、列傳一百五十卷。增補諸多新材料，質量在後晉劉昫、趙瑩等編撰《舊唐書》之上。

　　框高 18.8 厘米，寬 13.7 厘米。半葉十三至十六行，每行二十四至二十九字不等，小字雙行字數不等。左右雙邊，上下白口，雙順黑魚尾。鈐“閬源真賞”“汪氏士鐘”“惠父寓目”“綸音嘉惠藝林”“八千卷樓珍藏善本”等印。國家珍貴古籍名錄編號 02760。

張氏集註百將傳一百卷

（宋）張預撰　宋刻本　存八卷（五十九至六十三、八十九至九十一）　丁丙跋

張預，字公立，約處北宋中期仁宗、英宗、神宗時代，東光（今屬河北滄州）人。隱居不仕，善談兵。所注《孫子》收入《十一家注孫子》中。

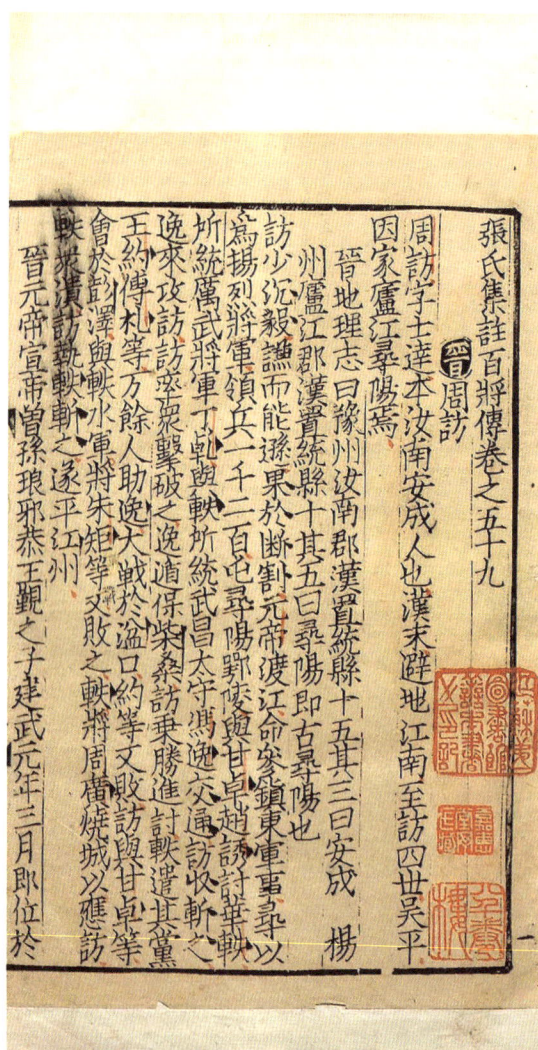

　　是書擇古之良將百人，以其傳集成一書，每將一卷，每傳之後，以《孫子兵法》語斷其用兵之道，評其指揮排布之優劣。後人多有爲其評注及續傳者。

　　框高 19.2 厘米，寬 13.4 厘米。半葉十四行，行二十四字，小字雙行同。左右雙邊，白口，雙魚尾。鈐"八千卷樓""嘉惠堂丁氏藏"印。國家珍貴古籍名録編號 02904。

龍川略志六卷龍川別志四卷

（宋）蘇轍撰　宋刻本（卷二第四葉抄配）　曹元忠跋

蘇轍（1039—1112），字子由，晚號潁濱遺老，眉山（今屬四川）人，官至尚書右丞。唐宋古文八大家之一。

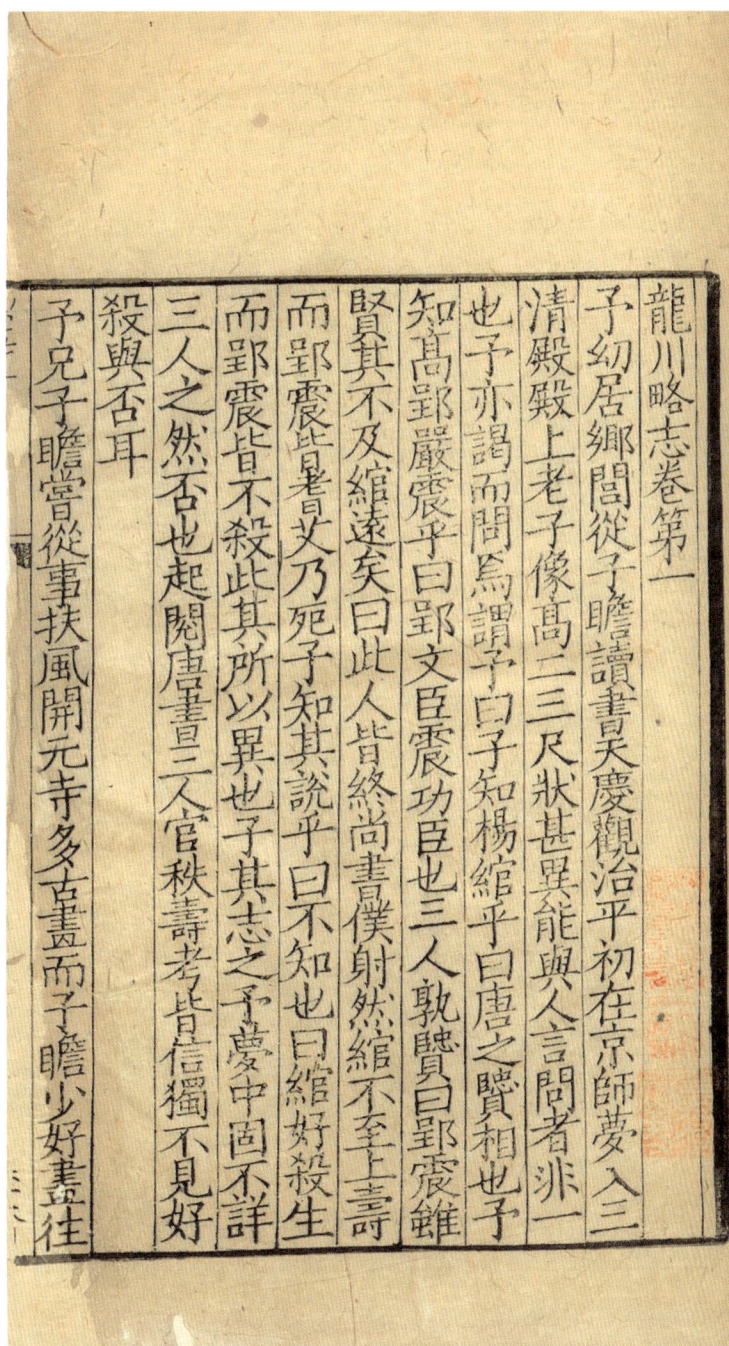

龍川略志卷第一

子幼居鄉閒從子瞻讀書天慶觀治平初在京師夢入三
清殿毀上老子像高二三尺狀甚異能與人言問者非一
也子亦謁而問焉謂子曰子知楊綰乎曰唐之賢相也子
知高郢嚴震功臣也子曰郢震功臣也三人孰賢曰郢震錐
賢其不及綰遠矣曰此人皆終尚書僕射然綰不至上壽
而郢震此皆長文乃夭子知其說乎曰不知也曰綰好殺生
而郢震皆不殺此其所以異也子其志之予慶中固不詳
三人之然否也起閱唐史書三人官秩壽考皆信獨不見好
殺與否耳
子兄子瞻嘗從事扶風開元寺多古畫而子瞻少好畫往

　　此書爲其貶謫循州龍川（今屬廣東河源）時所作回憶性雜記，由其子蘇遠（一作遜）筆録成書。《略志》所記四十事，二十五事與朝政有關。《別志》所記四十七事，雜記宋太祖至哲宗朝國政朝章事。此部宋刻，與南宋《郡齋讀書志》《直齋書録解題》著録版本相符，應爲早期傳本。其中《略志》較之宋刻叢書《百川學海》所收《蘇黄門龍川略志》十卷本爲優，而《別志》則未見有其他宋刻流傳。今通行本《別志》爲明刻叢書《稗海》的傳本，故宋刻《別志》久已罕見。此本爲二志合璧，完整流傳至今，孤本僅存，甚爲可貴。全書雕版工整，字體方正，葉面欄綫清晰，當屬初印。

　　框高 19.8 厘米，寬 15.4 厘米。半葉十一行，行二十二字，小字雙行同。白口，左右雙邊，單魚尾。鈐"楝亭曹氏藏書""曹印元忠""峨嵋山人收藏圖書之記"等印。國家珍貴古籍名録編號 00767。

詩集傳二十卷

（宋）朱熹撰　宋刻本　存八卷（一至八）　吳壽暘跋并録陳鱣跋　丁丙跋

朱熹（1130—1200），字元晦，一字仲晦，號晦庵，別稱紫陽。晚年號晦翁。祖籍徽州婺源（今屬江西上饒），生於尤溪（今屬福建），晚年徙居考亭（今福建建陽），學者稱"考亭先生"。

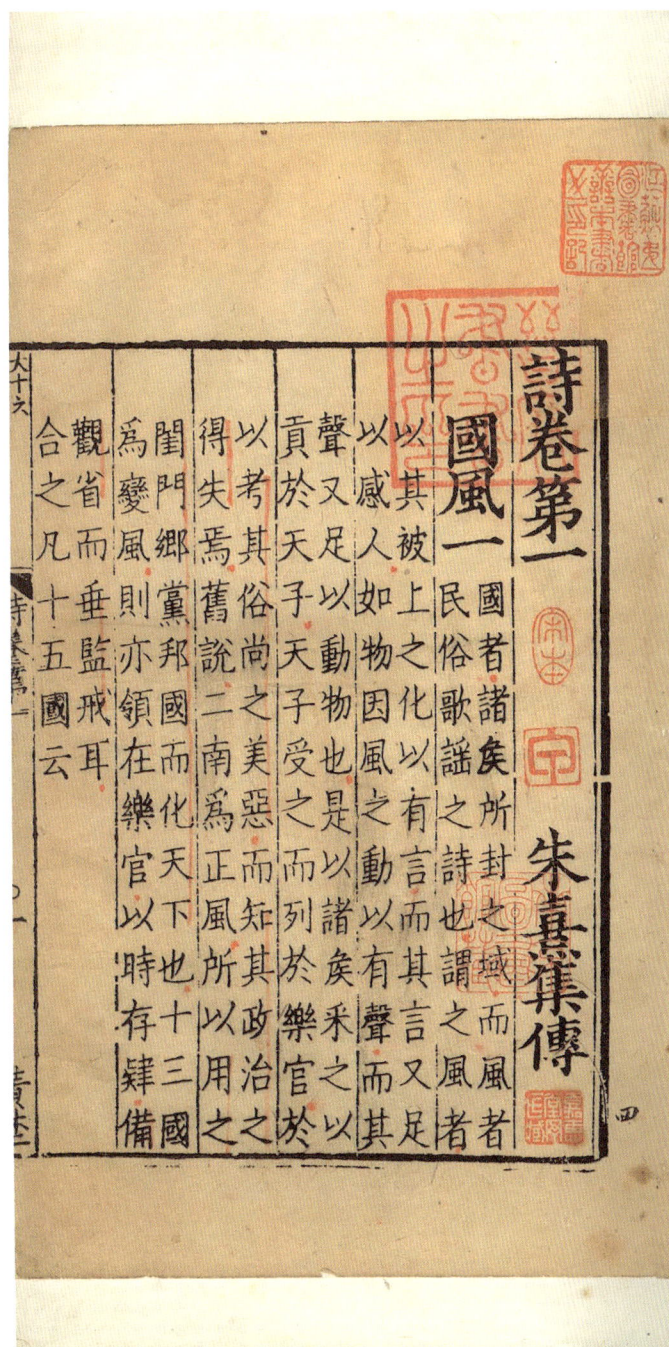

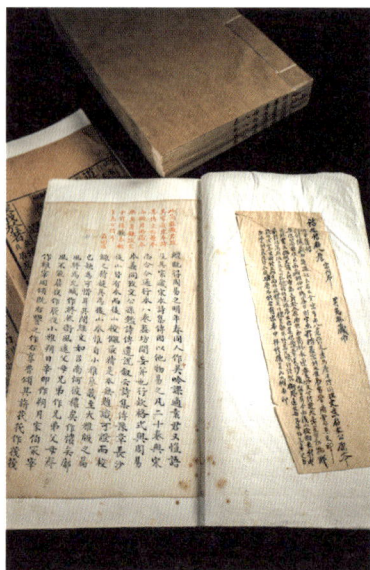
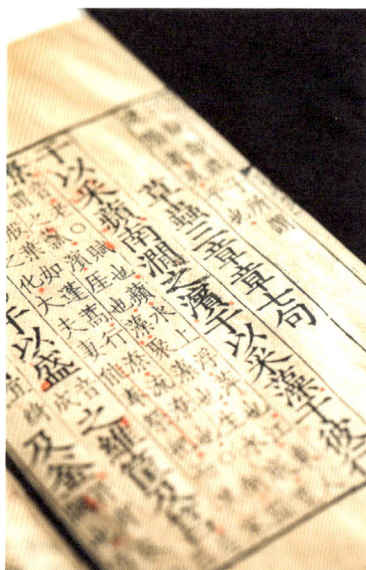

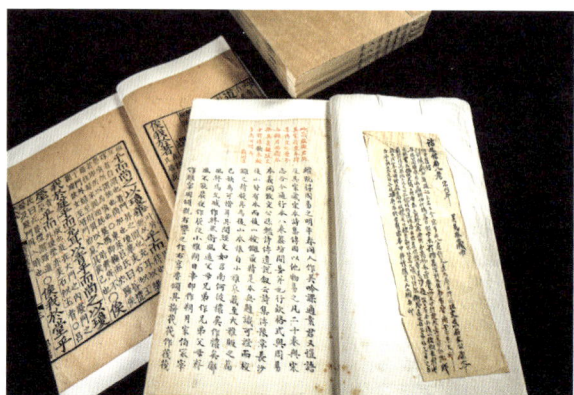

　　朱注以深研《詩經》本義爲宗旨，兼采衆説，打破了自漢代以來《詩經》注推尊《毛詩序》的傳統，并成爲元明清三代科舉考試標準，影響深遠。此本爲南宋寧宗、理宗間刻本，避宋諱字至"鞹"，即宋寧宗趙擴嫌名。楮墨古雅，刻印精良，乃宋刻之上品。現今大陸存世已無全本，南圖所存八卷爲最多。

　　框高 19.1 厘米，寬 14.2 厘米。半葉七行，行十五字，小字雙行同。左右雙邊，白口，單魚尾。鈐"晋府書畫之印""敬德堂圖書印""拜經樓吳氏藏書印""嘉惠堂丁氏藏書"等印。國家珍貴古籍名録編號 00238。

晦庵朱侍講先生韓文考異十卷

（宋）朱熹撰　宋刻本（卷一至二配清抄本）　存八卷（三至十）

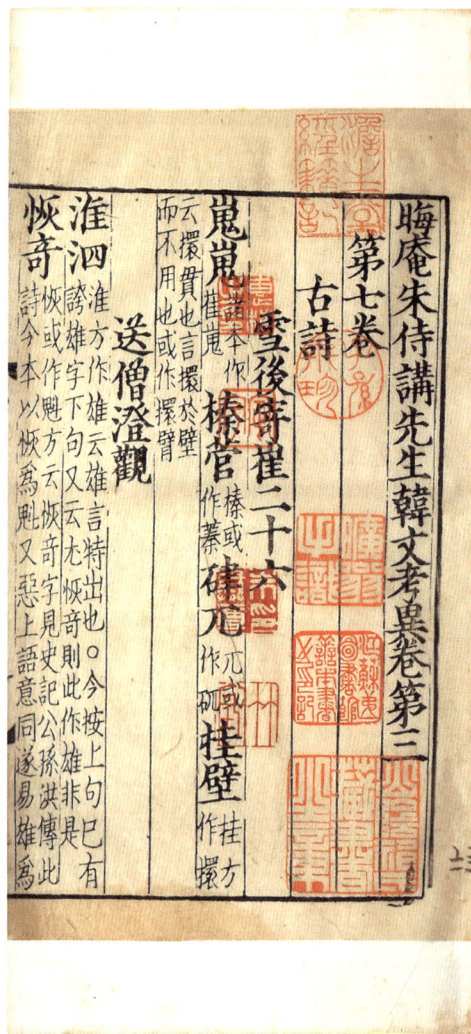

　　是書由朱熹弟子方士繇代爲執筆，全書體例爲朱熹所擬定，初稿完成後，朱熹提出修改意見，再由方氏進行修訂。反映了朱熹的學術見解及校勘學方面的成就。

　　框高20.4厘米，寬13.3厘米（據卷三首頁）。半葉九行，行十七字，小字雙行，行十九字，左右雙邊或四周雙邊，上下黑口，雙對黑魚尾。鈐"澹生堂經籍記""子孫世珍""山陰祁氏藏書之章""曠翁手識""竹垞""朱印彝尊""惠棟之印""定宇""王菉印信"等。國家珍貴古籍名録編號01046。

醫説十卷

（宋）張杲撰　宋刻本　黄丕烈、丁丙、柳詒徵跋

張杲（約 1149—1227），字季明，新安歙縣（今屬安徽黄山）人。南宋著名醫史專家。

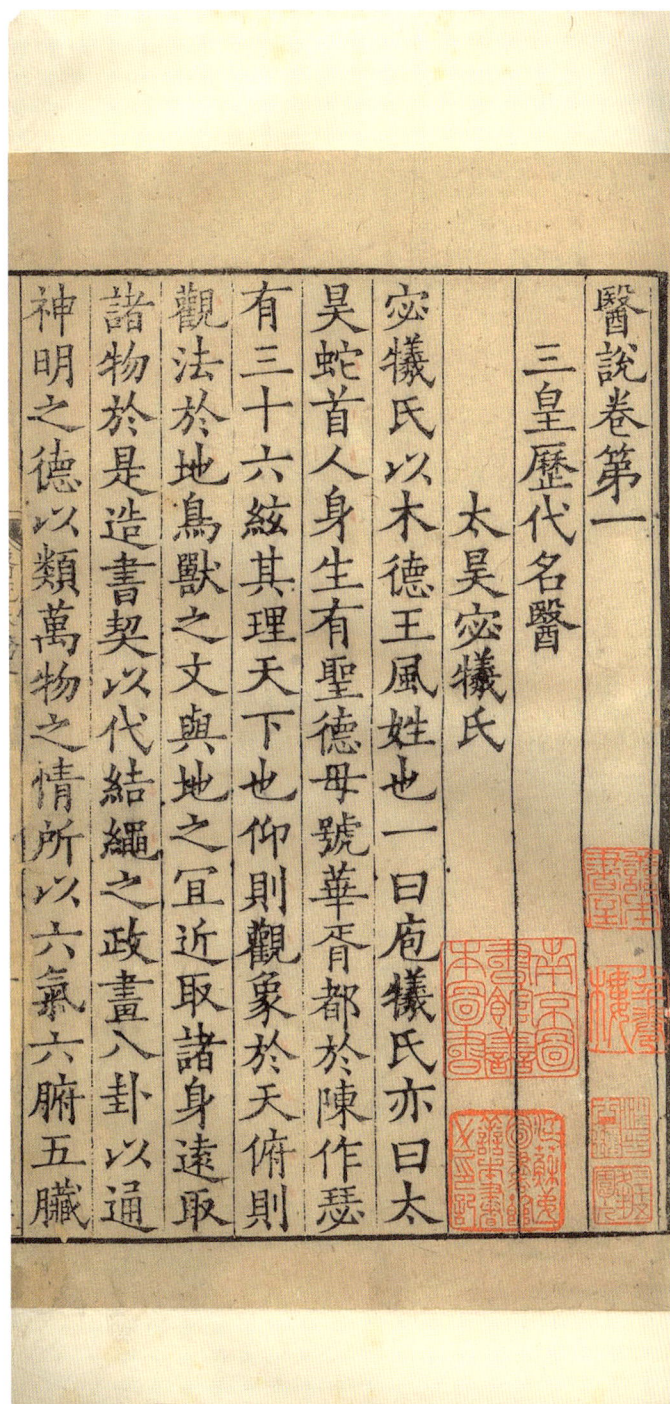

神明之德以類萬物之情所以六氣六腑五臟
諸物於是造書契以代結繩之政畫八卦以通
觀法於地鳥獸之文與地之宜近取諸身遠取
有三十六絃其理天下也仰則觀象於天俯則
昊蛇首人身生有聖德母號華胥都於陳作瑟
宓犧氏以木德王風姓也一曰庖犧氏亦曰太
　　太昊宓犧氏
　三皇歷代名醫
醫説卷第一

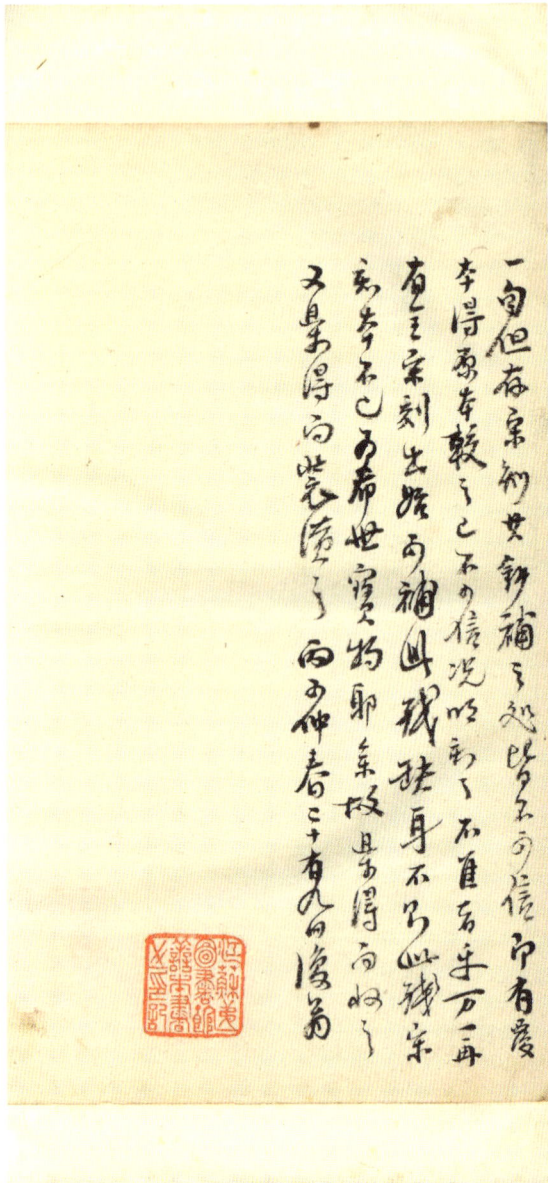

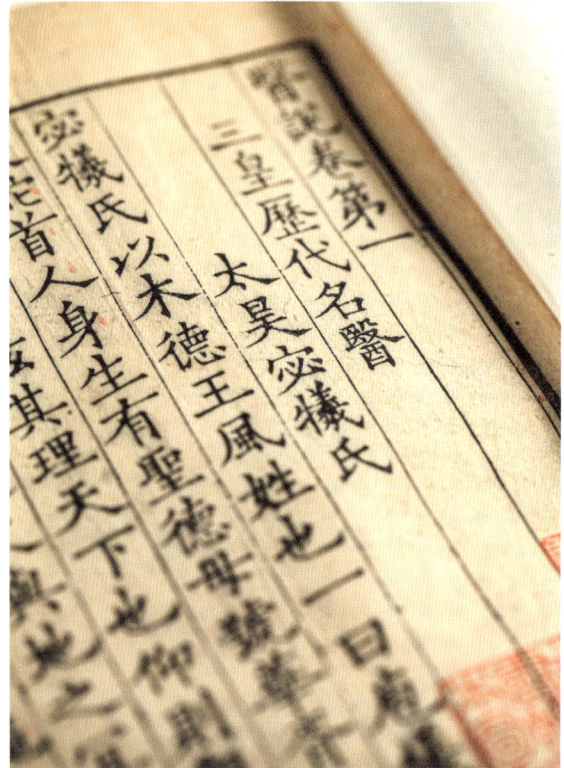

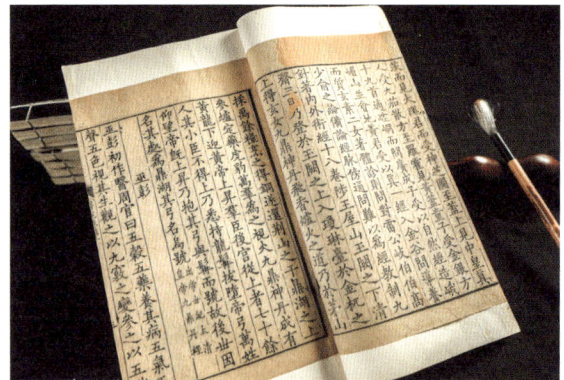

　　是書著述古代醫家生平及常見病症的治療。書凡十卷四十九門，涉三皇歷代名醫、醫書、本草、針灸、神醫、神方、診法、傷寒、諸風、眼疾、消渴、心腹痛、諸瘮、服餌并藥忌、疾証、養生修養調攝、金石藥之戒、婦人、小兒、瘡、醫功報應等内容。取材豐富，足資借鑒。

　　宋刻本今存南圖、北大圖書館及日本宮内廳書陵部三地，均不全。民國二十二年國學圖書館館長柳詒徵將館藏宋本影印出版，并以明本補其殘葉，其仍缺者延用舊抄，始稱完善。

　　框高21.2厘米，寬15.3厘米。半葉九行，行十八字，小字雙行同。左右雙邊，白口，單魚尾。鈐"長洲汪士鐘閬源氏印""三十五峰園主人所藏""八千卷樓""善本書室"等印。國家珍貴古籍名録編號00667。

蟠室老人文集二十二卷奏議一卷涉史隨筆一卷

（宋）葛洪撰　宋刻本　存二卷（十四至十五）

葛洪（？—1237），號蟠室老人，東陽（今屬浙江金華）人。官至參知政事。

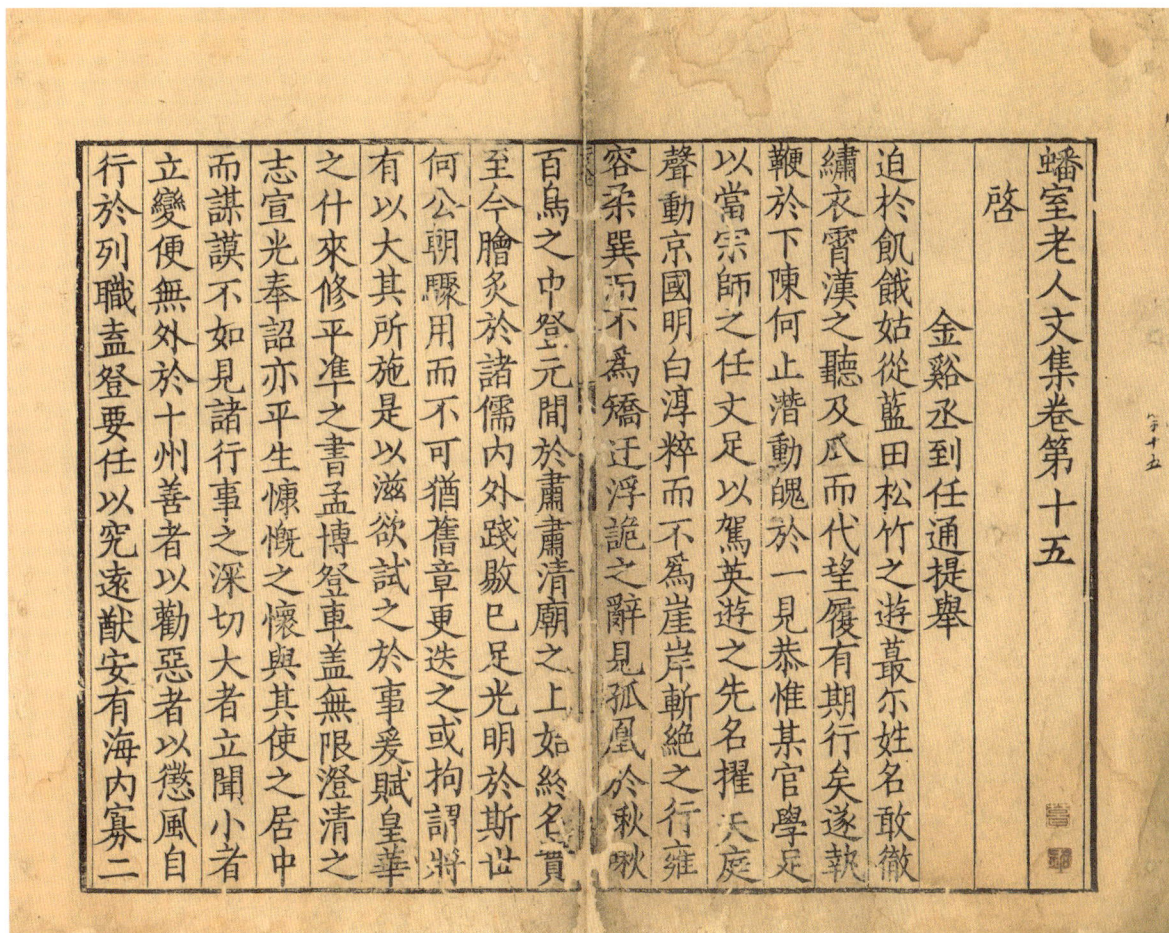

蟠室老人文集卷第十五

啓

金谿丞到任通提舉

迫於飢餓姑從藍田松竹之遊冀爾姓名敢徹
繡衣霄漢之聽及瓜而代望履有期行矣遂執
鞭於下陳何止潛動魟於一見恭惟其官學足
以當宗師之任文足以駕英遊之先名擢天庭
聲動京國明白淳粹而不爲崖岸斬絕之行雍
容柔巽而不爲矯迁浮詭之辭見孤凰於秋羽
百鳥之中登元間於蕭蕭清廟之上始終名賈
至今膾炙於諸儒內外踐跛已足光明於斯世
何公朝驟用而不可猶舊章更迭之或拘詞將
有以大其所施是以滋欲試之於事爰賦皇華
之什來修平準之書孟車盖無限澄清之
志宣光奉詔亦平生慷慨之懷與其使之居中
而謀謨不如見諸行事之深切大者立聞小者
立變便無外於十州善者以勸惡者以懲風自
行於列職盡登要任以宪遠猷安有海內寡二

47

　　是書原藏東陽葛氏祠堂，後從東陽散出，今存世僅餘文集二卷，卷十四札子及卷十五啓。
書末有"一九五九年一月張士達裝"粘籤。張士達（1902—1993），字俊傑，北京圖書館（現
國家圖書館）第一代古籍修復專家，被譽爲近現代古籍修復"一代國手"。

　　蝴蝶裝。框高 24.3 厘米，寬 17.3 厘米。半葉九行，行十八字，小字雙行同。左右雙邊，
白口，間有雙魚尾。國家珍貴古籍名録編號 01153。

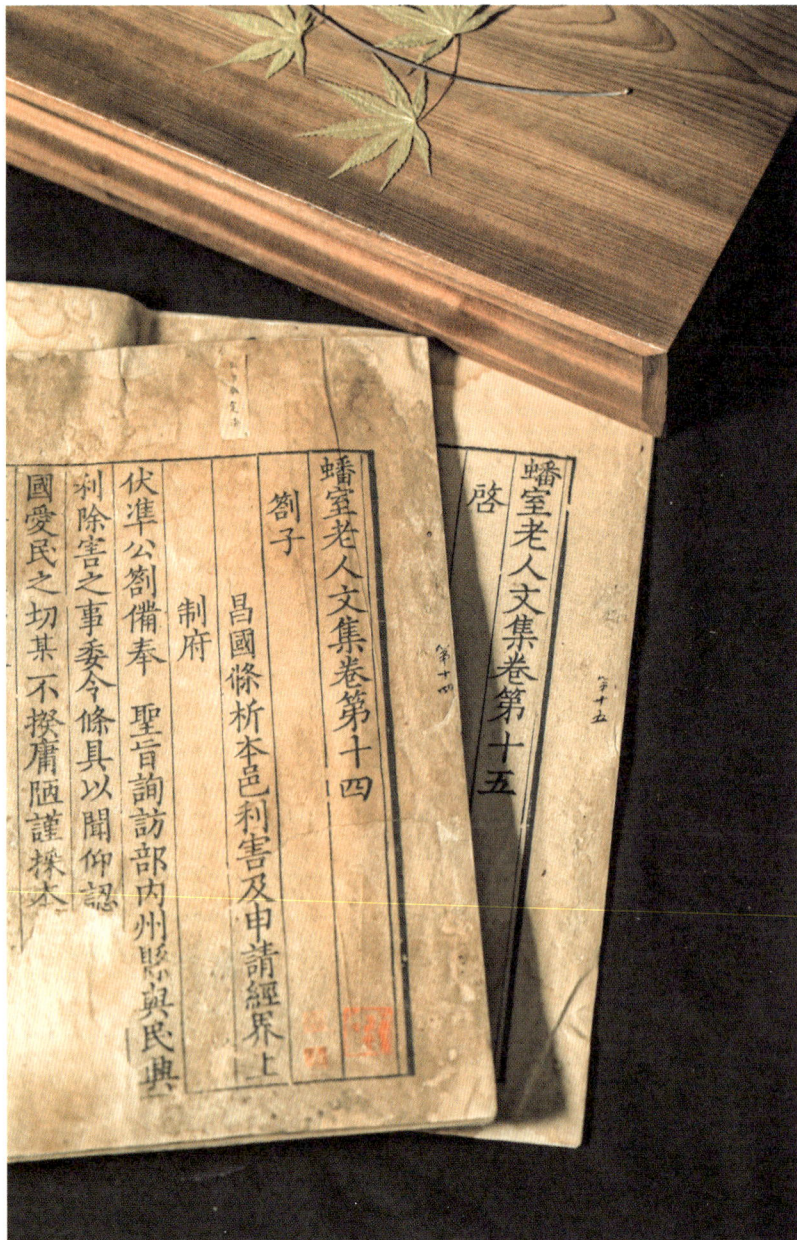

石壁精舍音註唐書詳節□□卷

（宋）陳鑑輯　宋刻本　吳湖帆題記　存三卷（六十二至六十四）

陳鑑，字明之，建安（今福建建甌）人，慶元二年（1196）進士。石壁精舍或其齋室名。

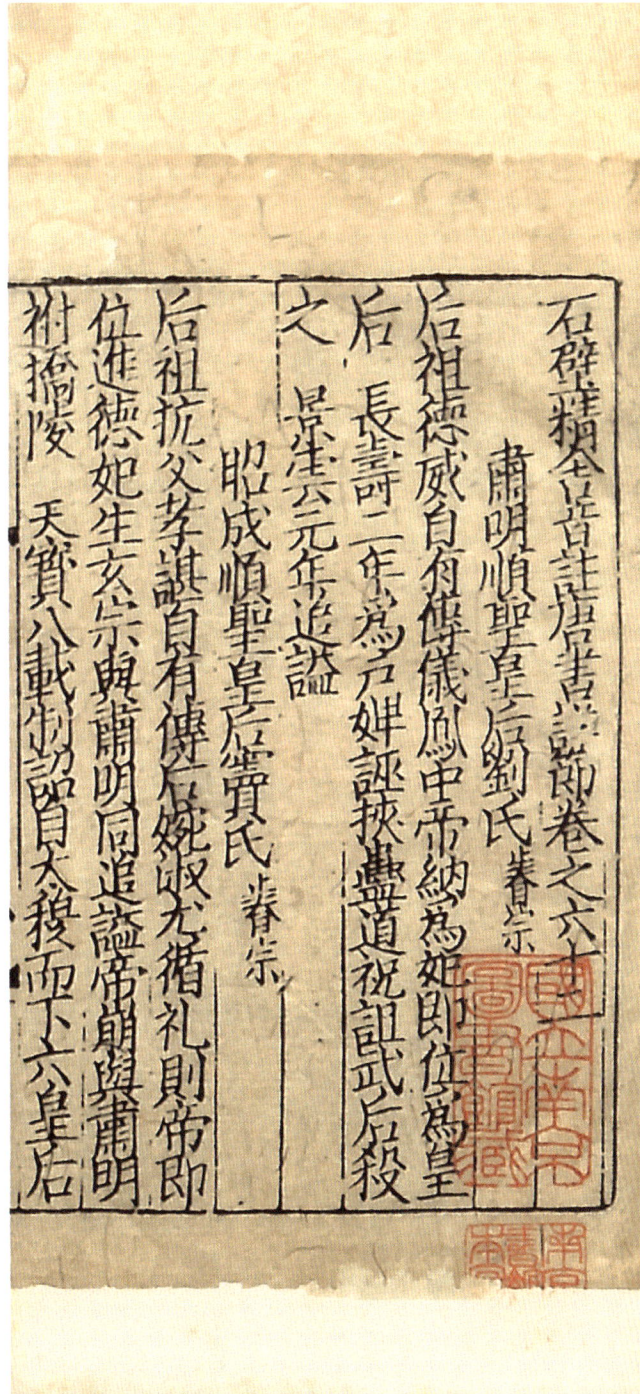

　　是書乃爲舉子科考之需而詳節歐陽脩等所撰《新唐書》。自《宋史‧藝文志》至明清各家書目，均未見著録。此本僅存三卷，卷六十二后妃傳，卷六十三至六十四宗室傳。避宋諱，"貞"字缺末筆，"玄"字時避時不避。

　　框高 9.4 厘米，寬 6.5 厘米。半葉九行，行十八字，小字雙行字數同。黑口，左右雙邊，雙對黑魚尾。鈐"佞""宋""湖颿""醜簃長壽""張珩私印""木鴈齋"等印。國家珍貴古籍名録編號 02870。

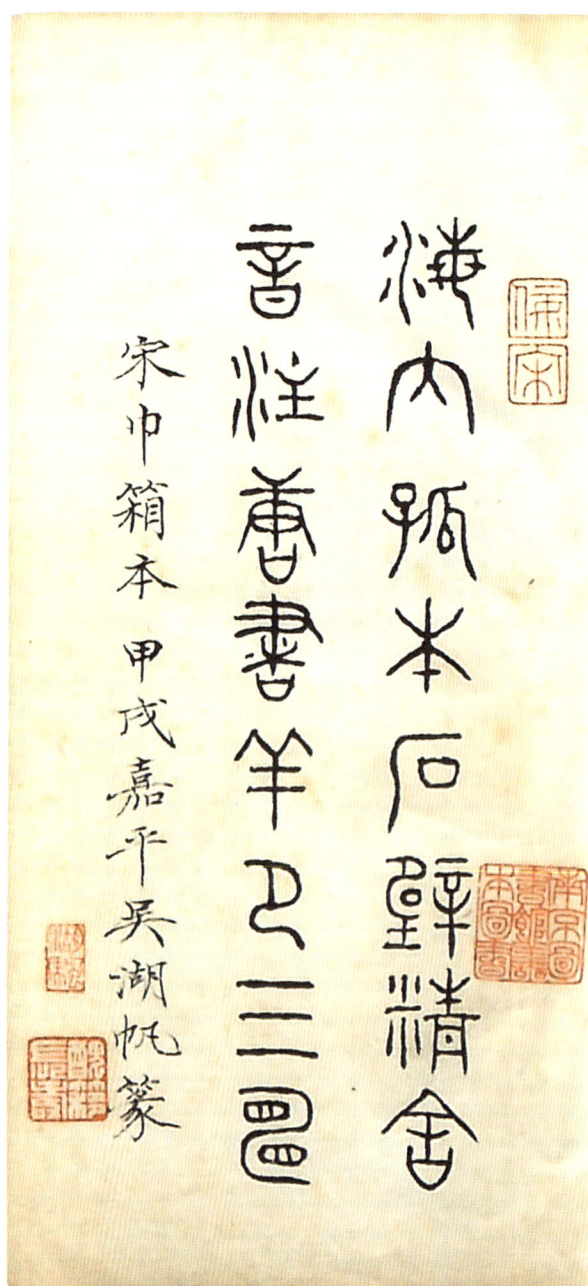

字苑類編□□卷

宋刻本　存十卷（上一至十）

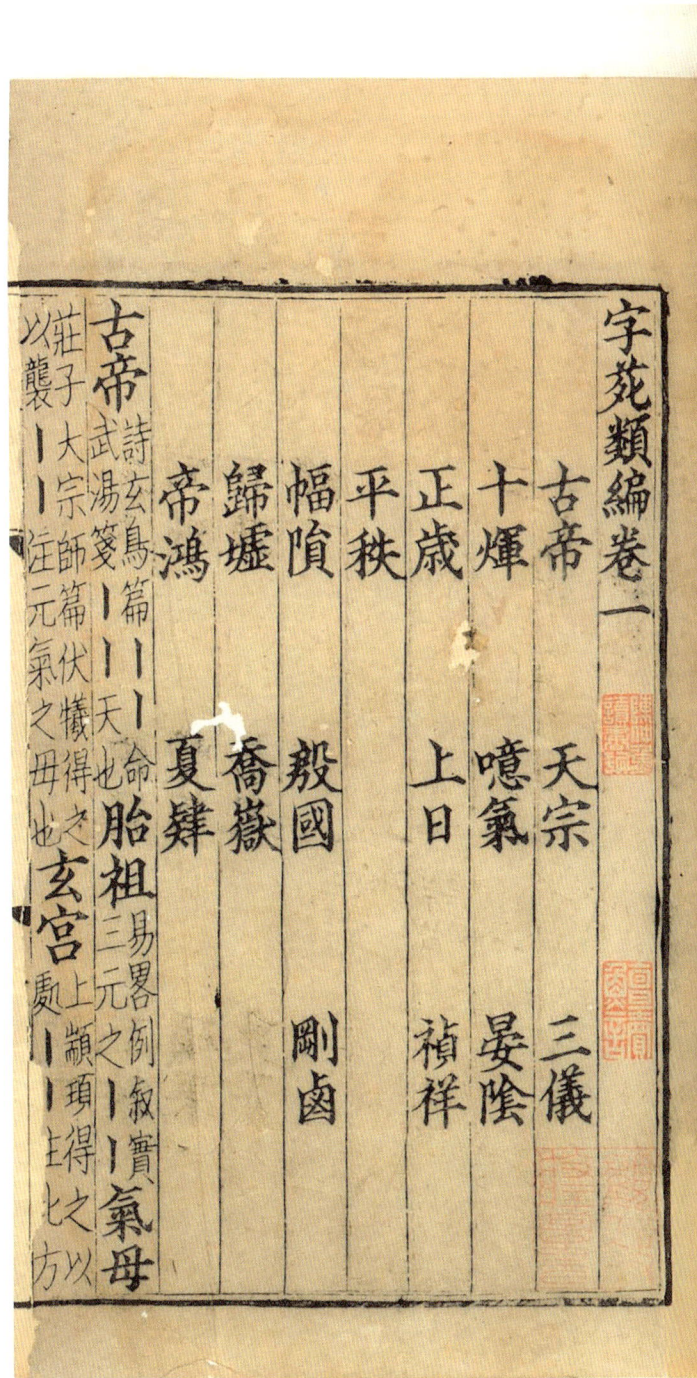

字苑類編卷一

古帝　　　天宗　三儀
十煇　　　噫氣　晏陰
正歲　　　上日　禎祥
平秩
幅隕　　　殷國　剛鹵
歸壖　　　喬嶽
帝鴻　　　夏肆

古帝　武湯　詩玄鳥篇二　天也　命　胎祖　易畧例敘實、三元之一上頴得之　氣母

古帝　　以莊子大宗師篇伏犧得之　毋也　玄宮　頠一上七之方

　　此書編者不詳，國家名録作宋朱熹、李幼武輯，無所據。此書爲經部小學類書籍，編輯者將一些常用詞的典籍出處進行分類編纂。不見於宋代書目等文獻著録或記載，明代趙琦美《脉望館書目》著録有宋刻殘本，僅存四卷，後世也未見有翻刻本。

　　版心處鐫有“字苑上□（一至十）”，應僅存上第一至十卷，總卷數不詳，書中目録及卷端所題卷次經後人剜改，非原來面目。

　　此本版面及字體風格，頗具南宋晚期福建刻書特點，字體俊秀，雕版精美，爲閩刻中之上乘。宋刻宋印，孤本流傳，極爲珍貴。

　　框高19.4厘米，寬13.2厘米。半葉十行，行十八字，小字雙行同。四周雙邊，上下綫黑口，雙對或順黑魚尾或單黑魚尾。鈐“顧仁效收藏圖書”“顧元慶鑒賞印”“仲魚圖象”“陳仲魚讀書記”“鱣讀”“顧鶴逸藏書印”等。國家珍貴古籍名録編號00793。

聖宋文選全集三十二卷

宋刻本（卷一至二十二、二十七至三十二配清影宋抄本）　丁丙跋

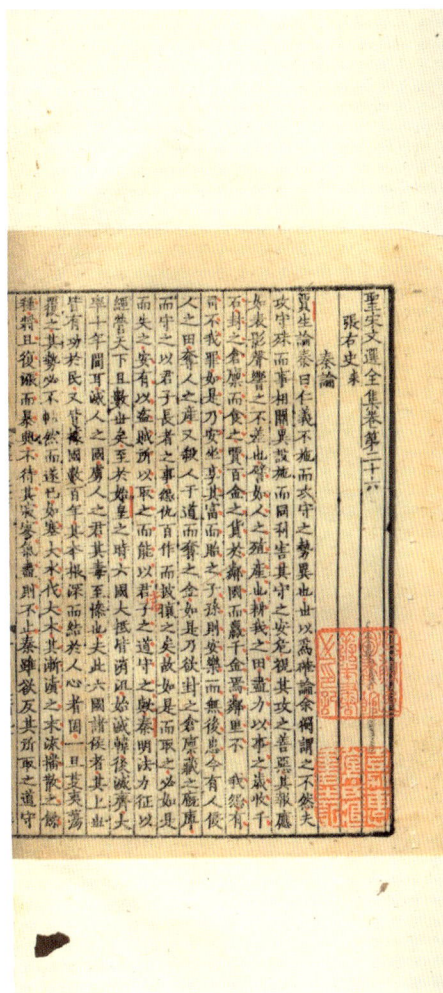

　　不著撰人，爲宋人編輯的北宋名家文集。全書選輯歐陽脩、司馬光、范仲淹、王禹偁、孫復、王安石、余靖、曾鞏、石介、李清臣、唐庚、張耒、黃庭堅、陳瓘十四人文章三百餘篇，以作者時代序次。文章多取經術史政類，不收詩賦碑銘。文體多樣，有論、序、記、書、策等，并不僅限於士子科舉所用文體。

　　框高 15.9 厘米，寬 12 厘米。半葉十六行，行二十八字，白口，左右雙邊，雙順黑魚尾。鈐"范印汝轂""四庫著録""嘉惠堂丁氏藏書之記""光緒癸巳泉唐嘉惠堂丁氏所得"等印。國家珍貴古籍名録編號 03182。

建隆元年春正月甲辰上受周禪即皇帝位建

立朔鎮定二州言契丹北漢連兵犯邊周帝命上

諸將禦之上在周朝掌軍政先六年士卒服其恩威數

征伐立大功於是士少國危中外始有推戴之議壬寅殿

前都副點檢慕容劍帥前軍先發癸卯大軍繼出軍校

訓號知天文昆日下復有一日黑光相盪指謂上親衛

此天命也是夕次陳橋驛軍士聚於驛門議曰主上幼小

我輩出死力破賊誰則知之不如先立點檢為天子然後

北征都押衛李處耘具以事白上弟匡義又掌書記趙普

大方廣佛花嚴經八十卷

（唐）釋實叉難陀譯　遼重熙四年（1035）泥金寫本　存一卷（七十）

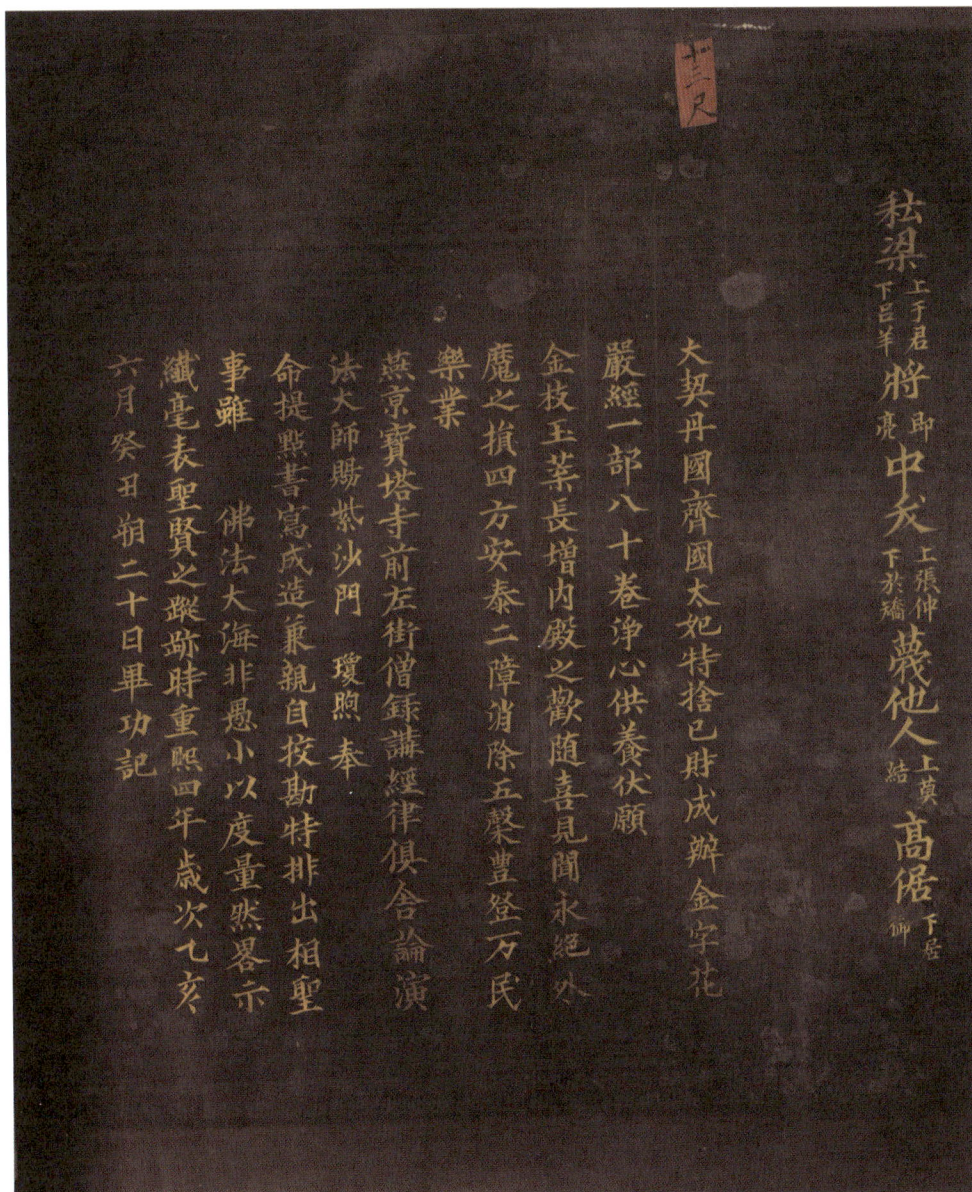

大方廣佛花嚴經卷第七十

入法界品第三十九之十一

尒時善財童子於善目

普喜幢解脫門信解門

寶念善知識所於教誨

敬仰願得見善知識與

善知識所方便行依善知識入深進海於無

願常親近生諸功德與善知識同一善根得

量劫常不遠離作是願已往詣普救眾生妙

德夜神所時彼夜神為善財童子示現如幻

調伏眾生解脫神力以諸相好莊嚴其身於

兩眉間放大光明名智燈普照清淨幢無量

光明以為眷屬其光普照一切世間照世間已

佛刹微塵劫所有佛出現我皆曾供養入此解脫門

我於無量劫修行得此道汝若能修行不久亦當得

善男子我唯知此菩薩普現一切世間調伏

眾生解脫現種種身具種種根滿種種願入種

種解脫起種種神變能種種觀察法入種種智

慧門得種種法光明而我云何能知能說彼切

德行善男子去此不遠有主夜神名寂靜音

海坐摩尼光幢莊嚴蓮花座百萬阿僧祇

主夜神前後圍繞汝詣彼問菩薩云何學

菩薩行修菩薩道時善財童子頂礼其

繞無數匝慇勤瞻仰辭退而去

大方廣佛花嚴經卷第七十

　　此經卷爲遼重熙四年（即北宋景祐二年），燕京寶塔寺沙門瓊煦爲遼聖宗耶律隆緒岳母齊國太妃祈福所製。經卷首尾皆提及"齊國太妃净心供養"。卷末有釋瓊煦"重熙四年歲次乙亥六月癸丑朔二十日畢功記"題記。

　　全書存一卷，以龍紋紫緞爲包首，經文用泥金書寫於磁青紙上。卷首有磨損，卷尾完好。卷軸裝。高 31.4 厘米，長 895 厘米。行十七字。國家珍貴古籍名録編號 00937。

新編詔誥章表機要□□卷

（金）郭明如輯　金刻本　存三卷（一、三至四）

郭明如，字東明，金川（今屬甘肅定西）人。

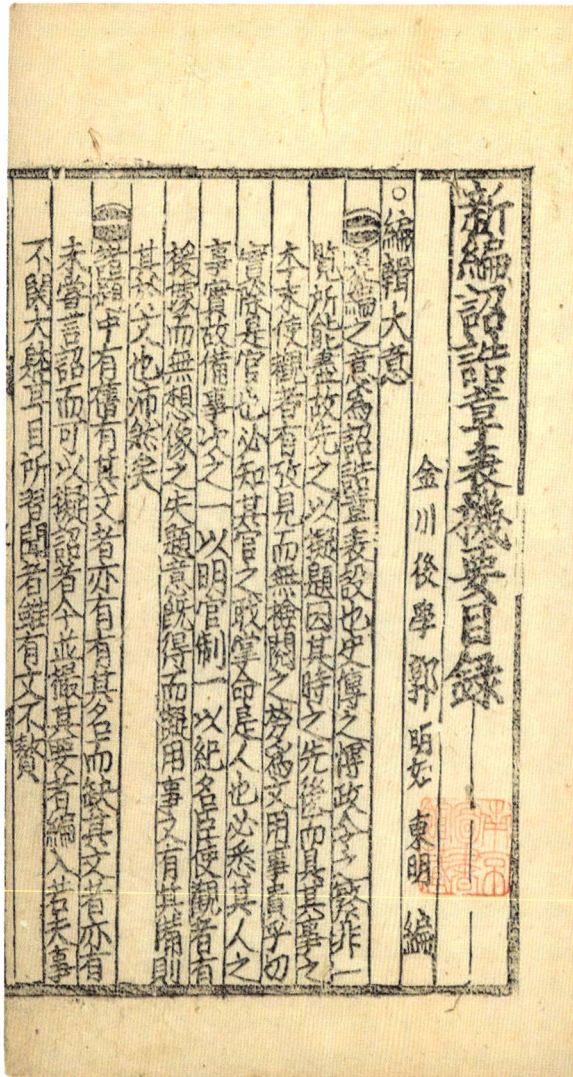

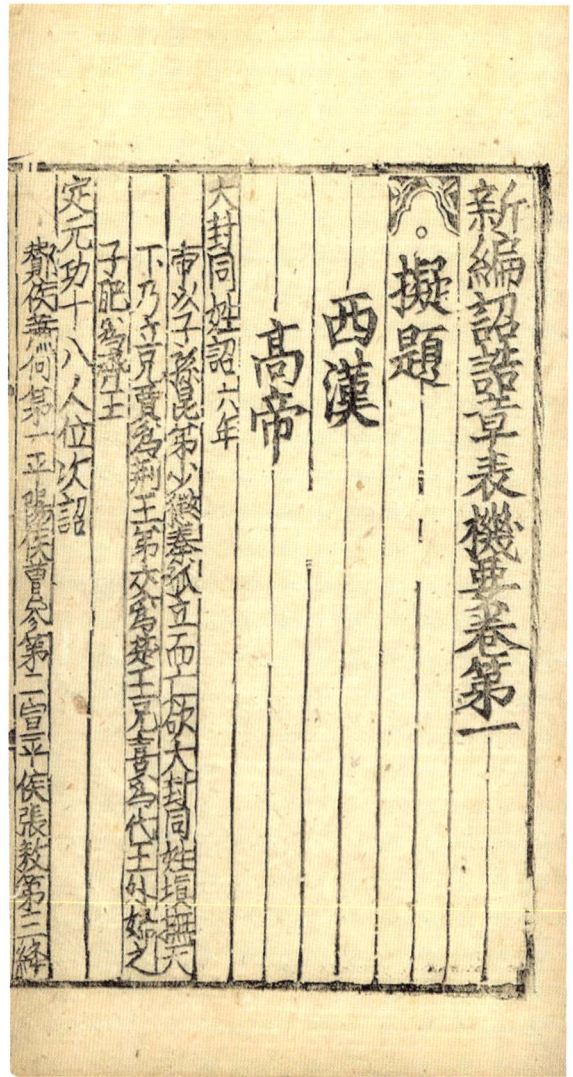

　　是書乃爲應試學子提供參考範文的科舉考試用書，選錄了漢唐詔誥章表及漢唐官職名目。

　　行格緊湊、刻字稠密。存世稀見。

　　框高 16.3 厘米，寬 10.8 厘米。半頁十四行，行二十、二十三字不等，上下黑口，四周單邊，雙對黑魚尾。國家珍貴古籍名録編號 00550。

北史一百卷

（唐）李延壽撰　元大德信州路儒學刻本　存八十一卷（一至十二、十八至八十二、九十七至一百）

李延壽，生卒年不詳。字遐齡，唐初相州（今屬河南安陽）人。官至符璽郎。曾參與《隋書》《五代史志》《晋書》及當朝國史的修撰，并獨立撰成《南史》《北史》。

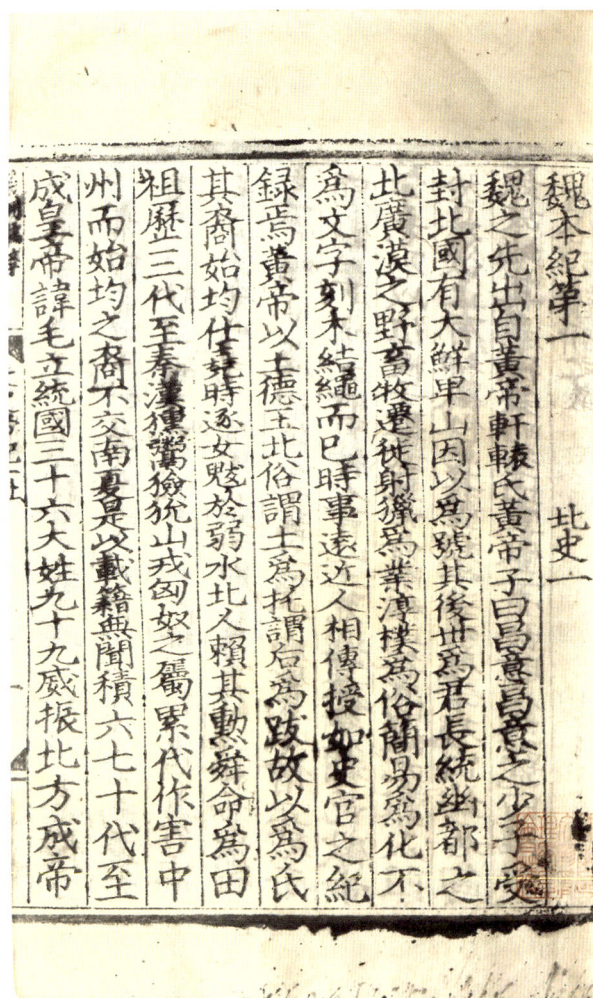

　　是書版心上題"信州儒學""信州路儒學刊造""信州路學""信州學刊""信州路象山書院刊""稼軒書院刊"等字樣。

　　框高22.4厘米，寬16.6厘米。半葉十行，行二十二字。上下細黑口，四周雙邊，雙對黑魚尾或三黑魚尾。國家珍貴古籍名録編號02658。

集千家註分類杜工部詩二十五卷

（唐）杜甫撰　（宋）徐居仁編次　（宋）黃鶴補注　**年譜一卷**　（宋）黃鶴撰　元皇慶元年（1312）余志安勤有堂刻本

　　自宋以後杜集注者最多，書坊爲射利故有"千家注"之號稱，實則約百家左右。此書正文二十五卷，將杜詩分爲紀行、述懷、懷古、古迹、時事等七十二類，并輯宋人注釋於每句之下。該書在宋徐居仁所編《門類杜詩》基礎上，增加黃鶴補注而成，實際收錄注者一百五十餘家。

　　今宋本未見，余志安勤有堂刻本爲杜詩千家註本現存早期版本，良工精刻，校勘幾無錯訛，極具價值。

　　目錄末葉牌記："皇慶壬子余志安刊於勤有堂。"卷末牌記："皇□□（慶壬）子余志安刊於勤有書堂。"

　　框高20.2厘米，寬13.1厘米。半葉十二行，行二十字，小字雙行，行二十六字，四周雙邊，黑口，雙順魚尾。鈐"雪莊張氏鑒藏"等印。國家珍貴古籍名録編號03100。

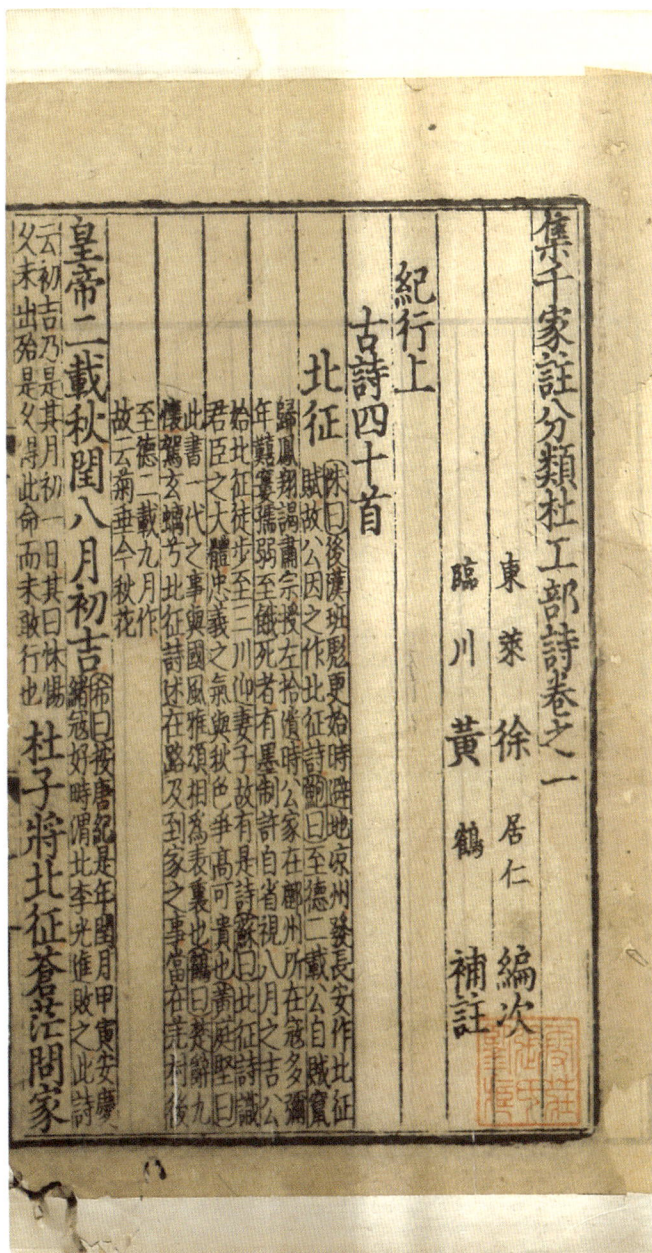

續資治通鑑十八卷

題（宋）李燾撰　元朱氏與畊堂刻本

李燾（1115—1184），字仁甫，又字子真，號巽巖，丹棱（今屬四川眉州）人。紹興八年（1138）
進士。

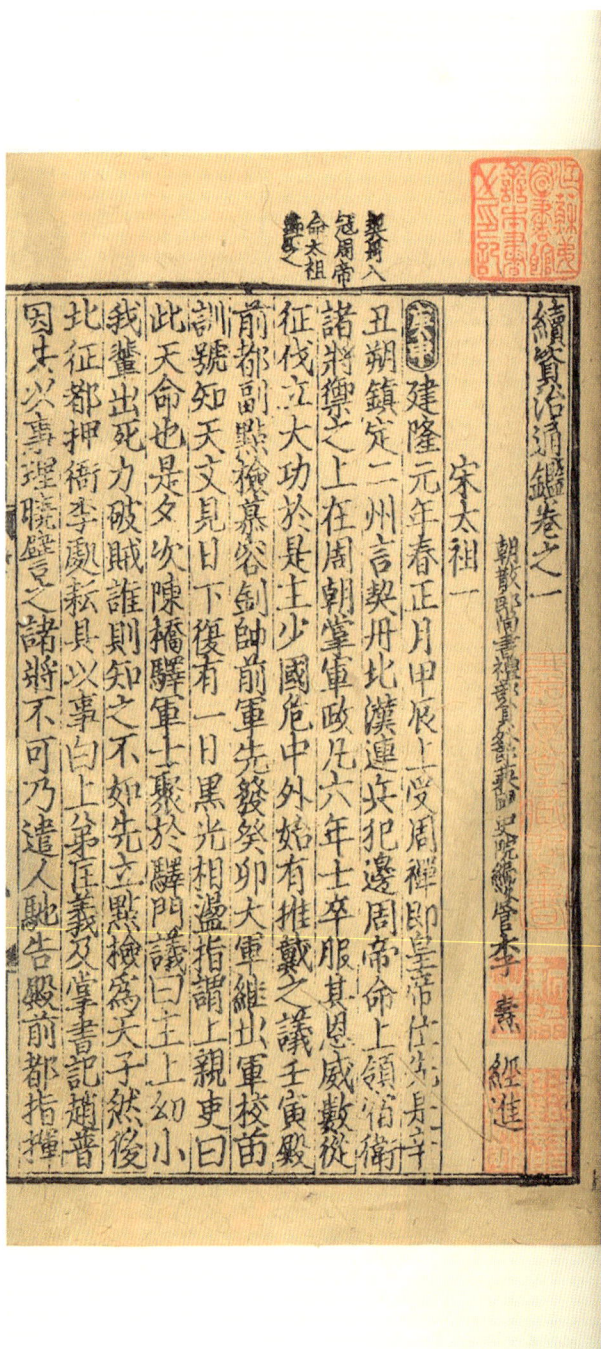

　　李燾"進書表"末有木記一方："建安朱氏／與畊堂刊。"《善本書室藏書志》著録云："大約麻沙坊賈托名之書也。"

　　框高 19.6 厘米，寬 13.2 厘米。半頁十三行，行二十二字，小字雙行同。眉上鐫評，行三字。上下黑口，四周雙邊，雙對黑魚尾。鈐"新緑草堂""嘉惠堂丁氏藏""嘉惠堂藏閲書"等印。國家珍貴古籍名録編號 00464。

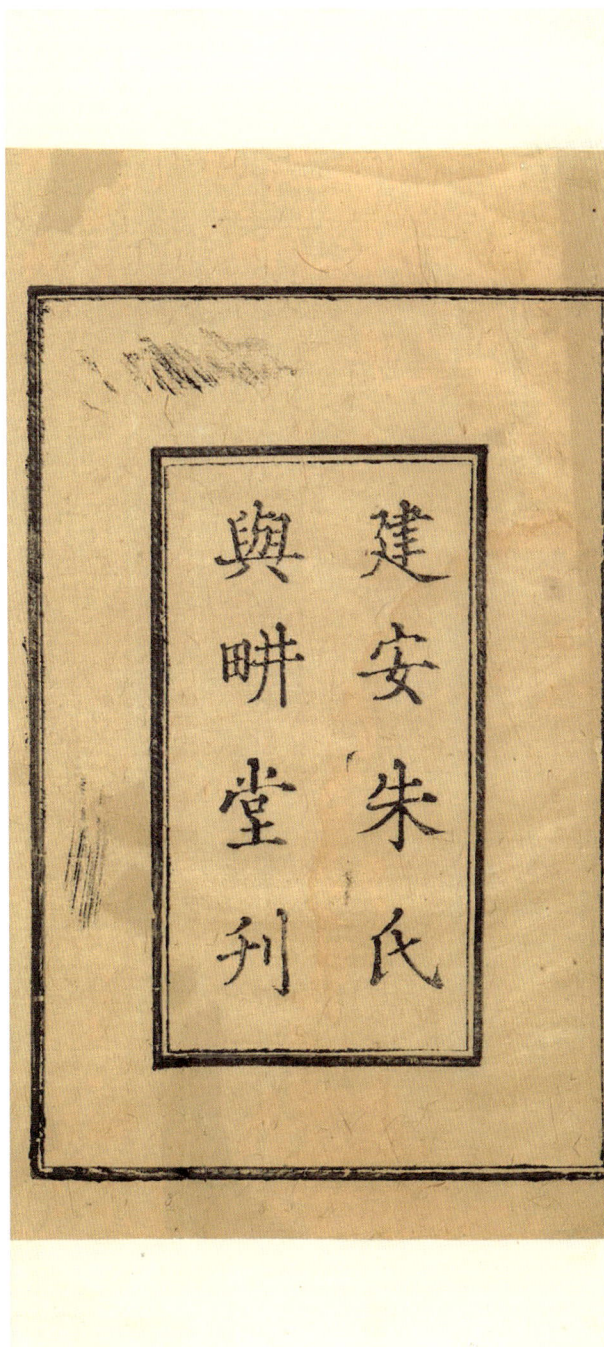

楚辭辯證二卷後語六卷

（宋）朱熹撰　元刻本　丁丙跋

朱熹（1130—1200），字元晦，一字仲晦，號晦庵，別稱紫陽。晚年號晦翁。祖籍徽州婺源（今屬江西上饒），生於尤溪（今屬福建），晚年徙居考亭（今福建建陽），學者稱"考亭先生"。

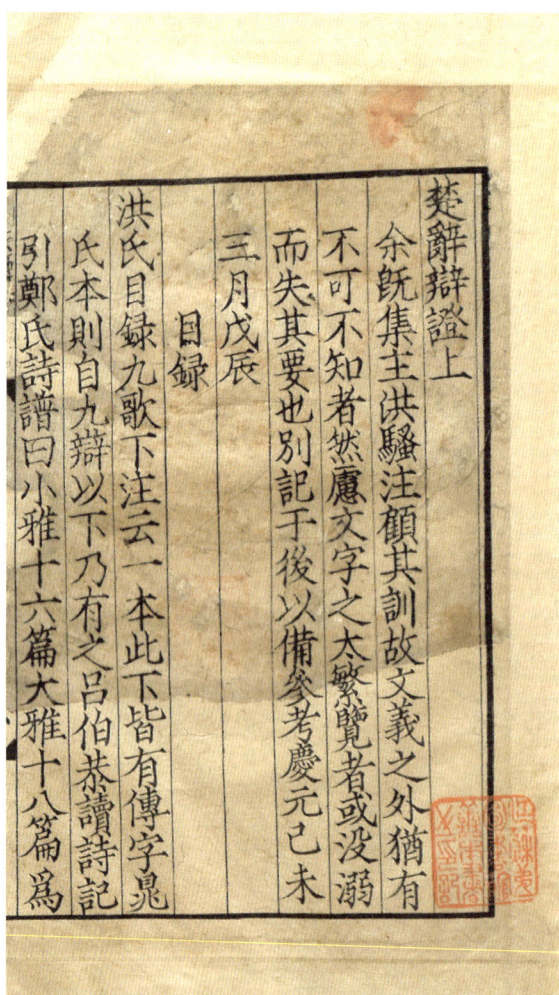

是書宋時有嘉定刻本、端平刻本。此本則爲元人重刊，文字較宋本有增損异同。

框高 18.2 厘米，寬 12.5 厘米。半葉九行，行十八字，小字雙行同。上下細黑口，左右雙邊，雙對黑魚尾。鈐"庚申以 / 後次侯 / 所得"朱文方印。趙宗建（1828—1900），字次侯，號次公、非昔居士等。江蘇常熟人。藏書樓名舊山樓、古春書屋，有《舊山樓書目》《舊山樓藏書記》。國家珍貴古籍名録編號 03087。

永類鈐方二十二卷首一卷

（元）李仲南撰　（元）孫允賢校定　元至順二年（1331）刻本

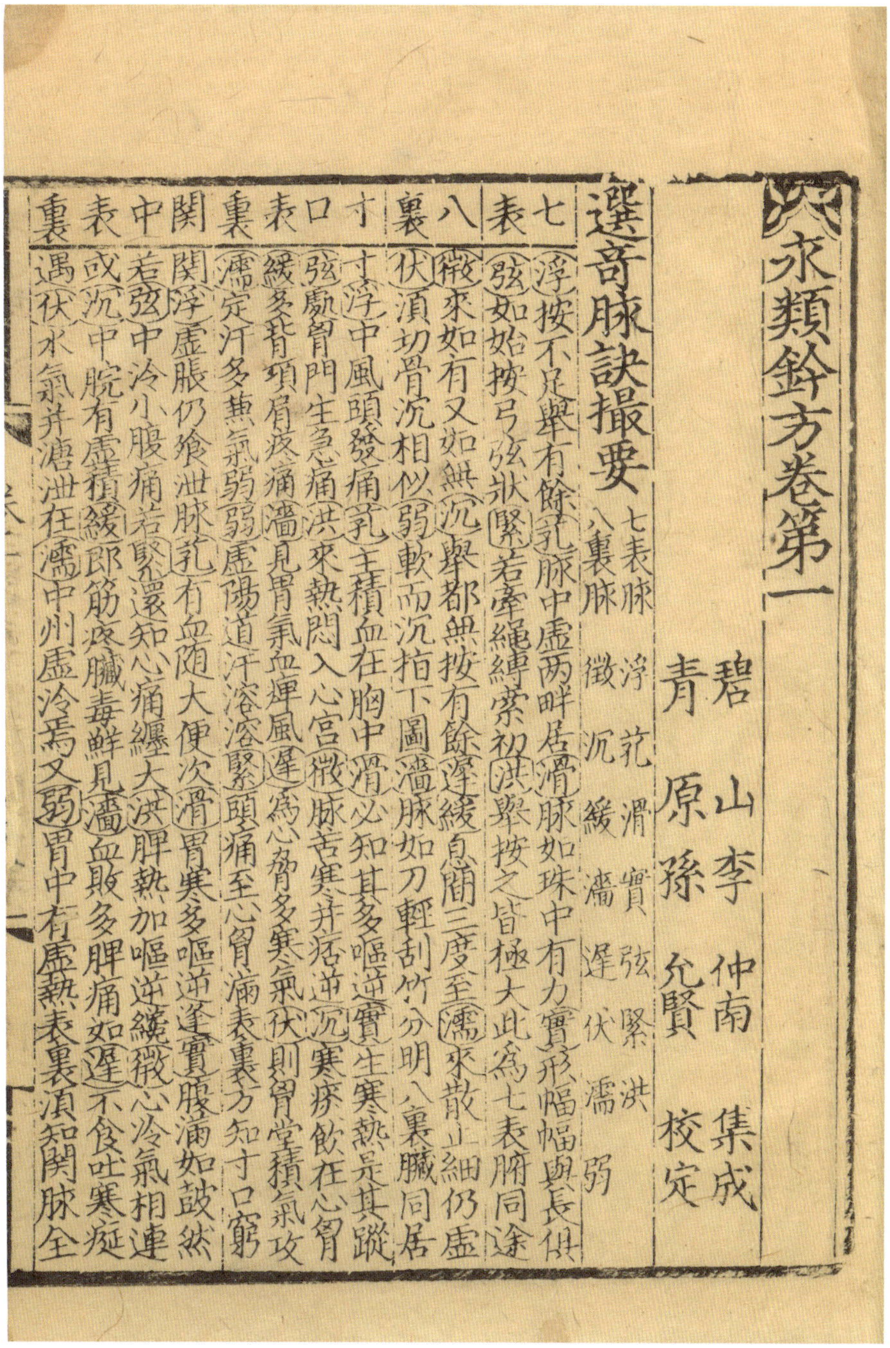
永類鈐方卷第一
碧山李　仲南　集成
青原孫　允賢　校定
選奇脉訣撮要　七表脉　浮　芤　滑　實　弦　緊　洪
八裏脉　微　沉　緩　濇　遲　伏　濡　弱
七表　浮按不足舉有餘芤脉中虛兩畔居滑脉如珠中有力實形幅幅與長俱
弦如始按弓弦狀緊若牽繩縳索初洪舉按之皆極大此爲七表脈同途
八裏　微來如有又如無沉舉都無按有餘遲緩息間三度至濡來散止細仍虛
伏須切骨沉相似弱軟而沉指下圖濇脉如刀輕刮竹分明八裏臟同居
寸口表裏　寸浮中風頭發痛芤主積血在胸中滑必知其多嘔逆實生寒熱是其蹤
弦勵胷門生急痛洪來熱悶入心宮微脉苦寒并疰逆沉寒痰飲在心胷
緩多背項肩疼痛濇見胃氣血痺風遲爲心脅多寒氣伏則胷堂積氣攻
濡定汗多焦氣弱弱虛陽道汗溶溶緊頭痛至心胷滿表裏方知寸口窮
関中表裏　関浮虛脹仍飧泄脉芤有血隨大便次滑胃寒多嘔逆實腹滿如鼓然
若弦中冷小腹痛若緊還知心痛纏大洪脾熱加嘔逆纔微心冷氣相連
或沉中脘有虛積緩郎筋疼臟毒鮮見濇血敗多脾痛如遲不食吐寒痰
遇伏水氣并溏泄在濡中州虛冷焉又弱胃中有虛熱表裏須知関脉全

　　是編原名《錫類鈐方》，後改今名。對比論述傷寒、雜病兩大症候的脉、病、證、治等內容，并以三因之説加以闡發。綱目清晰明瞭，易學易用，是極有實用價值的方書。

　　框高 20.5 厘米，寬 15.9 厘米。半葉單、雙、三欄數不定、寬窄行數不定，行字不等，字體分大中小三種。左右雙邊，黑口，魚尾形式不一，國家珍貴古籍名錄編號 00674。

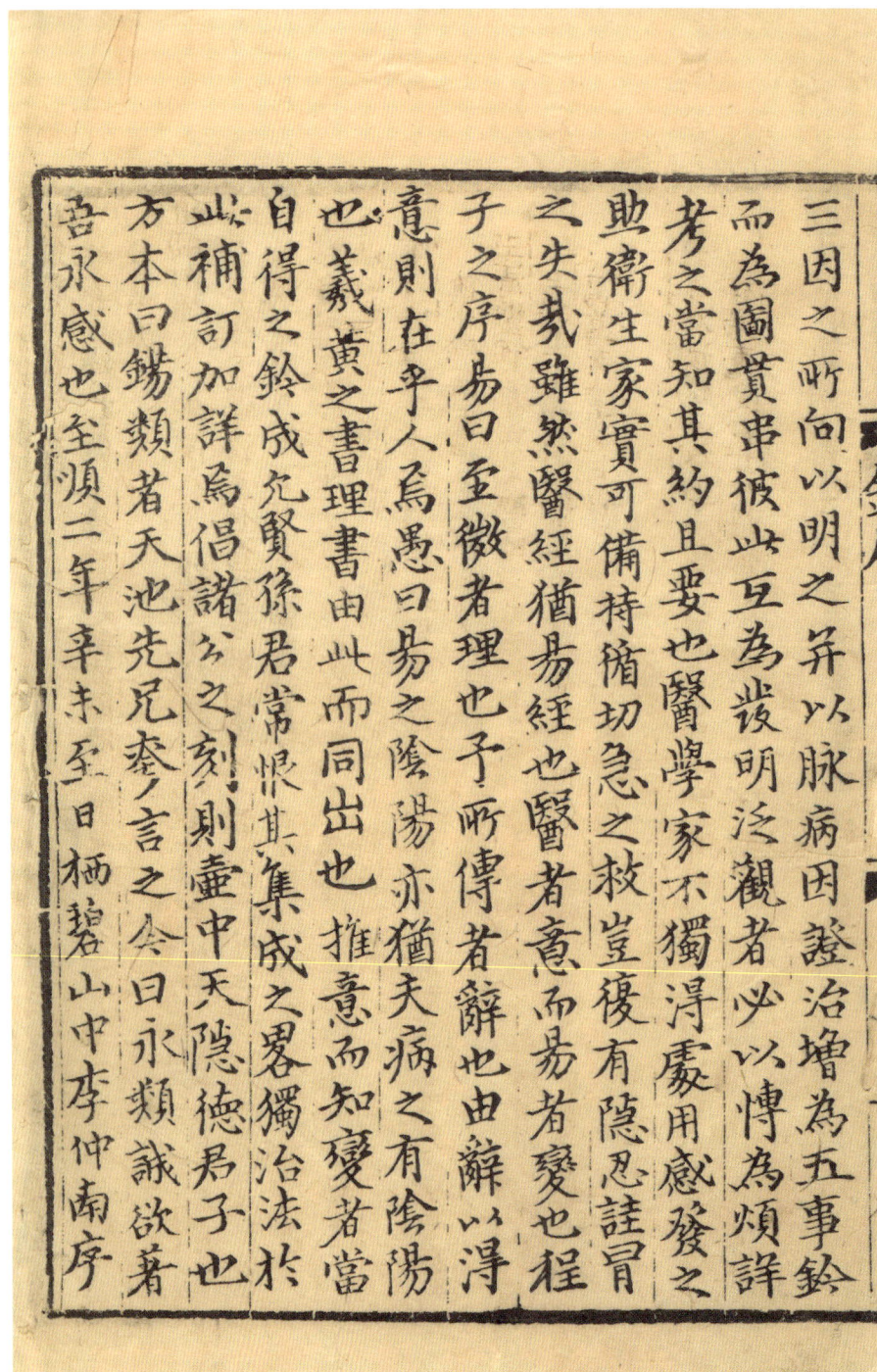

詩學集成押韻淵海二十卷

（元）嚴毅輯　元後至元六年（1340）蔡氏梅軒刻本　丁丙跋

嚴毅，字子仁，建安（今福建建甌）人。生平仕履不詳。

　　是書依韻編排，一至十卷爲上平聲，十一至二十卷爲下平聲。韻部只二十九，其三江一部因韻窄字少，未録。每字之下首列活套；次爲體字；次爲事類；次爲詩料，多采五、七言詩句，而不著作者姓名。

　　卷末鐫有牌記"至元庚辰菊節／梅軒蔡氏新刊"。

　　框高 19.6 厘米，寬 12.6 厘米。半葉十二行，行字不等，小字雙行，字無定數。上下黑口，四周雙邊，雙順黑魚尾。鈐"梁溪秦玉齋藏書印""鼎雲""嘉惠堂丁氏藏""松老""錢塘丁氏正修堂藏書"等印。國家珍貴古籍名録編號 00836。

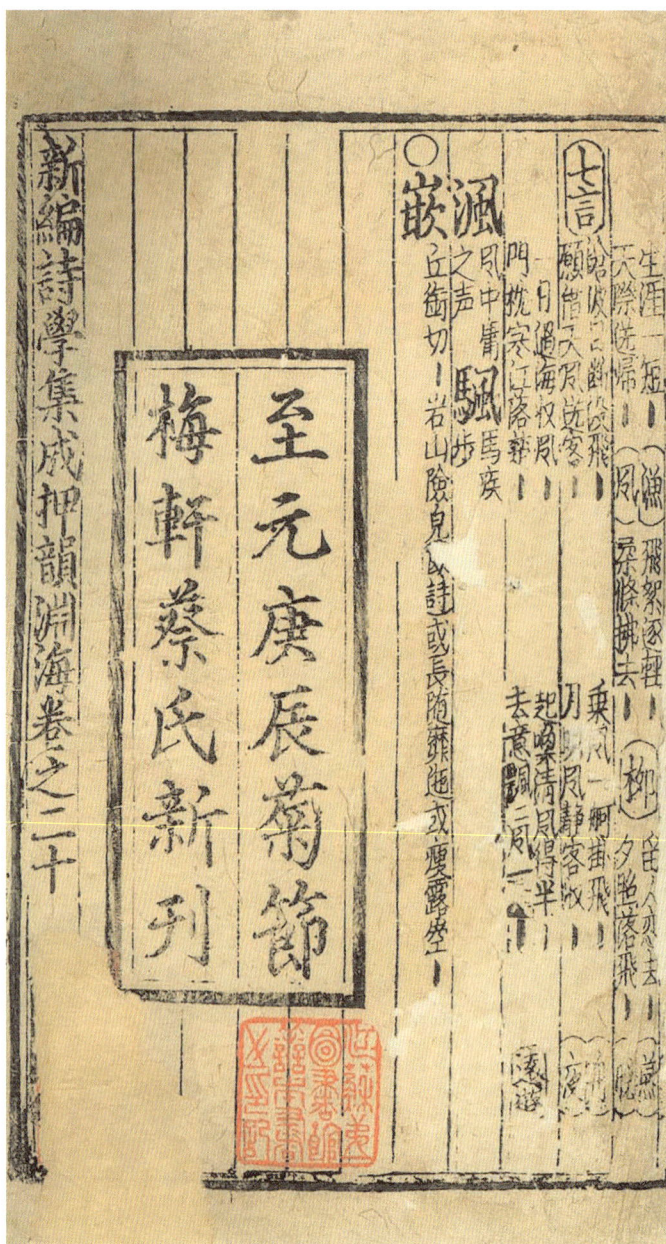

師子林天如和尚語録二卷別録五卷剩語集二卷

（元）釋惟則撰　　（元）釋善遇輯　元至正刻本　存三卷（別録三至五）

釋惟則（約 1286—1350），號天如，俗姓譚，吉安蓮花（今屬江西萍鄉）人。元代高僧，中峰明本法嗣弟子，得臨濟宗旨，於蘇州獅子林傳法十二年，善詩。有《師子林別録》《楞嚴經會解》《淨土或問》《宗乘要義》等。釋善遇，釋惟則弟子，元至正時人。

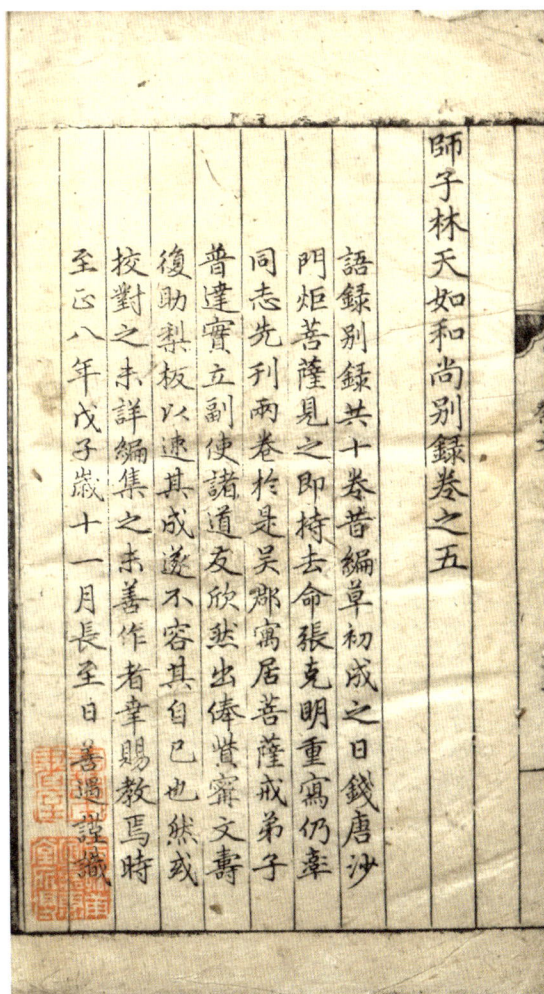

此書現存別録三至五卷，卷三疏、榜，卷四書問，卷五祭文，卷五末有釋善遇至正八年題識。

框高 19.8 厘米，寬 13.7 厘米。半葉十一行，行二十一字，細黑口，左右雙邊，上單黑魚尾。鈐“八千卷樓”“光緒庚寅嘉惠堂所得”“善本書室”等印。國家珍貴古籍名録編號 03076。

［至正］金陵新志十五卷

（元）張鉉纂修　元至正四年（1344）集慶路儒學溧陽州學溧水州學刻明正德十五年（1520）
南京國子監重修本　丁丙跋

張鉉，生卒年不詳，字用鼎，陝西人。長期任教集慶路學。

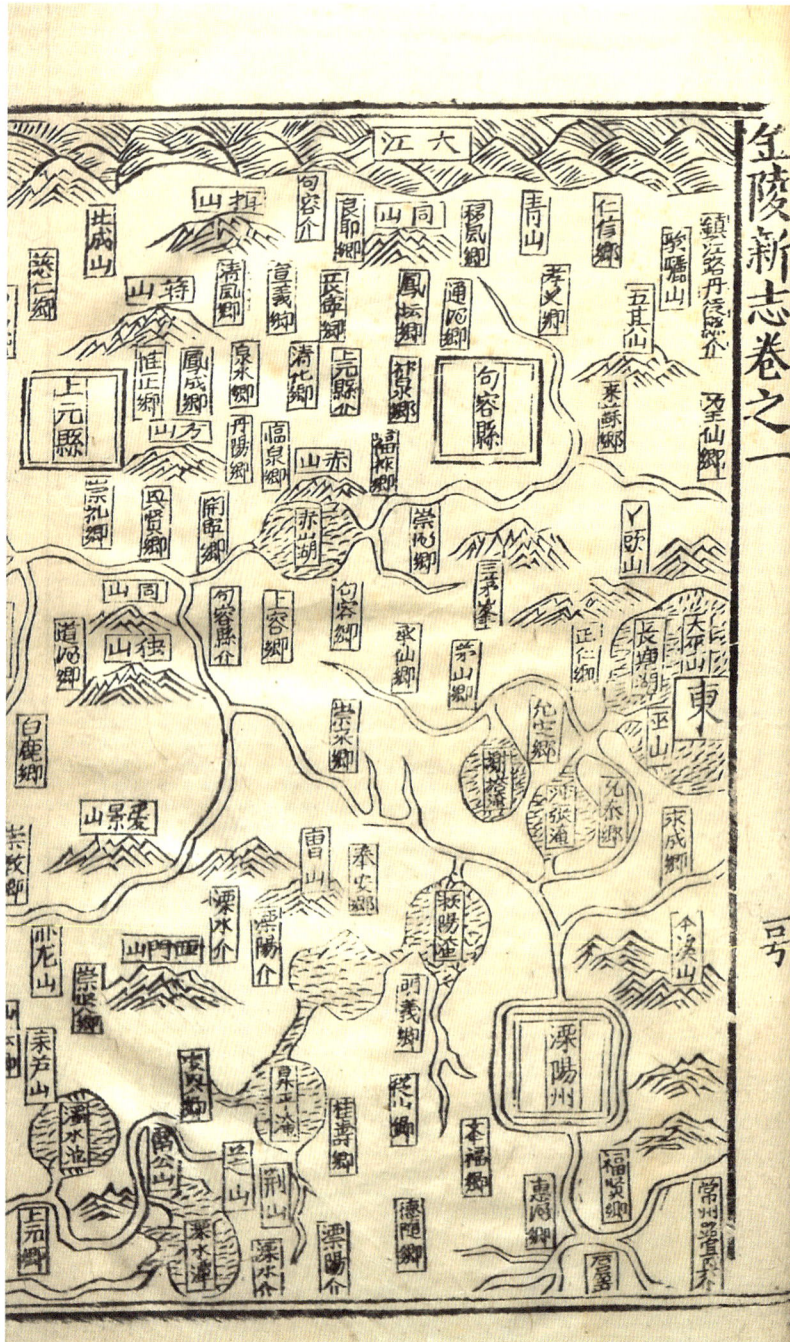

是志體例、篇目大抵沿襲《景定建康志》，略有變動。雜輯史傳，收錄較廣，本末明晰，考訂精審，無附會叢雜之病。元代南京地方史料藉此得以留存，殊爲可貴。

正文十五卷，卷一地理圖及圖考，卷二金陵通紀，卷三金陵世年表，卷四疆域志，卷五山川志，卷六官守志，卷七田賦志，卷八民俗志，卷九學校志，卷十兵防志，卷十一祠祀志，卷十二古迹志，卷十三人物志，卷十四摭遺，卷十五論辨。

框高23.5厘米，寬17.8厘米。半葉九行，行十八字，小字雙行字數同，左右雙邊，白口，雙對魚尾。鈐"晉江黃氏父子藏書""俞邰""朱西畯曾觀""秀水朱氏潛采堂圖書""汪魚亭藏閱書""漢晉唐齋""綸音嘉惠藝林""松老""泉唐丁氏竹舟申松丙辛酉以後所得"等印。國家珍貴古籍名録編號02880。

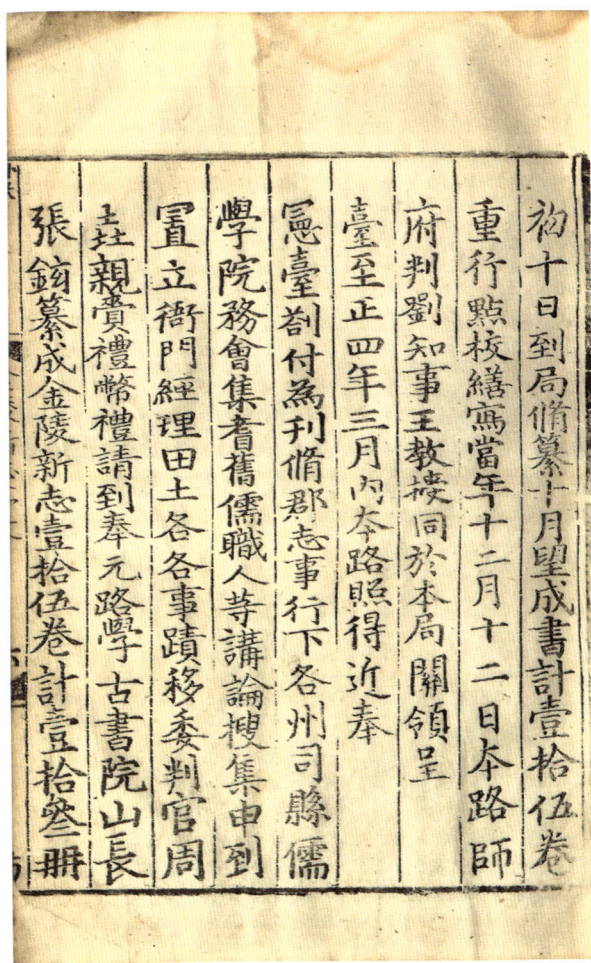

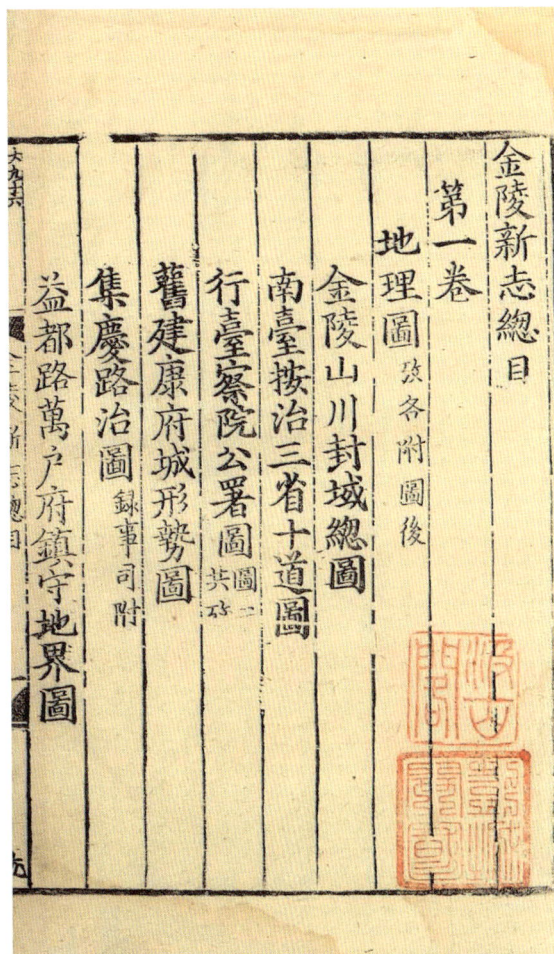

豫章羅先生文集十七卷

（宋）羅從彥撰　**年譜一卷**　（元）曹道振撰　元至正二十五年至二十七年（1365—1367）
豫章書院刻本（卷四至六、八至十一配清抄本）

羅從彥（1072—1135），字仲素，南劍州劍浦（今福建南平）人。從二程門人楊時學，又北學程頤。
學者稱豫章先生。淳祐中追諡文質。曹道振，生卒年不詳，字伯大，沙縣（今屬福建三明）人。
元至正三年（1343）進士，嘗任揚州路判官。

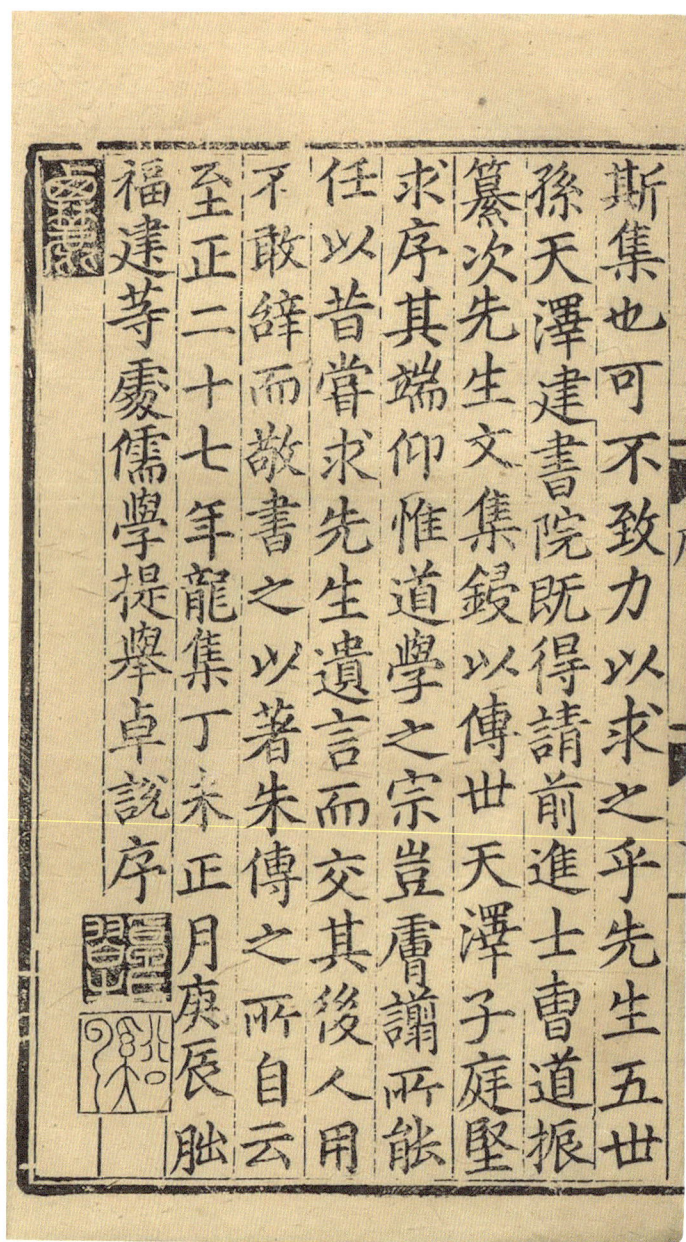

至正乙巳秋沙
陽豫章書院刊

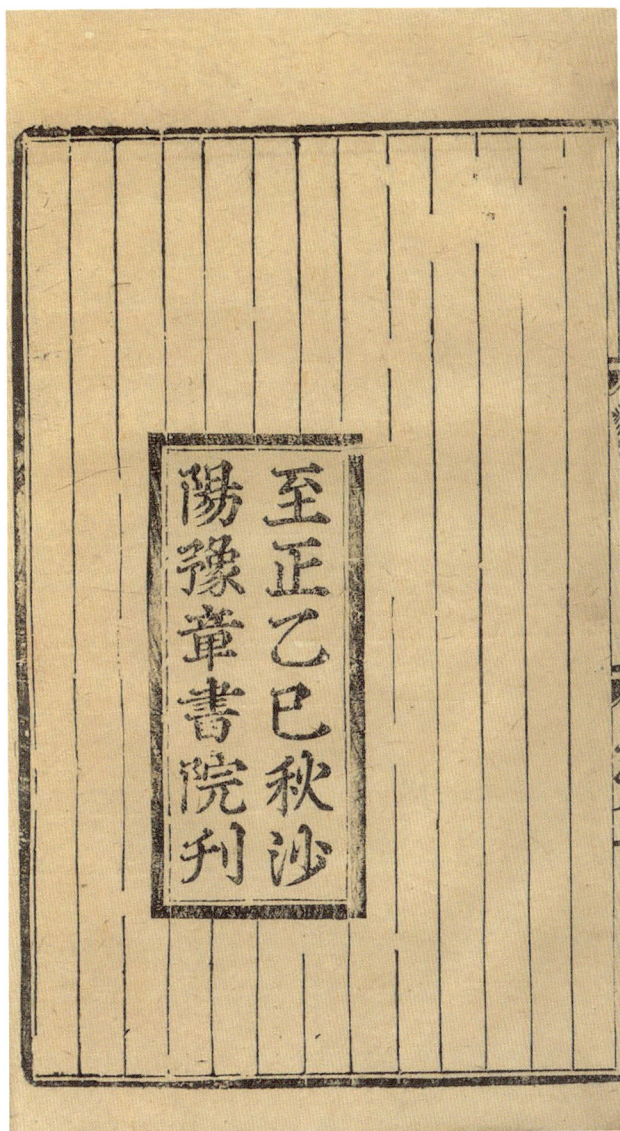

　　全書凡十八卷。《文集》十七卷：卷一爲"經解"（原闕，有目無書），卷二至十爲"集錄"其中卷二至九爲《遵堯錄》，"采（宋之）祖宗故事爲《遵堯錄》，靖康中擬獻闕下，會國難不果"（《欽定續通志》卷五百四十三《儒林傳》宋四）；卷十爲"集錄"，錄《二程先生語錄》及《龜山先生語錄》，卷十一至十二爲"雜著"，卷十三爲"詩"，卷十四至十七爲"附錄"（錄時人爲羅氏所作行狀、序跋等），卷十七爲"外集"（錄時人所作祭文、書信等）。《年譜》一卷附於《文集》之前。

　　目錄末有牌記"至正乙巳秋沙 / 陽豫章書院刊"。

　　框高 20.2 厘米，寬 13 厘米。半葉十三行，行二十三字，小字雙行同。上下黑口，四周雙邊，雙順黑魚尾。鈐"八千卷樓 / 珍藏善本"朱文竪長印。國家珍貴古籍名錄編號 01132。

纂圖互註南華真經十卷

（晋）郭象注　　（唐）陸德明音義　　元刻本　　丁丙跋

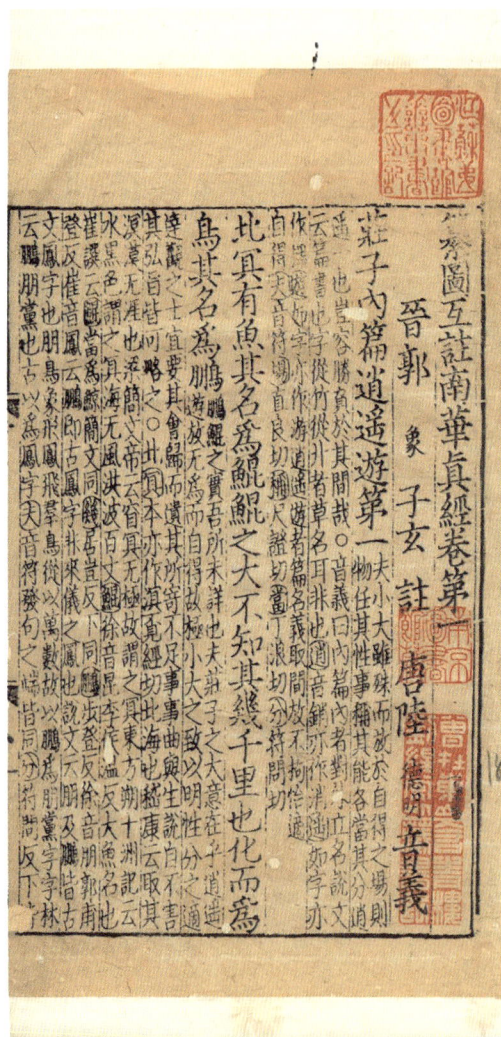

　　唐玄宗天寶元年詔封莊子爲南華真人，《莊子》一書則被尊爲《南華真經》或《南華經》。正文前有莊子太極説、周子太極圖。卷一至三内篇，卷四至七外篇，卷八至十雜篇。

　　框高 18 厘米，寬 12.3 厘米。半葉十一行，行二十一字。小字雙行二十五字。上下黑口，左右雙邊，雙順黑魚尾。鈐“含青樓藏書記”“曾在東山劉惺常處”“傳經堂鑒藏”“傳經堂印”“八千卷樓珍藏善本”“光緒壬午年嘉惠堂丁氏所得”等印。國家珍貴古籍名録編號00992。

唐陸宣公集二十二卷

（唐）陸贄撰　元刻本（卷十七至十九配清抄本）

陸贄（754—805），字敬輿，嘉興（今屬浙江）人。肅宗大歷五年進士。德宗時翰林學士，貞元八年任宰相，後被貶充忠州別駕。

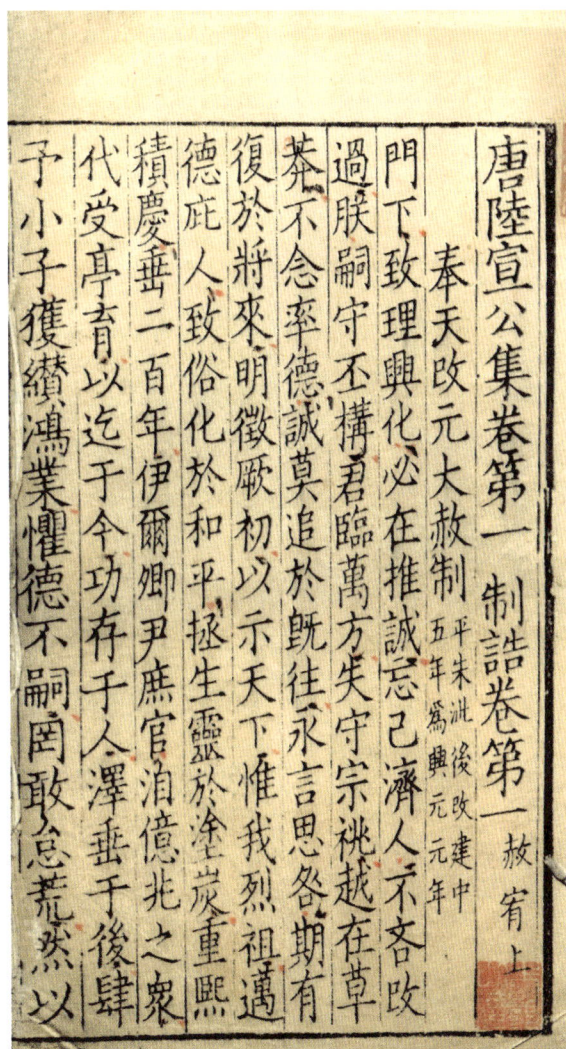

　　是書乃作者所撰制誥、奏議文集，以駢文形式寫就，指陳時弊、剖析事理、論古今得失，無不深切著明，却并不爲駢文形式所限，極具文學及史學價值。

　　框高 22.9 厘米，寬 16.4 厘米。半葉十行，行十七字，小字雙行，行十七字，左右雙邊，白口，單黑魚尾。鈐"芭蕉林""石卿"等印。國家珍貴古籍名錄編號 07208。

春秋胡氏傳三十卷

（宋）胡安國撰　（宋）林堯叟音注　**春秋名號歸一圖一卷**　（後蜀）馮繼先撰　**諸國興廢説一卷春秋二十國年表一卷**　元刻本　丁丙跋

胡安國（1074—1138），字康侯，號青山，崇安（今福建武夷山）人。學者稱武夷先生，後世稱胡文定公。

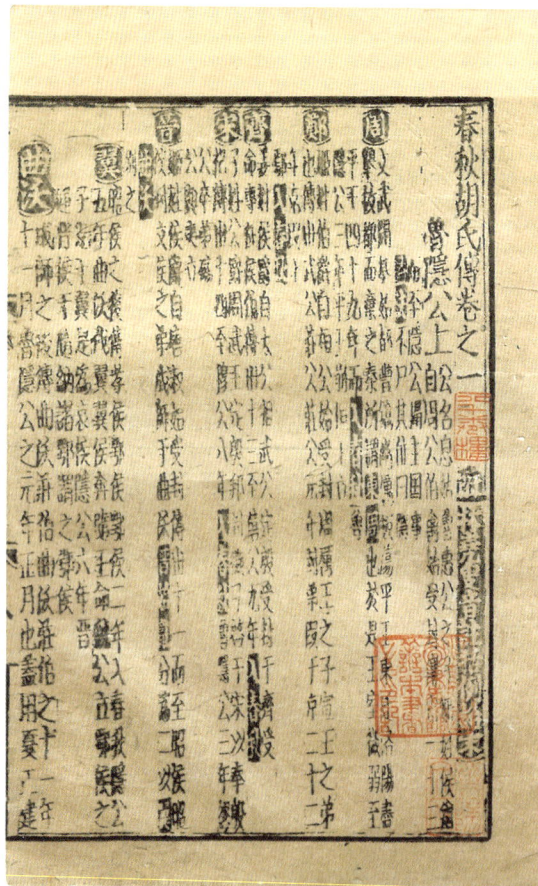

此書作於宋南渡之後，傳中往往藉《春秋》以寓其感悟，朱子稱："胡氏《春秋傳》有牽强處，然議論有開合精神。"因胡安國之學源自二程，元明科舉以胡氏傳爲科場標準，以宗法程、朱。

框高 19.7 厘米，寬 12.6 厘米。半葉十五行，行二十字，中字單行，行二十八字，小字雙行，行二十字。上下黑口，四周雙邊，雙順魚尾。鈐"錢唐丁氏藏書""漢晉唐齋""八千卷樓""嘉惠堂丁氏藏""松生"等印。國家珍貴古籍名録編號 02603。

太平惠民和劑局方十卷

（宋）陳師文等撰　**指南總論三卷**　（宋）許洪撰　增廣和劑局方圖經本草藥性總論一卷

元刻本（指南總論配明抄本）　嚴元照跋　佚名錄黃丕烈跋

陳師文，宋臨安（今浙江杭州）人。精醫術，曾任尚書庫部郎中，提轄措置藥局。許洪，南宋醫家。曾任太醫局助教，并差充四川總領所檢察惠民局。

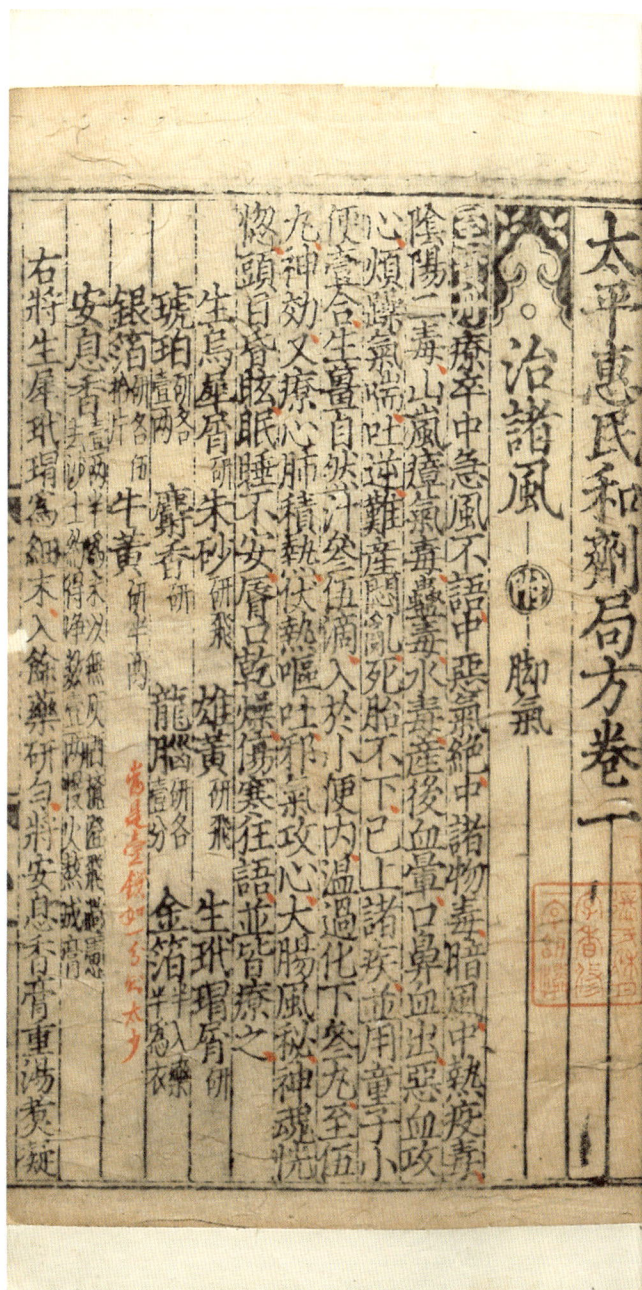

曝書亭藏高氏日新堂刻本太平惠民和劑局方有
版載集中此本首有務民印記進表及指南總論
咳舊鈔視明刻本不啻霄壤丁寶書也
嘉慶丙寅秋錢唐何夢華以此歸余三重其爲元刻并舊鈔補
全以番錢十枚易之是書源流石泉嚴君跋之甚詳惟是必迁
竹埭跋語尚未明晰蓋修竣乃元時雕本後附太醫
助教許洪指南三卷條建安高氏日新堂板行似許書與局
方非一刻矣柳日新堂印元時坊名也佐攷之羔荛
癸丑孟夏廿四日芳椒堂主人嚴元照書

丁卯夏命工重裝舊分四冊今倍
之通體俱以素紙軟襯副其四圍
護之至也余所收宋元刻本醫
書甚夥此刻与永類鈐方相似
皆小字密行者彼出郡中故藏書
家裝潢精妙僅以白金十兩易
浮此重爲裝潢工貴与書價
有過無不及竊自笑余之愛書

而并愛裝潢雖貴所弗惜矣他
日編所見古書錄成此二方者
於元刻中不儼然上駟乎連日
酷暑殊困人昨交夏至一陰姤
生天有雨意凉氣襲衣未
知四野有浮雨靄君柳遠方
發水也　五月十六日　復翁黄丕烈

　　是書爲北宋徽宗大觀年間官修成藥方書，曾廣泛流行，版本衆多，然今宋本未見。此元本，書凡十卷：卷一諸風附脚气；卷二傷寒附中暑；卷三諸气附脾胃積聚；卷四痰飲附咳嗽；卷五諸虛附骨蒸、瘤冷附消渴；卷六積熱、瀉痢附秘澀；卷七眼目、咽喉口齒；卷八雜病、創腫傷折；卷九婦人附產圖；卷十小兒附諸湯、諸香。凡七百八十八方。

　　框高 19.8 厘米，寬 13.4 厘米。半葉十五行，行二十四至二十六字，小字雙行字數同，四周雙邊，黑口，雙魚尾。鈐"曾藏汪閬源家"等印。國家珍貴古籍名錄編號 02910。

韻補五卷

（宋）吳棫撰　元刻本

吳棫（約 1100—1154），字才老，舒州（今安徽潛山）人。音韻學家、訓詁學家。

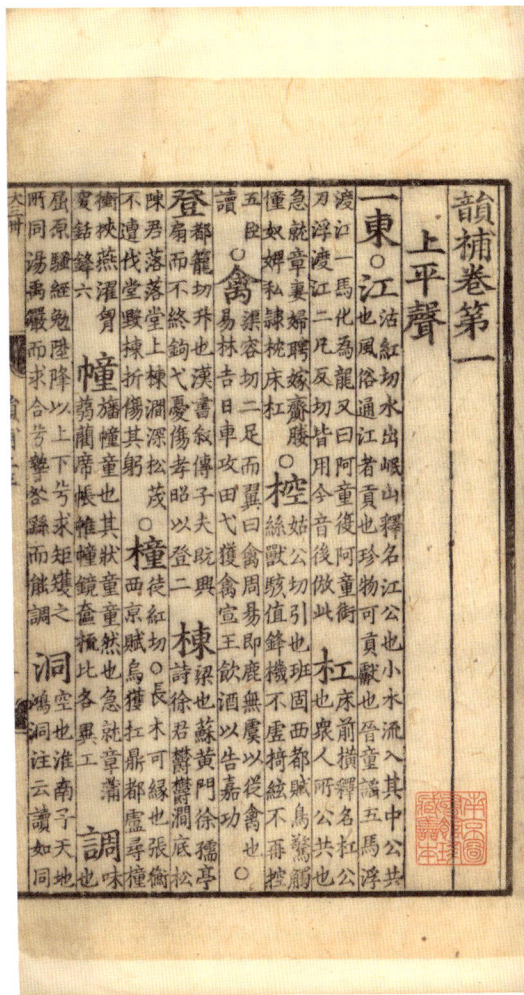

本書將舊籍古韻與宋人所用古韻互相比較，從而考定古韻的通轉，爲上古音韻研究的開山之作。

全書五卷，卷一"上平聲"，卷二"下平聲"，卷三"上聲"，卷四"去聲"，卷五"入聲"。

框高 23.6 厘米，寬 16.7 厘米。半葉十行，行字不等，小字雙行，行二十四字，左右雙邊，上下黑口，雙對魚尾。鈐"安樂堂藏書記""香巖審定"等印。國家珍貴古籍名録編號00378。

張仲景註解傷寒百證歌五卷新編張仲景註解發微論二卷

（宋）許叔微撰　元刻本

許叔微，字知可，南宋真州白沙（今江蘇儀徵）人。宋紹興二年進士，後爲詞臣，精於醫，醫家稱之爲許學士。著有《仲景脉法三十六圖》《翼傷寒論》《類證普濟本事方》等。

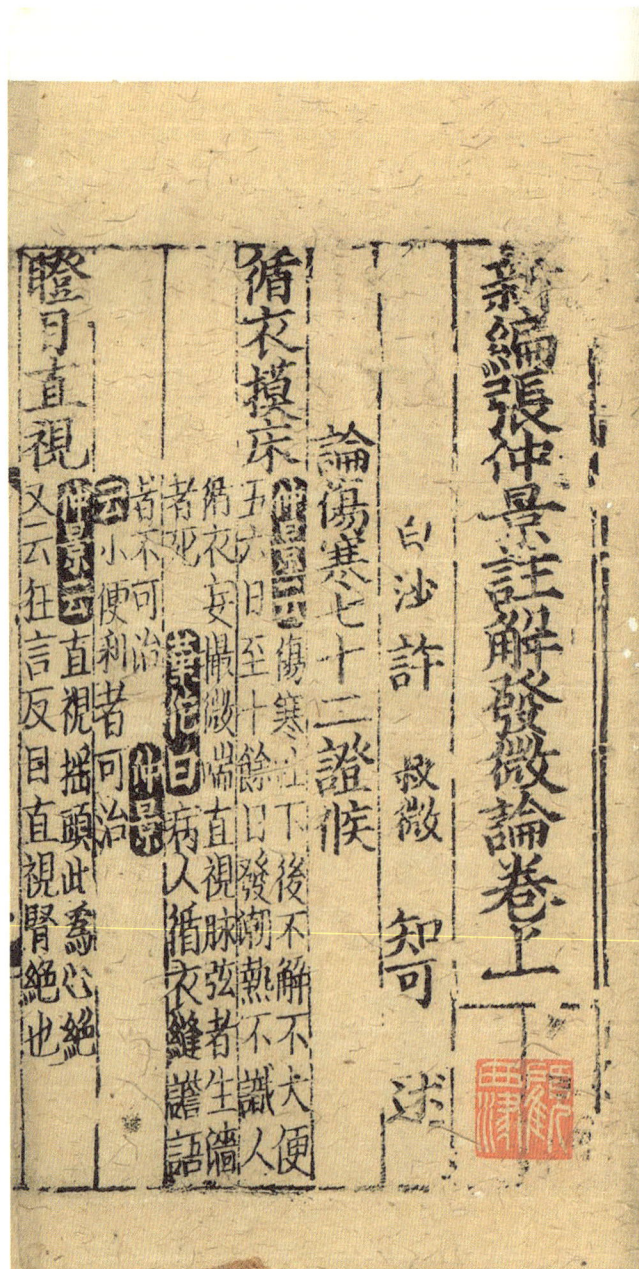

　　《百證歌》是將張仲景《傷寒論》按七言歌訣形式歸納編列爲一百種證候歌并加以注釋纂成，《發微論》則論傷寒之具體診法、治法及其用藥。二種均爲醫家傳世名作。

　　書名中“新編”“張仲景注解”等字樣，無實際含義，僅是書坊刻書時爲求出新所加。此書今存最早傳本爲元刻本，存世僅三部。一藏國家圖書館，一藏日本，南京圖書館所藏此部與國圖藏本不同版，有典型元刻本風格，版刻粗獷，墨色濃重，草筋紙刷印。

　　框高 18.9 厘米，寬 12.3 厘米。半葉八行，行十七字，小字雙行，行二十字。左右雙邊，細黑口，雙對黑魚尾。鈐“顧西津”印。國家珍貴古籍名録編號 00650。

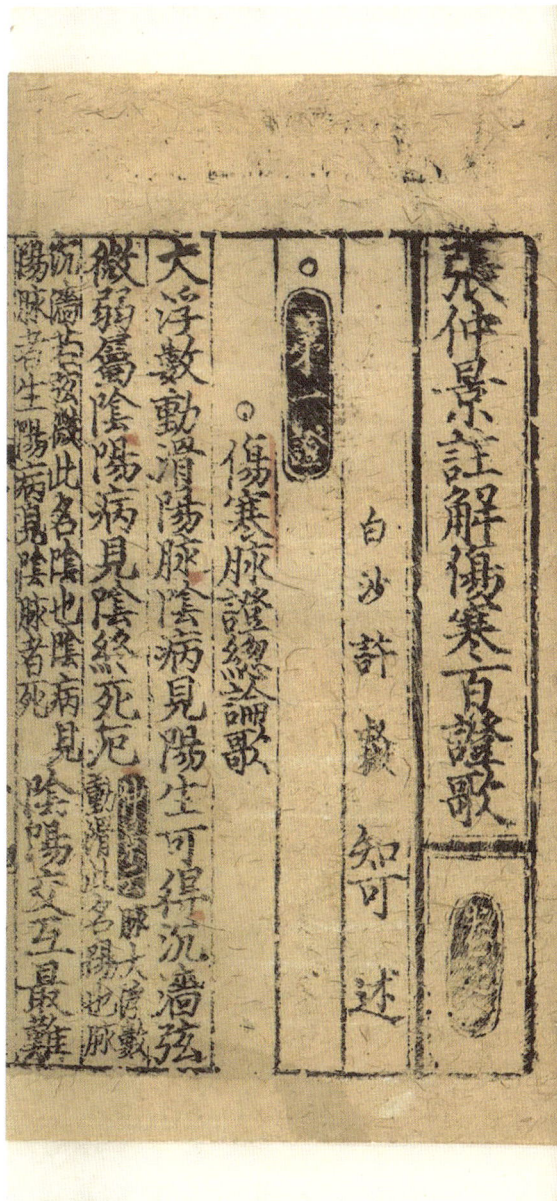

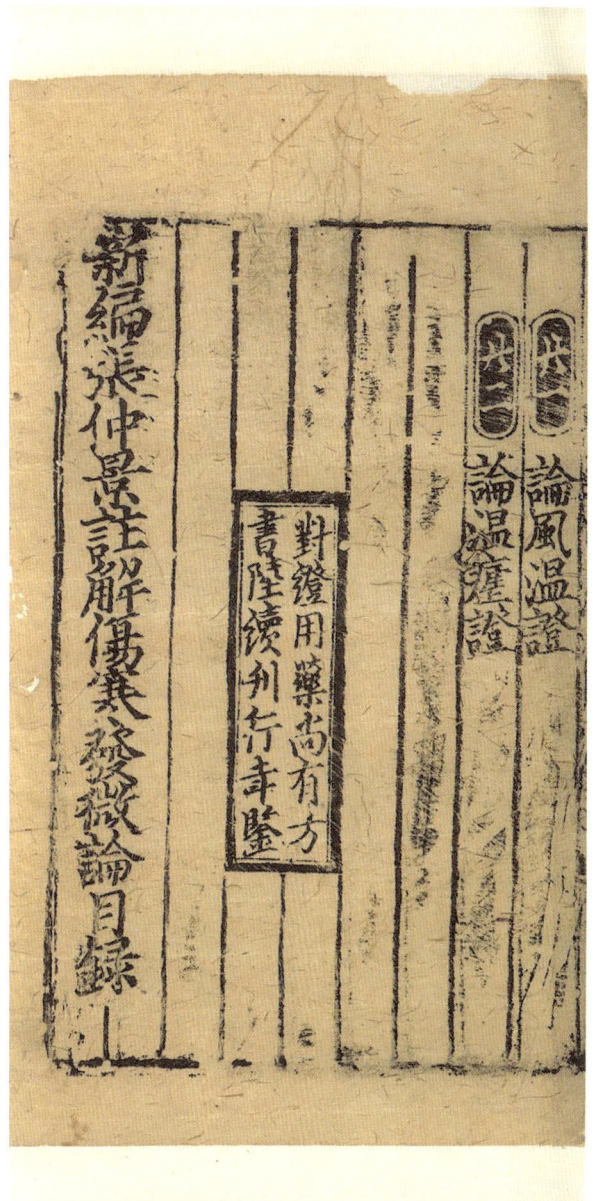

四書章句集注二十八卷

（宋）朱熹撰　元刻本（孟子集注卷三至四配清咸豐九年抄本）　蔣培澤、高望曾、丁丙跋

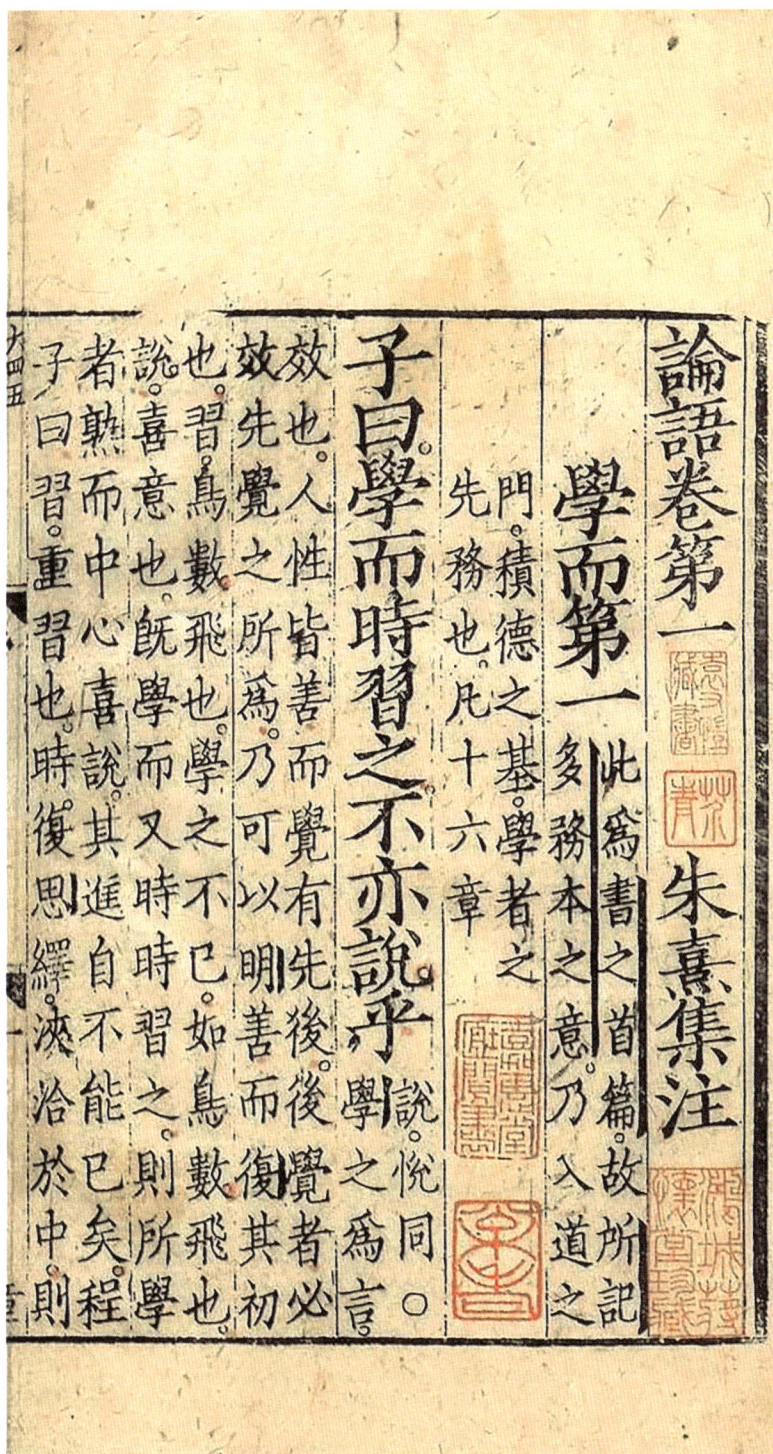

論語卷第一

學而第一　此爲書之首篇。故所記
　　　　　多務本之意。乃入道之
門。積德之基。學者之
先務也。凡十六章。

子曰學而時習之不亦說乎　學之爲言
效也。人性皆善而覺有先後。後覺者必
效先覺之所爲。乃可以明善而復其初
也。習鳥數飛也。學之不已。如鳥數飛也。
說喜意也。既學而又時習之。則所學
者熟而中心喜說。其進自不能巳矣。程
子曰習重習也。時復思繹浹洽於中則

說。同悅。○

大學　大舊音泰
　　　今讀如字

朱熹章句

子程子曰。大學孔氏之遺書。而初學
入德之門也。於今可見古人爲學次
第者獨賴此篇之存而論孟次之學
者必由是而學焉則庶乎其不差矣

大學之道在明明德在 親 民在止於至
善　程子曰。親。當作新○大學者大人之
學也。明。明之也。明德者人之所得乎

　　朱熹自《禮記》抽出《大學》《中庸》二篇爲之作注，稱章句，又集合諸儒之説作《論語》《孟子》集注，合刊稱《四書章句集注》。朱子以《四書》爲儒學最重要的文獻，此書爲其畢生精力所成，是程朱理學的代表作，也是元明清三代科舉考試標準。

　　李致忠《南京圖書館所藏標抹本〈四書章句集注〉考略》一文據此書版式風貌、避諱字（遇徵、匡、恒、貞、桓、慎等缺末筆）、標抹現象以及《音考》字體與正文不同，推定此本爲"宋常州州學刻元增刊音考本"。

　　框高 18.9 厘米，寬 14.1 厘米。半葉七行，行十五字，小字雙行同。左右雙邊，白口，雙順黑魚尾。鈐"萬卷堂印""項氏少谿主人子信篤周家藏""鴻城蔣懷堂珍藏""袁又愷藏書""吳越錢氏鑑藏書畫""芥青""錢唐丁氏正修堂藏書""當歸草堂""松老""濟陽文府""泉唐丁氏竹舟申松生丙辛酉以後所得"等印。國家珍貴古籍名録編號 09935。

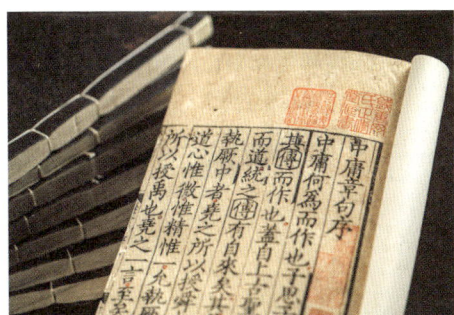

新編方輿勝覽七十卷

（宋）祝穆輯　元刻本（卷十五、二十二至二十七、三十六至五十配抄本）　丁丙跋

祝穆（？—1255），字和甫，崇安（今福建武夷山）人。從朱熹受業，又編有類書《事文類聚》。

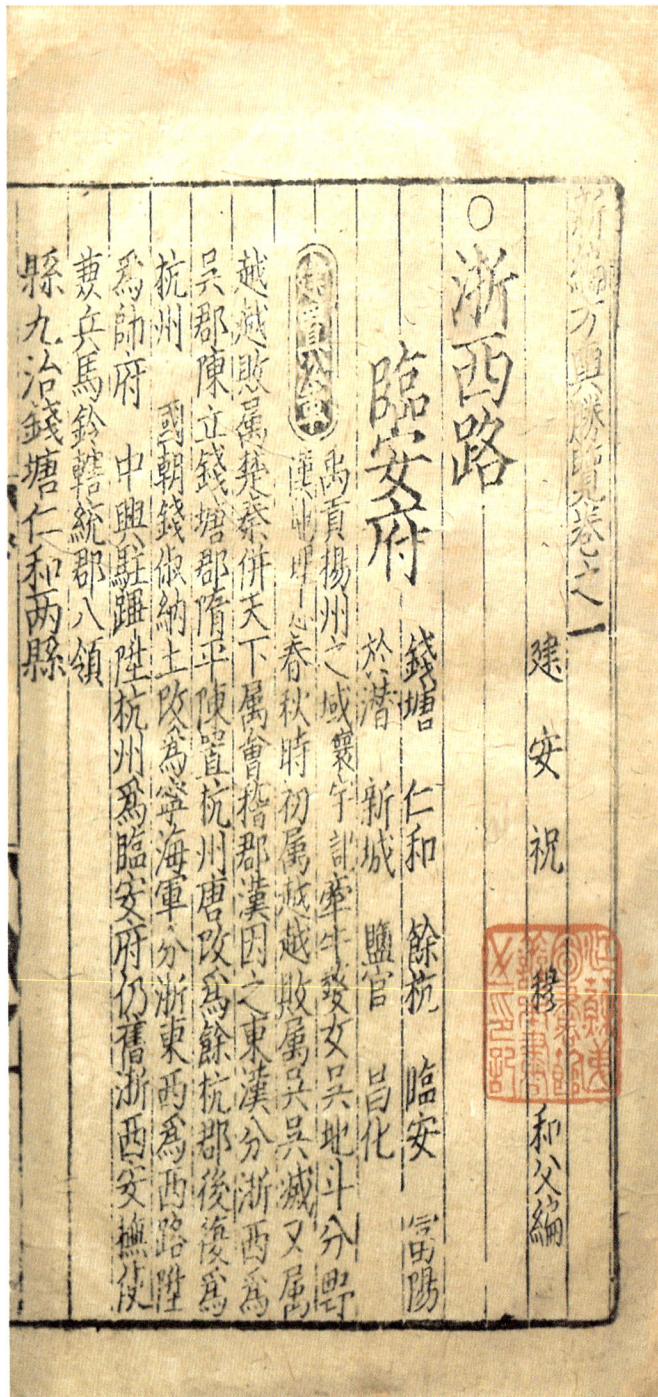

正文七十卷，主要記載南宋各地風俗、人物、題咏等內容。於名勝古迹之詩、賦、序、記，所載獨備，四庫提要稱其"蓋爲登臨題咏而設，不爲考證而設"。

框高 17.2 厘米，寬 11.8 厘米。半頁十四行，行二十三字，黑口，左右雙邊，雙順魚尾。鈐"吳城""吳興張鈞衡石銘氏收藏舊槧名鈔之記""吳興張氏適園收藏圖書""曾經藝風斠讀""荃孫"等印。國家珍貴古籍名錄編號 02874。

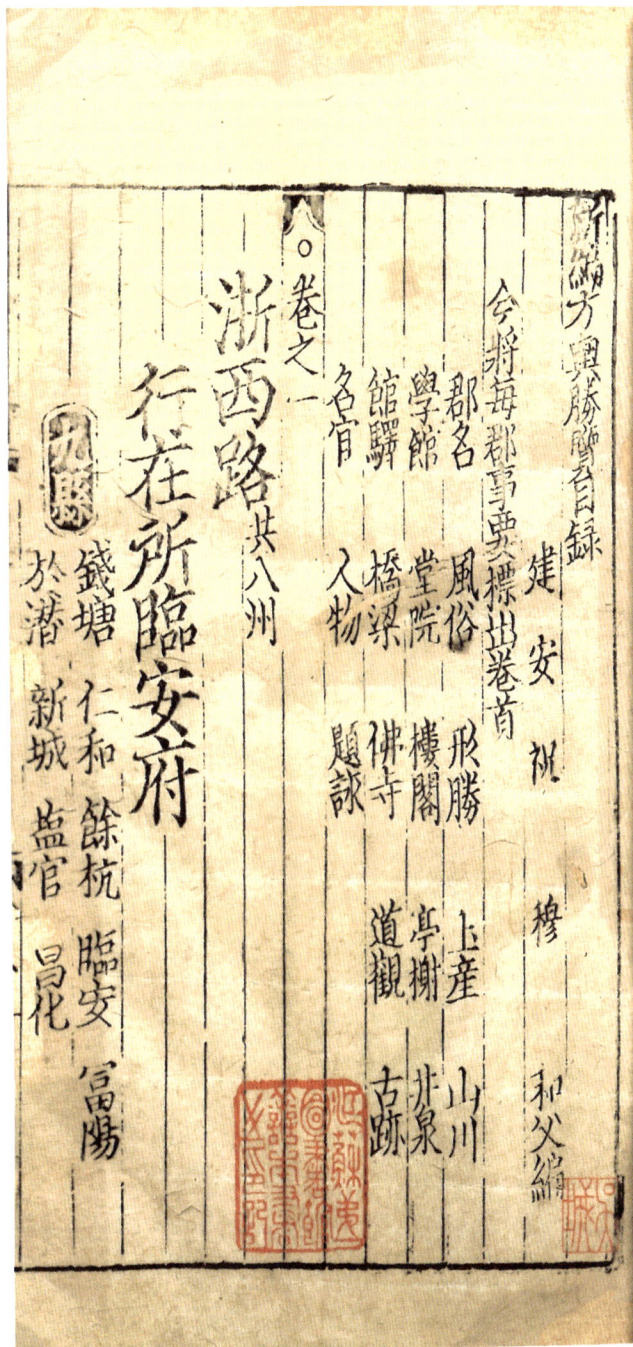

叠山先生批點文章軌範七卷

（宋）謝枋得輯　元刻本（卷一至三配清抄本）　丁丙跋

謝枋得（1226—1289），字君直，號叠山，別號依齋，信州弋陽（今屬江西上饒）人。寶祐四年（1256）進士。宋亡不仕，因抗元被俘而殉國。謚文節。著《叠山集》。

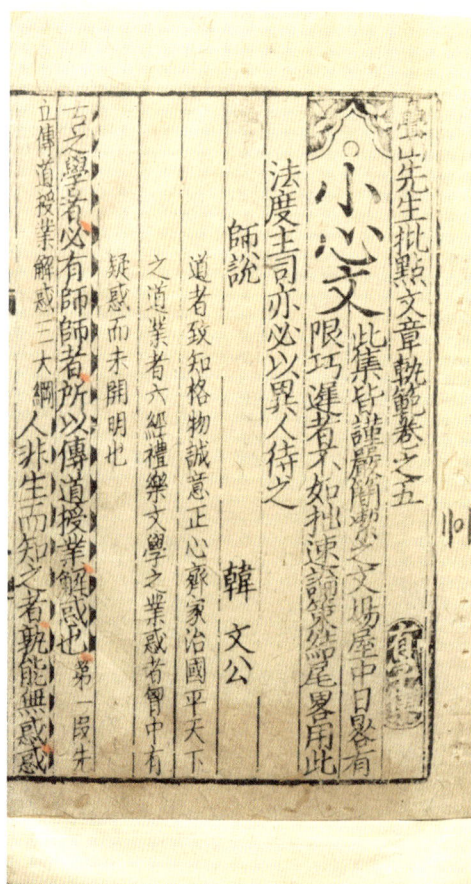

全書共七卷。卷一至二放膽文，卷三至七小心文，以"侯、王、將、相、有、種、乎"分集標之，選録漢至宋十五名家文章六十九篇加以批注圈點。

框高18.4厘米，寬11.8厘米。半葉十行，行二十二字，小字雙行同，四周雙邊或左右雙邊，綫黑口，雙對黑魚尾。鈐"仲魚手校""八千卷樓珍藏善本""泉唐丁氏竹舟申松生丙辛酉以後所得""嘉惠堂丁氏藏書之記"等印。國家珍貴古籍名録編號03178。

須溪先生校本韋蘇州集十卷拾遺一卷

（唐）韋應物撰　（宋）劉辰翁校　元刻本　存七卷（五至十、拾遺全）　丁丙、柳詒徵跋

韋應物（約737—約792），字義博，京兆長安（今陝西西安）人。貞元四年（788）出任蘇州刺史，世稱“韋蘇州”。劉辰翁（1233—1297），字會孟，號須溪，廬陵（今屬江西吉安）人。景定三年（1262）進士。後爲贛州濂溪書院山長。宋亡不仕。

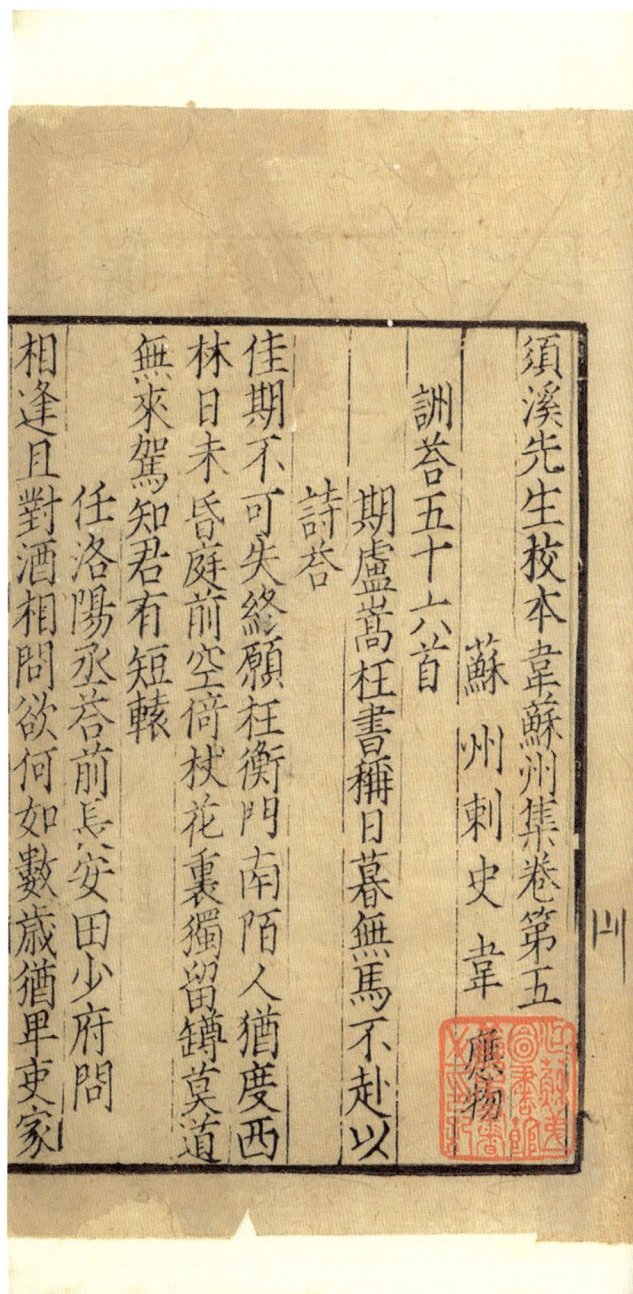

全書凡十一卷。《韋蘇州集》十卷，内容爲古賦、雜擬、燕集、寄贈、送别、詶答、懷思、行旅、感嘆、登眺、游覽、雜興、歌行。後附《拾遺》一卷。

劉辰翁跋末鎸"孟浩然詩／陸續刊行"。

框高 16.2 厘米，寬 11.2 厘米。半葉十行，行十六字，小字雙行同。上下黑口，左右雙邊，雙對黑魚尾。鈐"枝山／老樵"朱文方印、胡綱／私印"白文方印。國家珍貴古籍名録編號01030。

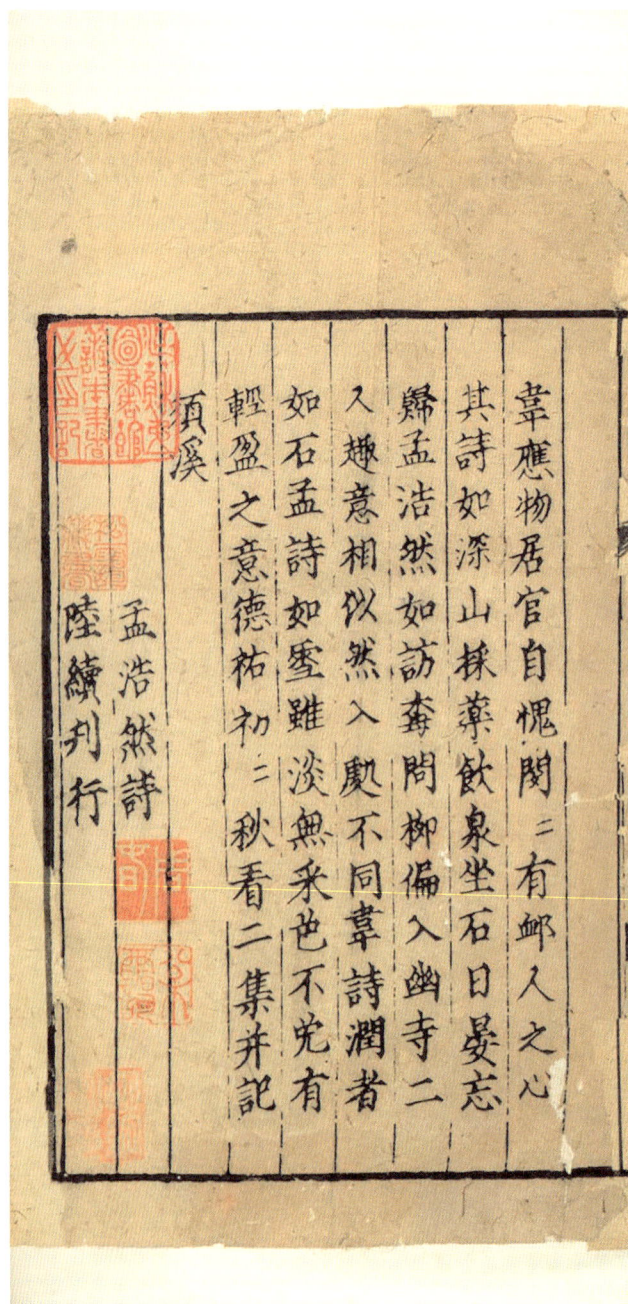

韻府羣玉二十卷

（元）陰時夫輯　　（元）陰中夫注　元刻本（卷一、五至十二、十七至二十配明刻本）　丁丙跋

陰時夫，名幼遇，字時夫，奉新（今屬江西宜春）人。其兄陰中夫，爲此書作注。

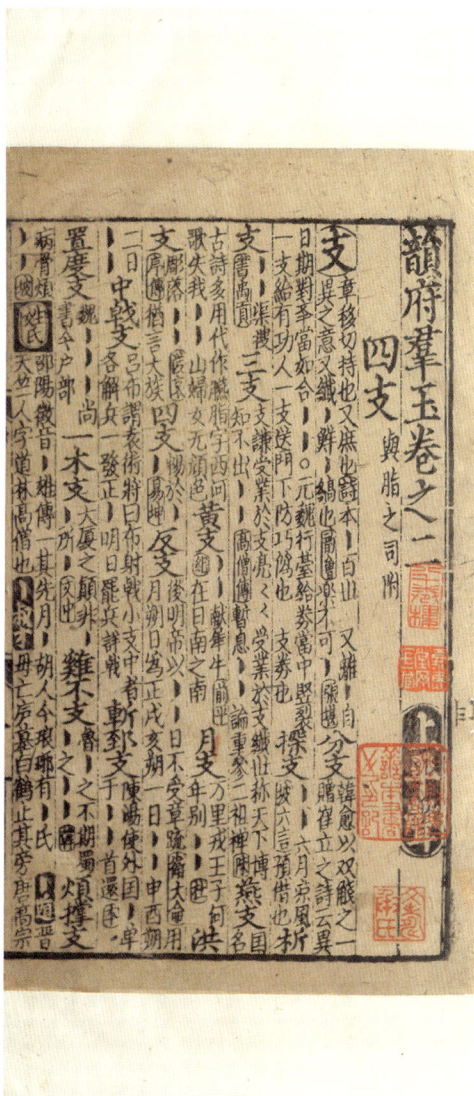

　　全書依一百零六韵進行組織，收字八千餘个，彙集典故詞藻及逸事，分別隸屬於各韵之下。

　　框高 20.6 厘米，寬 12.9 厘米。半葉十行，行字不等，小字雙行二十九字。左右雙邊或四周雙邊，黑口，雙魚尾。鈐“三橋居士”“文印元發”“文印從鼎”“八千卷樓珍藏善本”“善本書室”等印。國家珍貴古籍名録編號 02924。

書義矜式六卷

（元）王充耘撰　元刻本

王充耘，字耕野。江西吉水人。元統元年（1333）進士，授吉安路同知永新州事。晚年專研《尚書》。

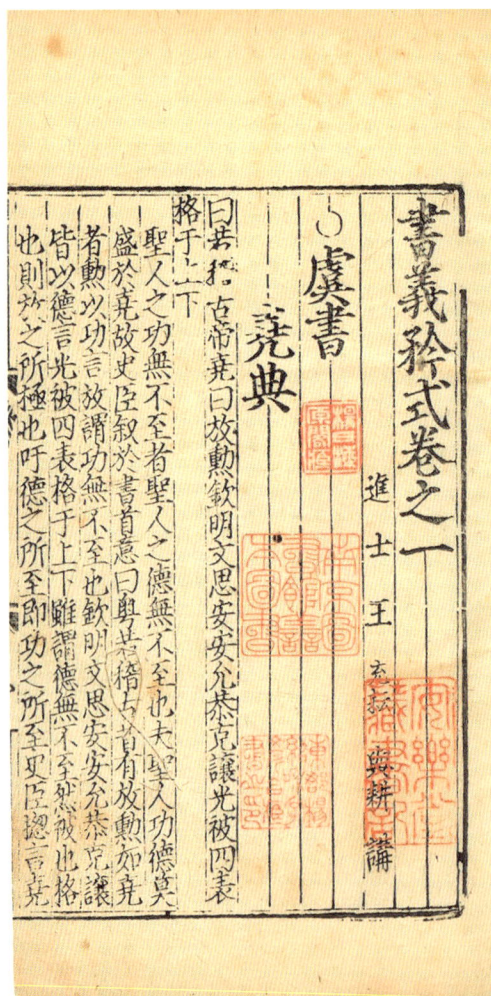

　　此本摘録《尚書》文句爲題，各作範文一篇。因所作文章采用了八比法，故現在一般稱此書爲八股文的濫觴之作。

　　書凡六卷：卷一虞書、卷二夏書、卷三商書、卷四至六周書。

　　框高 18.7 厘米，寬 12.2 厘米。半葉十四行，行二十三字。上下黑口，四周雙邊，雙順黑魚尾。鈐“安樂堂藏書記”“東郡楊紹和字彦合藏書之印”“楊氏海源閣藏”等印。國家珍貴古籍名録編號 00231。

樂府新編陽春白雪前集五卷後集五卷

（元）楊朝英輯　元刻本　柳如是校　黃丕烈、丁丙跋

楊朝英，生卒年不詳，號澹齋，青城（今山東高青）人。元代後期散曲作家。

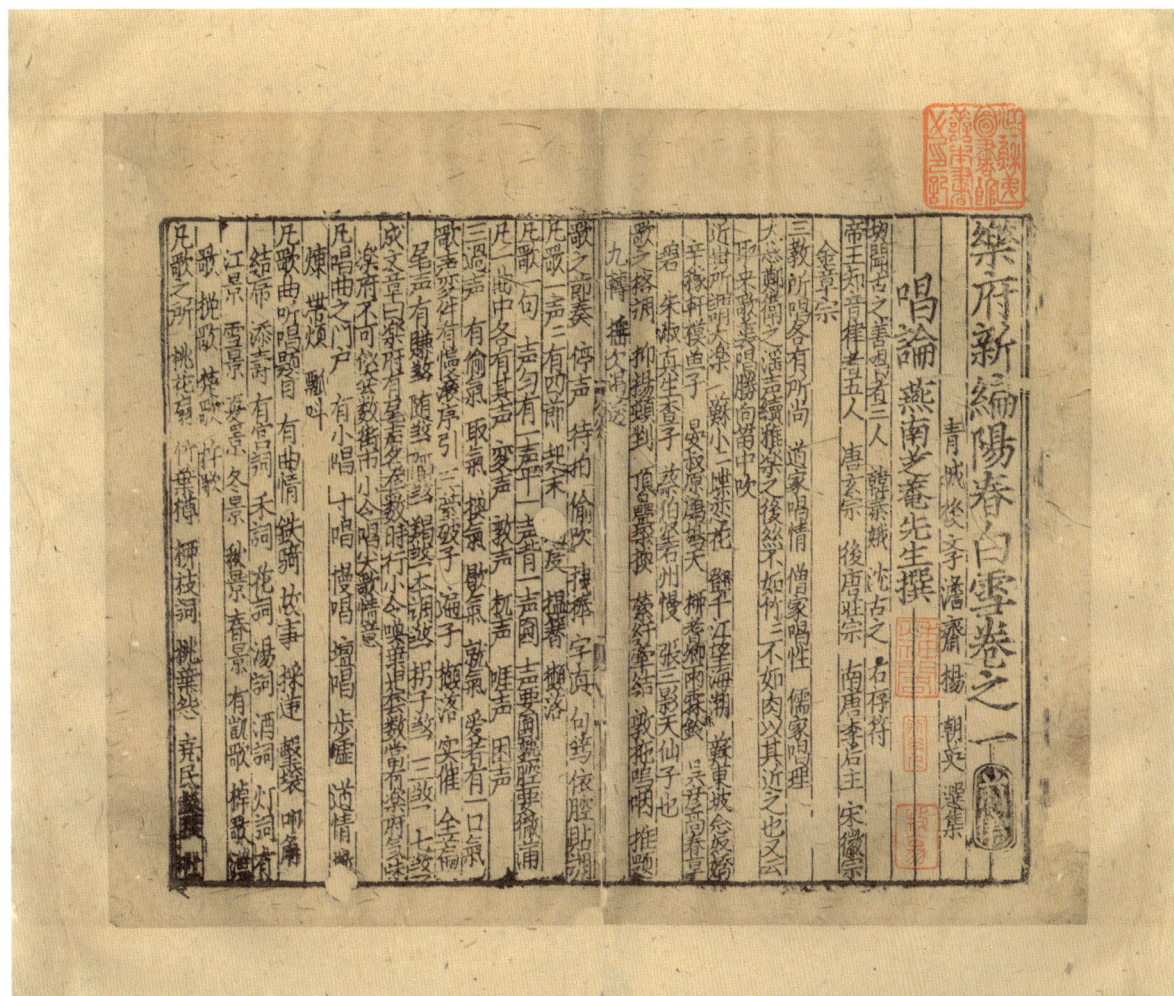

　　正文前有柳如是小像一幀。正文分前後兩集各五卷，前集卷一有燕南芝菴先生所撰唱論，次大令十首，皆宋金人詞；卷二至卷五爲小令。後集卷一爲小令，卷二至卷五爲套數。共選五十三人之作。

　　蝴蝶裝。框高 16.8 厘米，寬 11.3 厘米。半葉十六行，行二十六至二十七字不等，左右雙邊或四周單邊，細黑口，雙順魚尾。鈐“牧翁”“惠香閣讀書記”“女史”“黃印丕烈”“何元錫”等印。國家珍貴古籍名錄編號 01261。

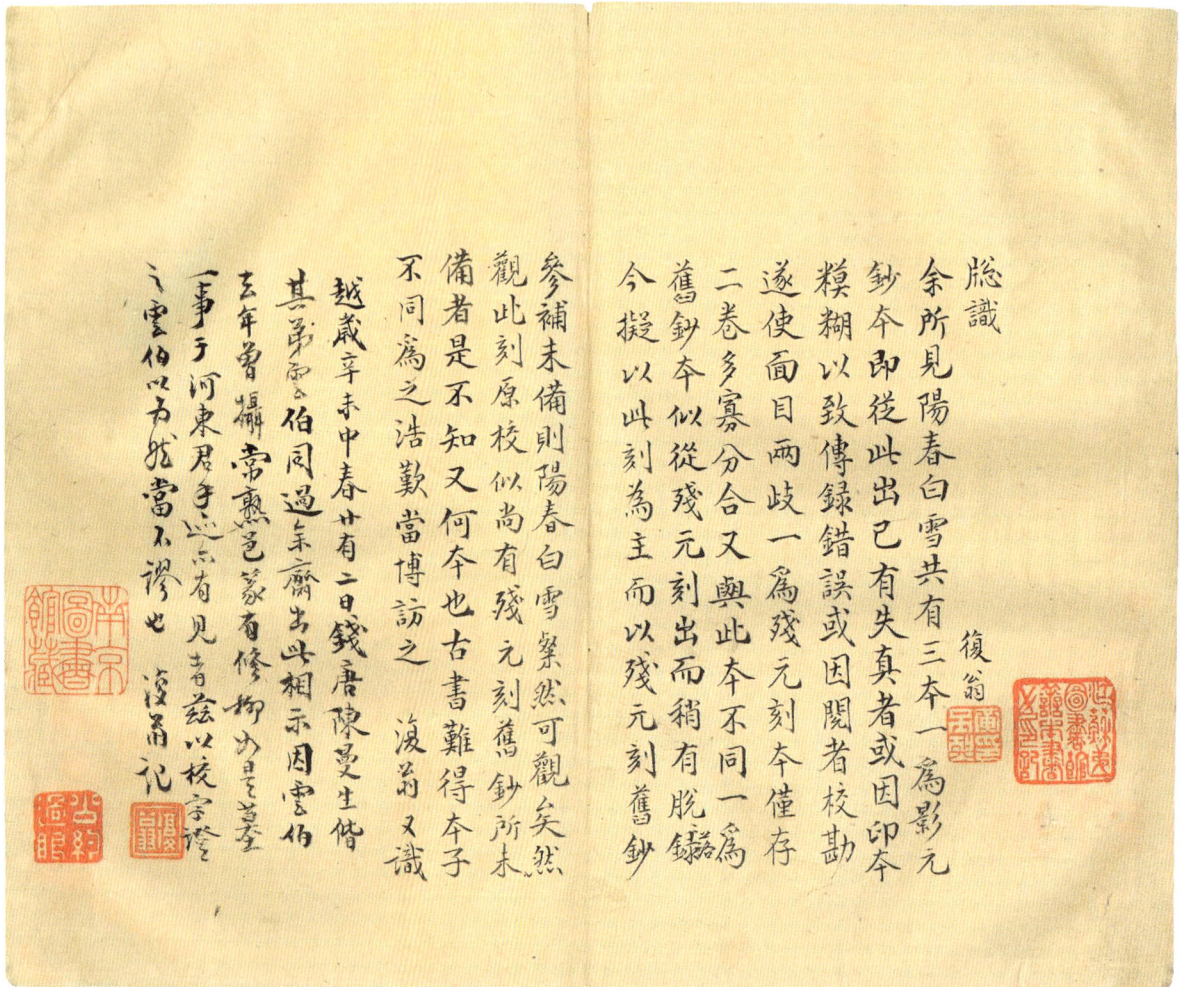

總識

余所見陽春白雪共有三本一爲影元
鈔本即從此出已有失真者或因印本
糢糊以致傳錄錯誤或因閱者校勘
遂使面目兩歧一爲殘元刻本僅存
二卷多寡分合又與此本不同一爲
舊鈔本似從殘元刻出而稍有脫鏪
今擬以此刻爲主而以殘元刻舊鈔　　復翁

參補未備則陽春白雪粲然可觀矣然
觀此刻原校似尚有殘元刻舊鈔所未
備者是不知又何本也古書難得本子
不同爲之浩歎當博訪之　　復翁又識
越歲辛未中春廿有二日錢唐陳曼生偕
其弟子伯同過余齋出此相示因雲伯
去年曾爛常熟邑篆有修柳如是墓
一事于河東君手迹點有見者茲以校字詮
之雲伯以爲然當不謬也　　葰甫記

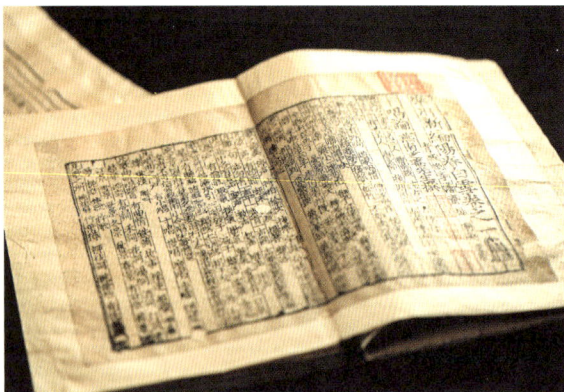

漢隸分韻七卷

元刻本　丁丙跋　存三卷（五至七）

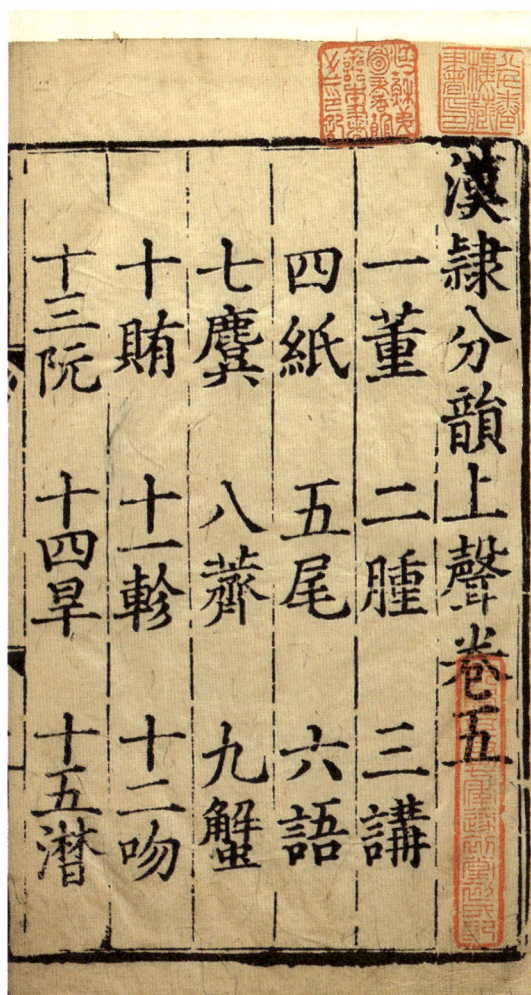

　　不著撰人名氏，亦無時代。其分韵，以一東、二冬、三江等標目，是元韵非宋韵。其書取洪适等所集漢隸，依次編纂，又以各碑字迹異同，縷列辨析。

　　全書凡七卷：卷一天下碑録、卷二隸字假借通用例、卷三至四平聲、卷五上聲、卷六去聲、卷七入聲。

　　框高 21.3 厘米，寬 14 厘米。半葉六行，行十字，小字雙行不等。四周雙邊，上下綫黑口，雙順魚尾或單黑魚尾。鈐“乾隆五十有七年遂初堂初氏記”“八千卷樓藏書印”“錢唐丁氏正修堂藏書”“八千卷樓”等印。國家珍貴古籍名録編號 09939。

書集傳六卷

（宋）蔡沈撰　尚書纂圖一卷書序一卷　元刻本

蔡沈（1167—1230），字仲默，號九峰，南宋建陽（今屬福建南平）人。父蔡元定爲南宋大儒，蔡沈既得家學，又師承朱熹，爲閩學代表人物之一。隱居九峰，終生不仕，學者稱九峰先生。

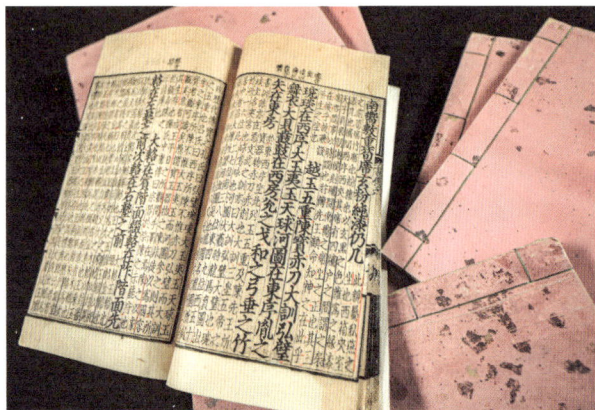

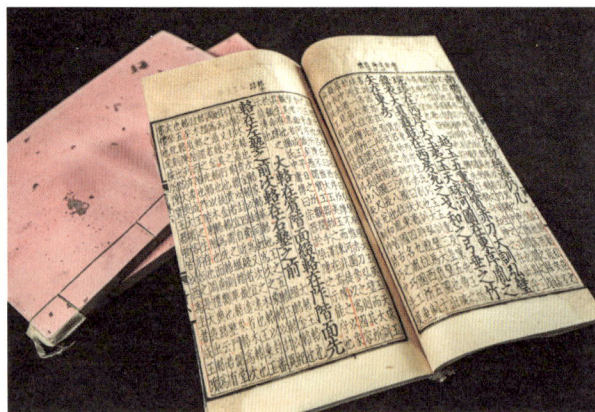

朱熹晚年訓傳諸經略備，獨缺《書經》，臨終前囑蔡沈作《書集傳》。蔡氏嘔心瀝血，十年成稿，三十年成書。元皇慶二年（1313）議行科舉，定《尚書》以蔡傳爲標準注本。

是書版刻風格近元末明初，與世所傳各本皆不同，未見於著録。經專家審定，爲元刻本。

框高 20.3 厘米，寬 13.2 厘米。半葉十行，行十八字，小字雙行，行二十字。上下黑口，四周雙邊，雙順黑魚尾。首册墨筆題簽"宋版尚書 / 汲古閣珍藏本"。鈐"顧鶴逸藏書印"等印。國家珍貴古籍名録編號 11422。

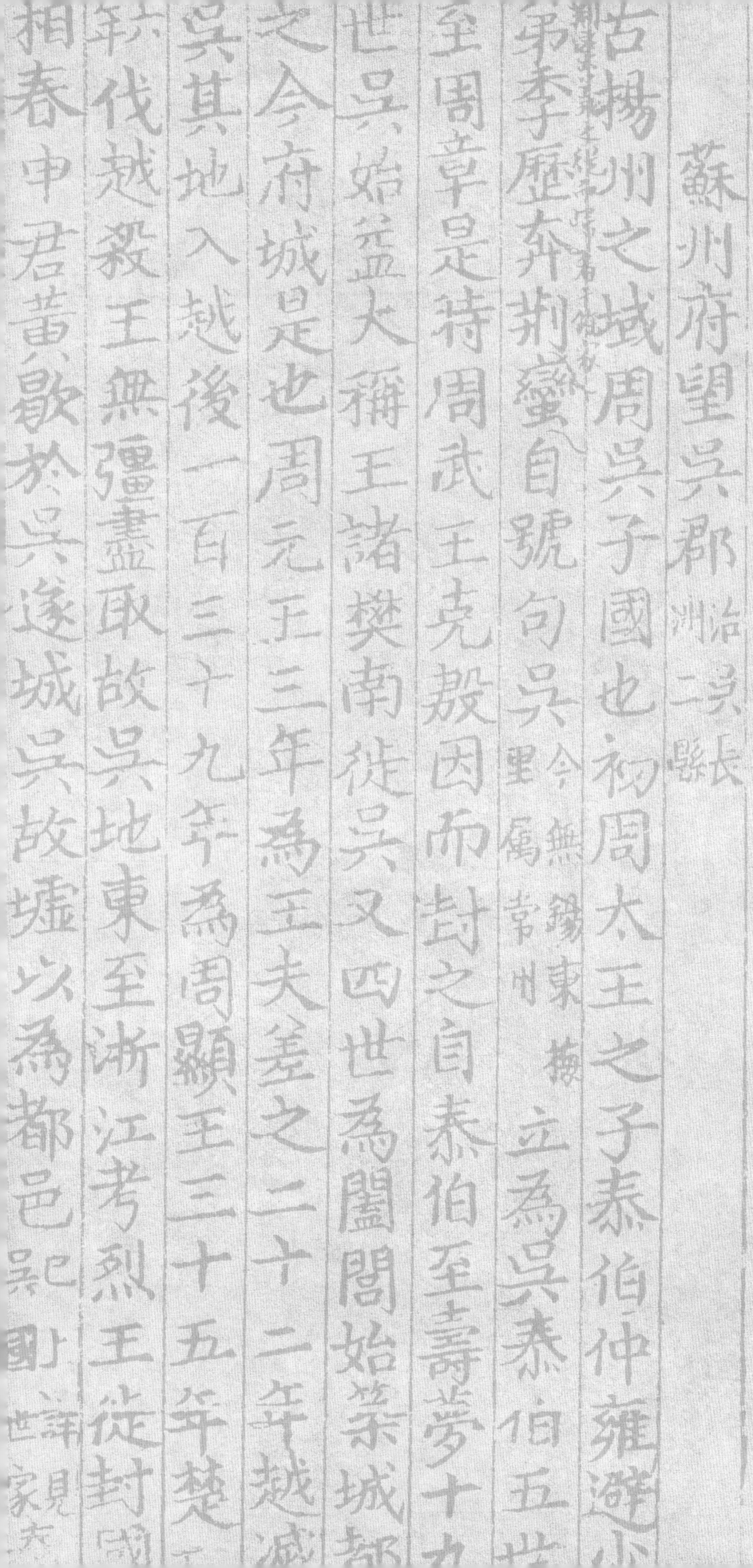

蘇州府望吳郡〔治吳縣長洲二縣〕

古揚州之域周吳子國也初周太王之子泰伯仲雍避小

弟季歷奔荆蠻自號句吳〔句吳里今無錄常州梅立為吳泰伯五世〕

至周章是時周武王克殷因而封之自泰伯至壽夢十九

世吳始益大稱王諸樊南徙吳又四世為闔閭始築城都

之今府城是也周元王三年為王夫差之二十五年楚

吳其地入越後一百三十九年為周顯王三十五年楚

萩伐越殺王無彊盡取故吳地東至浙江考烈王徙封國

相春申君黃歇於吳遂城吳故墟以為都邑己封世家見

［洪武］蘇州府志五十卷圖一卷

（明）盧熊纂修　明洪武刻本　傅增湘跋　汪希董跋并録黄廷鑑校跋及顧遴七跋

盧熊（1331—1380），字公武，昆山（今屬江蘇蘇州）人。從學於著名學者楊維楨，元末明初任吳縣教諭，官至兖州知州。

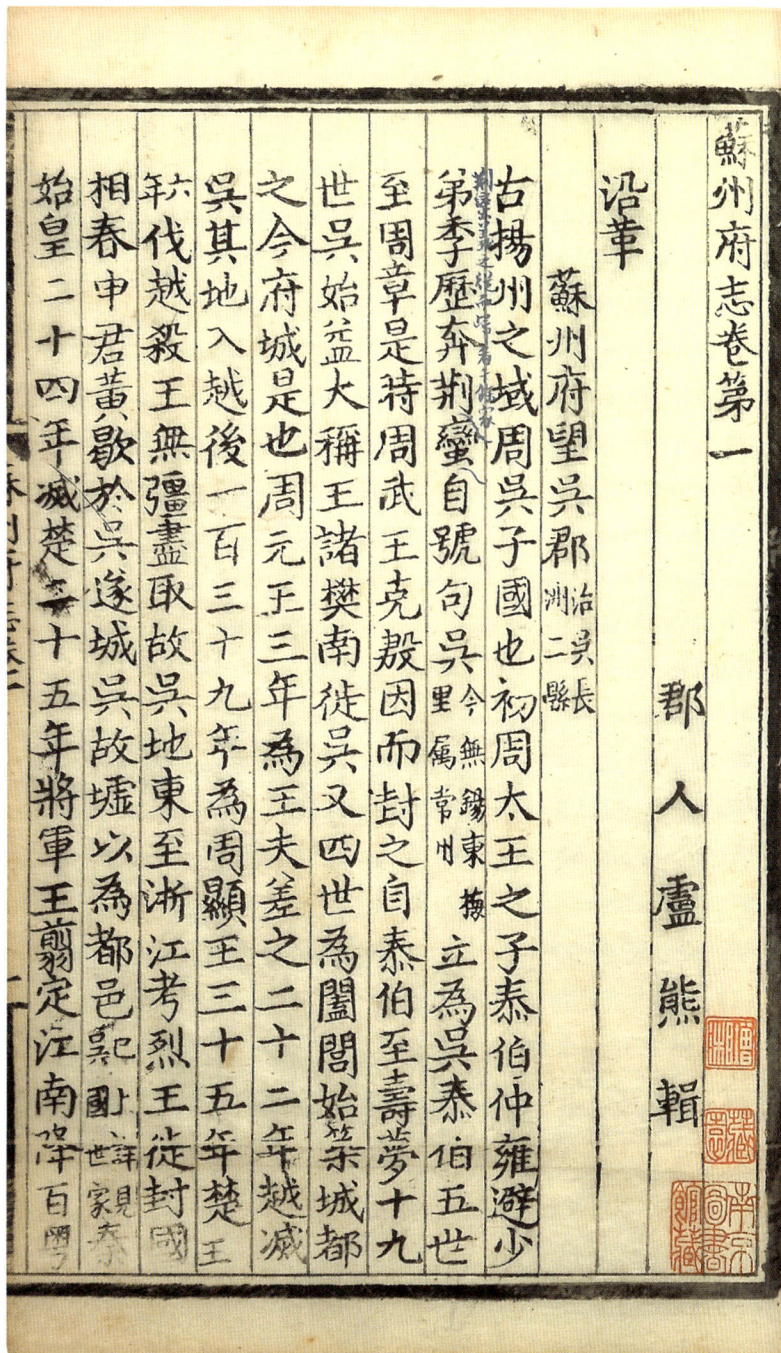

　　蘇州府建制於明初，此爲歷史上第一部《蘇州府志》。洪武原刊至民國間已流傳稀少，傅增湘曾購得一部，爲康乾間宋賓王手校本，當時過雲樓主人顧鶴逸以本郡名志，有意收之，但傅氏未能割愛。後傅氏爲顧鶴逸另購得同版一部，即此本。卷端有傅氏手跋述及此事，汪希董過録宋賓王、黃廷鑒校跋并摹寫傅氏藏本首葉。此洪武原刊雕版古樸，雅近元刻，又集古今名家校訂批跋，甚爲寶貴。

　　框高24.8厘米，寬16.5厘米。半葉十三行，行二十三字，小字雙行同。上下黑口，四周雙邊。單黑或雙對魚尾。鈐"藏園""傅印增湘""沅叔"等印。國家珍貴古籍名録編號11660。

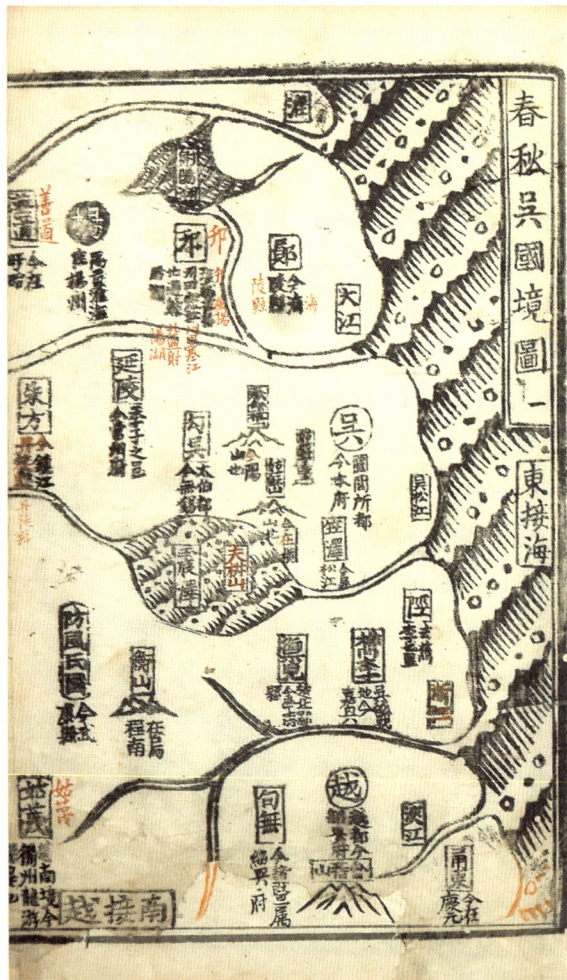

瓊林雅韻不分卷

（明）朱權撰　明洪武三十一年（1398）刻本　丁丙跋

朱權（1378—1448），太祖第十七子。十三歲封寧王，永樂元年改封南昌。晚年自號臞僊，涵虛子、丹丘先生均其別號。一生涉獵廣泛，於音樂、道教、星曆、醫卜、戲曲等皆有成就。

　　是書爲曲韵專書。正文分十九个韵部：一穹窿，二邦昌，三詩詞，四丕基，五車書，六泰階，七仁恩，八安閑，九鷁鵉，十乾元，十一簫韶，十二珂和，十三嘉華，十四碑琊，十五清寧，十六周流，十七金琛，十八潭巖，十九恬謙。共收字八千餘個，并於各字之下加注字義。

　　框高24.9厘米，寬16.7厘米。半葉九行，行字不等，小字雙行，字無定數。黑口，四周雙邊，雙順黑魚尾。鈐"璜川吳氏收藏圖書""八千卷樓珍藏善本""四庫坿存""丁氏八千卷樓藏書記"等印。國家珍貴古籍名録編號02280。

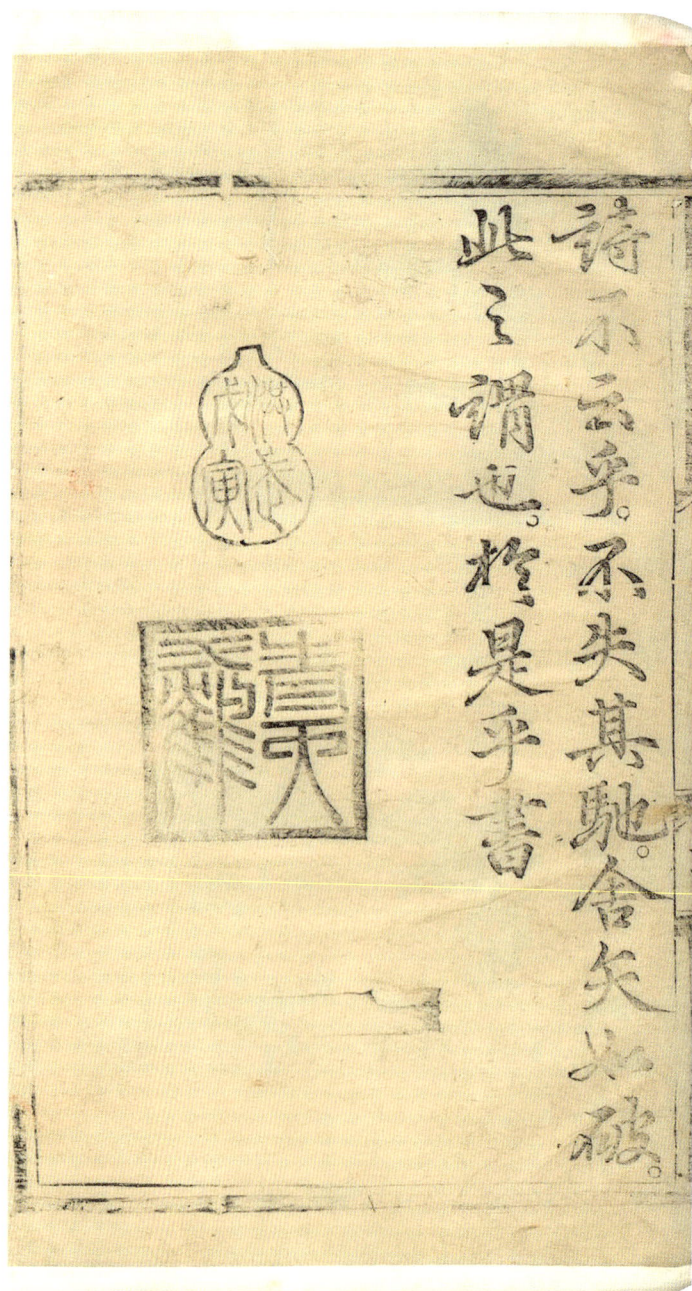

增廣註釋音辯唐柳先生集四十三卷別集二卷外集二卷

（唐）柳宗元撰　　（宋）童宗說註釋　　（宋）張敦頤音辯　　（宋）潘緯音義　**附錄一卷**　明初刻本　何焯批校并跋

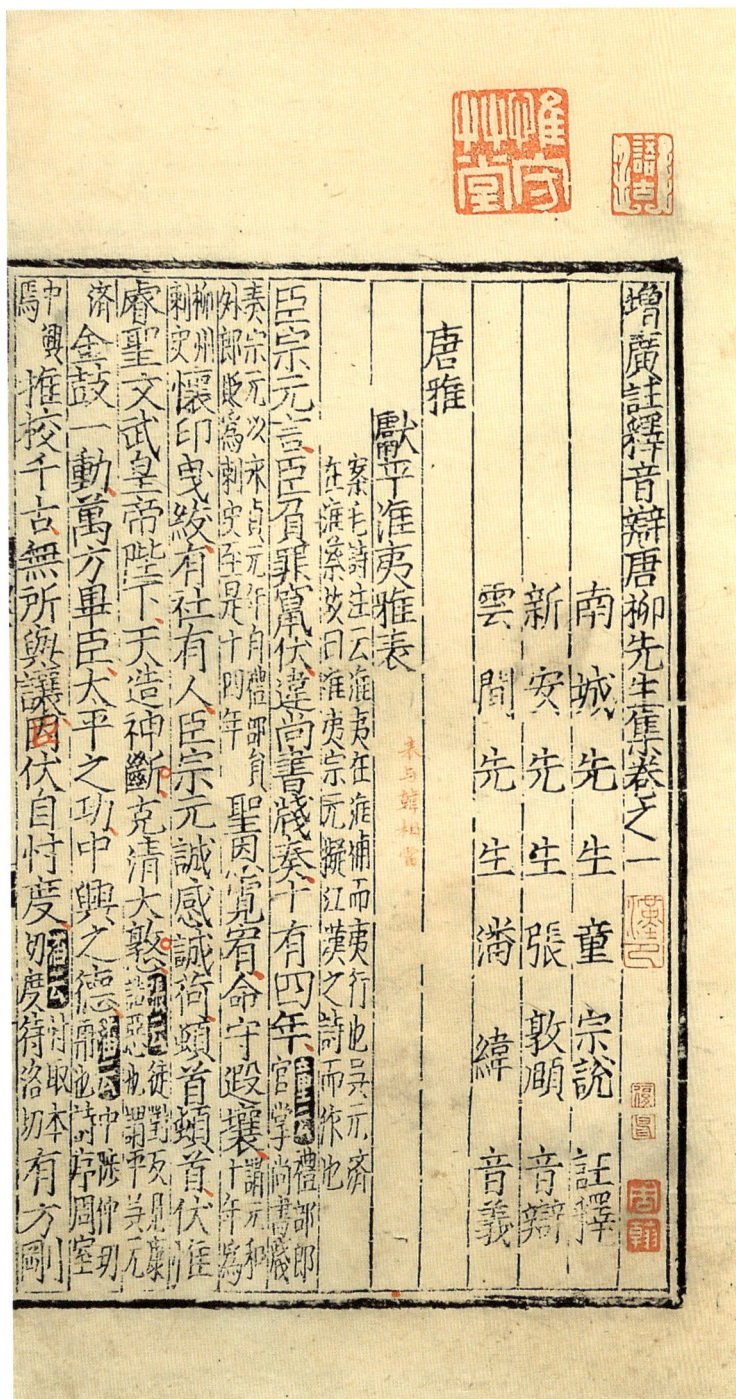

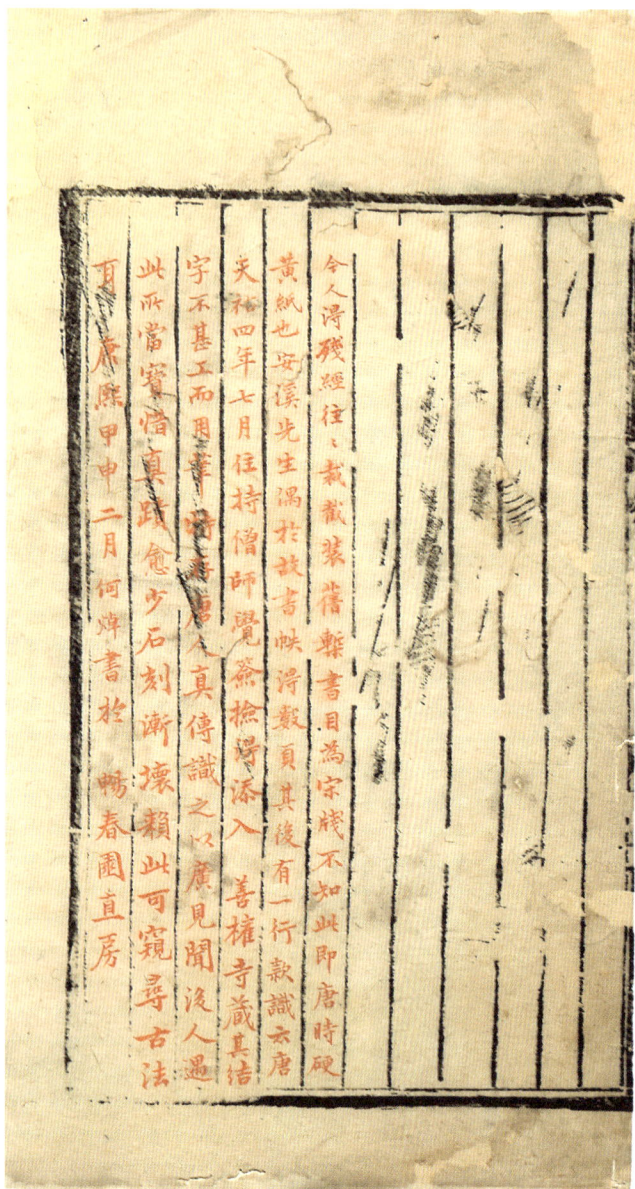

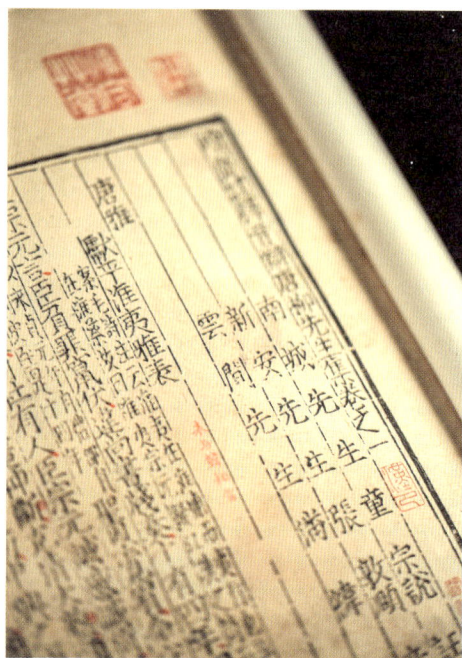

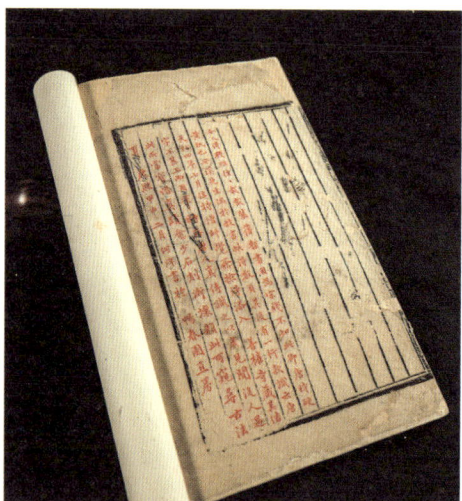

　　是書爲柳宗元詩文集之宋代注釋本。編者將宋童宗説、張敦頤、潘緯三家注釋合爲一書，各以"童云""張云""潘云"別之。該書選取謹嚴，音釋隨文注解，僻音難字，一一疏通，雖詳博不足，但簡明易曉，對讀柳文者不爲無益，是柳集早期注釋本流傳較廣的一部。

　　此本爲明初所刻，尚有元刻遺風。書中夾縫多有朱筆校字，爲校勘名家何焯手筆，卷末有康熙四十三年（1704）何焯跋文一篇。爲何焯舊藏。

　　框高 19 厘米，寬 12.9 厘米。半葉十三行，行二十三字，小字雙行同，四周雙邊，上下黑口，雙順黑魚尾。鈐"周震""謝印復申""陳留世家""周翰""語古""惟守艸堂"等印。全書有印九十餘枚，大都閑章如上述者。國家珍貴古籍名録編號 11852。

歷代名臣奏議三百五十卷

（明）黃淮　楊士奇等輯　明永樂內府刻本　丁丙跋

黃淮（1367—1449），字宗豫，號介庵。永嘉（今浙江溫州）人。官至武英殿大學士，內閣首輔。
楊士奇（1365—1444），名寓，字士奇，號東里，以字行，泰和（今屬江西吉安）人。纍官至
禮部侍郎，華蓋殿大學士。

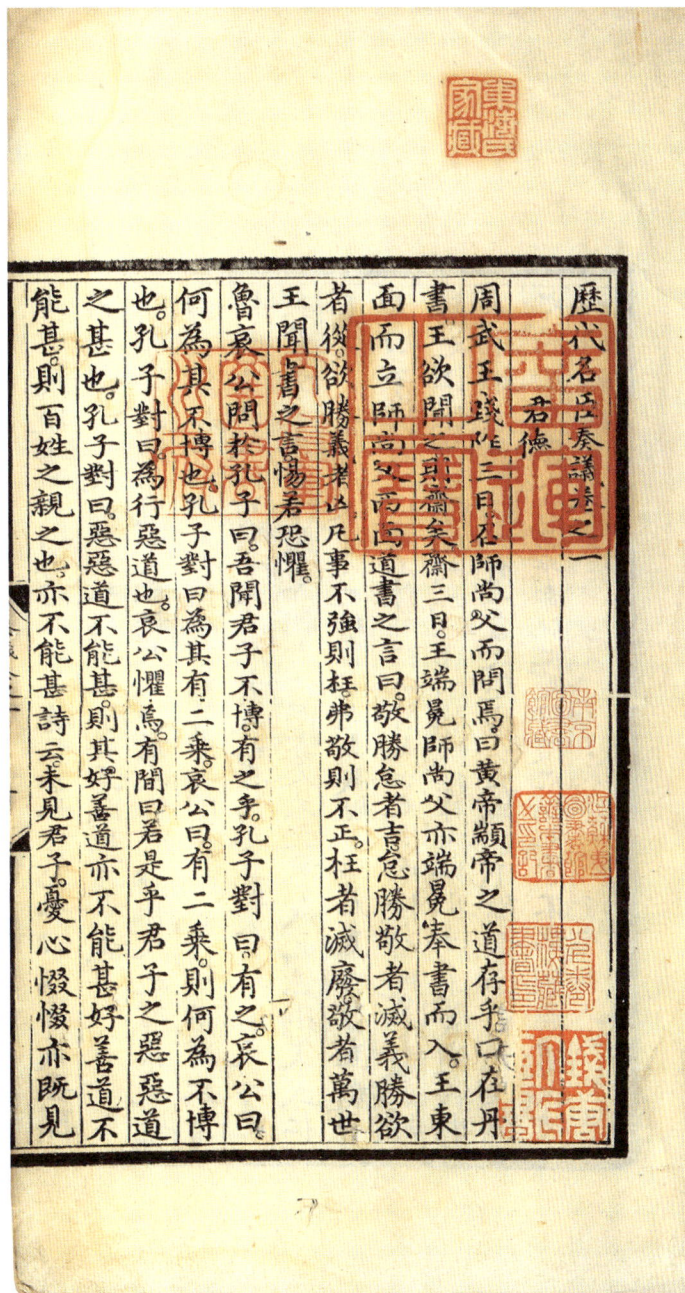

正文三百五十卷，卷帙宏大，輯録歷代名臣學士所進奏、疏、議、札子、封事、策對等共八千餘條。全書分門立論，分爲君德、聖學、孝親、敬天、郊廟、務農、田制、學校、風俗、禮樂、用人、求賢、知人、建官、選舉、法令、兵制、賦役、律曆、禦邊、夷狄等共六十五門，以爲治國之鑒。

框高25.2厘米，寬16.1厘米。半葉十二行，行二十六字，四周雙邊，上下黑口，雙對黑魚尾。鈐"廣運之寶""大將軍圖書之府"等印。國家珍貴古籍名録編號03873。

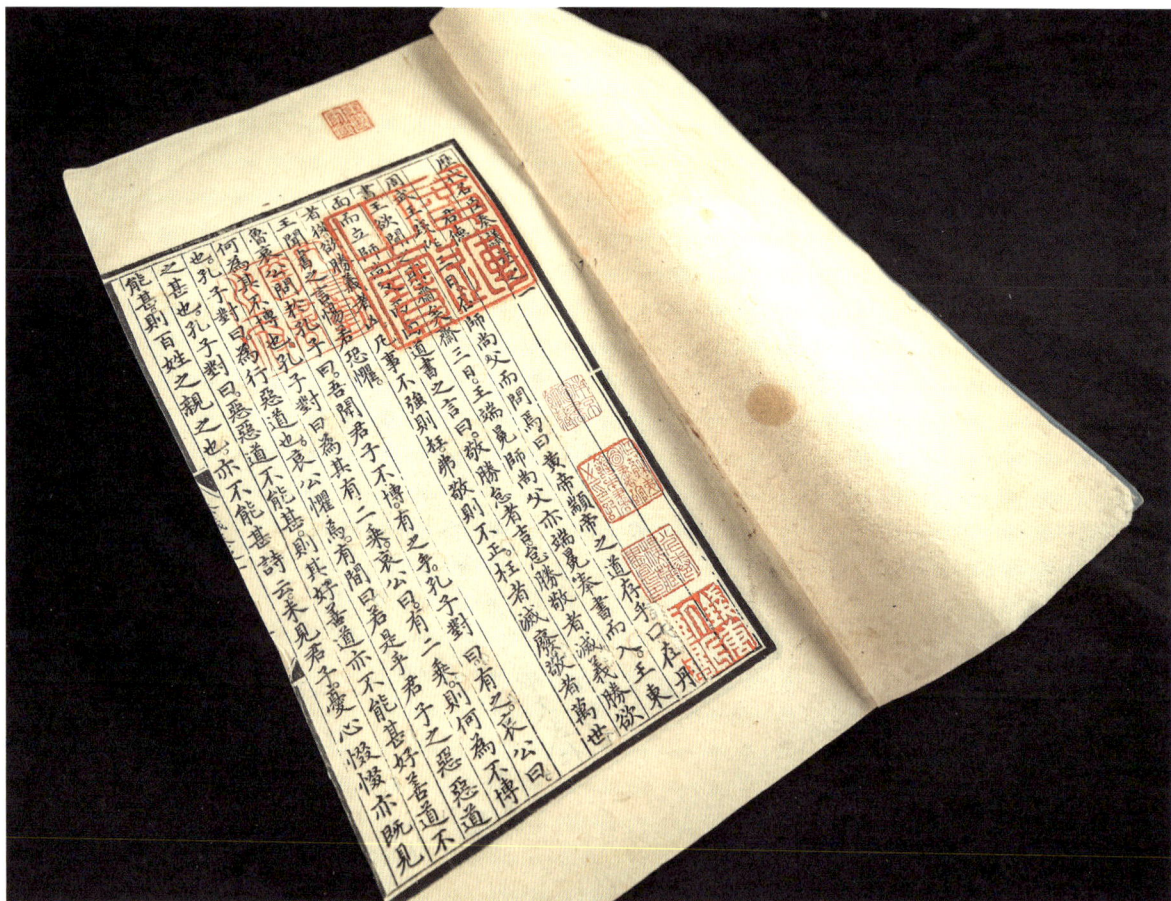

天元玉曆祥異賦七卷

（明）仁宗朱高熾撰　明洪熙元年（1425）內府刻本　丁丙跋

朱高熾（1378—1425），明成祖長子，明朝第四位皇帝，年號洪熙，在位十個月。廟號仁宗。

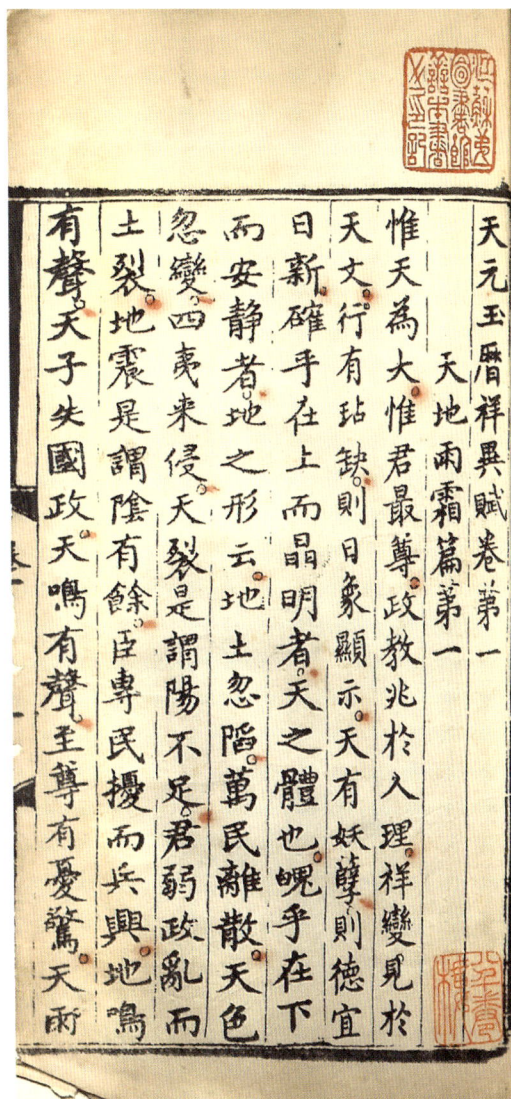

　　是書爲星占術著作，專記有關天文、氣象等內容，如日食變异、月凌犯五星、帝王氣象、日辰大風、風占勝負等等。乾隆年間曾入禁毀書目，後世多以抄本行世。

　　框高 18.6 厘米，寬 12.7 厘米。半葉九行，行十八字，小字雙行或三行，字數不等。黑口，雙對花黑魚尾。鈐"廣運之寶""內府之章"等印。國家珍貴古籍名録編號 01831。

周易傳義十卷

（宋）程頤　朱熹撰　**上下篇義一卷**　（宋）程頤撰　**易圖集録一卷易五贊一卷筮儀一卷**　（宋）朱熹撰　**易説綱領一卷**　（宋）程頤　朱熹撰　明正統十二年（1447）司禮監刻本

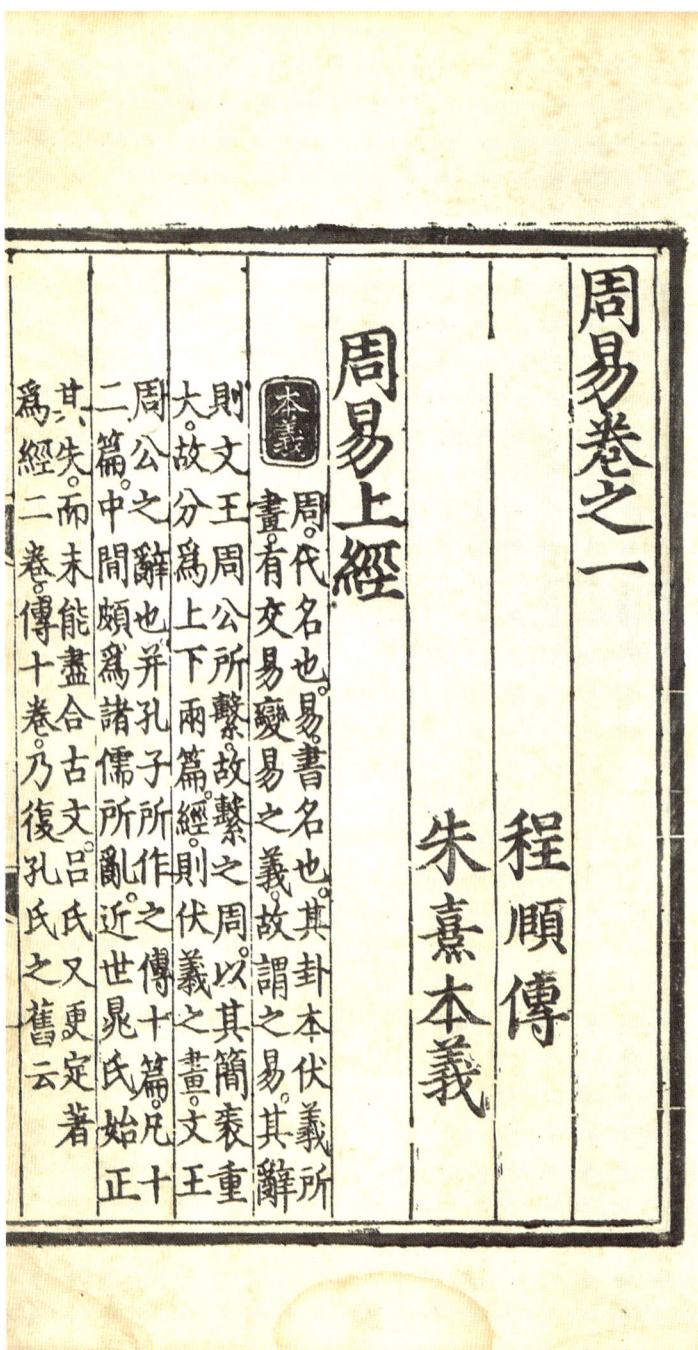

　　司禮監爲明初始設用以管理宦官與宮内事務的官署之一，有"第一署"之稱，其下屬經廠是掌管刻書出版事項的專門機構，規模大、分工細。所刻諸書，版式闊大，刻印皆精。

　　該書前有司禮監奉旨重刊五經四書文，無總目録。正文十卷，卷一至四爲上經三十卦，卷五至八爲下經三十四卦，卷九繫辭傳分上下，卷十説卦傳、雜卦傳。

　　框高 23.4 厘米，寬 16.8 厘米。半葉八行，行十四字，小字雙行，行十八字。四周雙邊，上下黑口，雙順黑魚尾。國家珍貴古籍名録編號 10030。

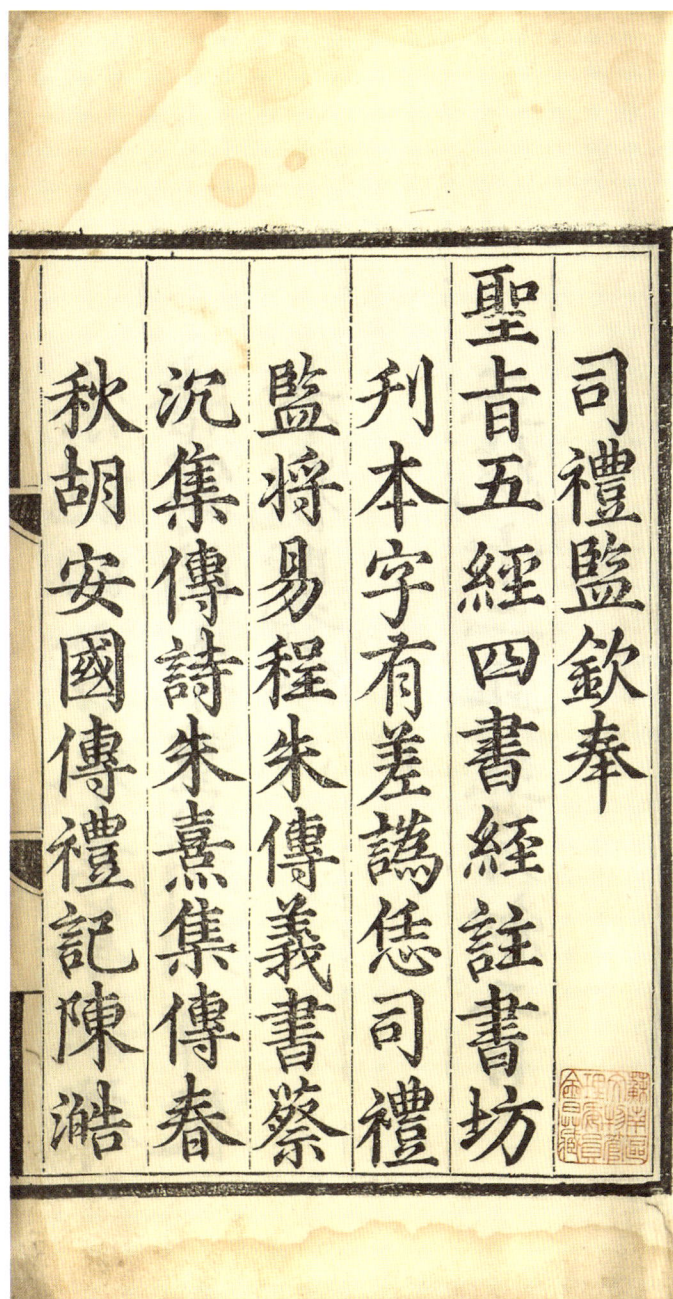

潤州先賢録六卷

（明）姚堂　劉文徽輯　明天順七年（1463）刻本

姚堂，字彦容，又字仲升，慈溪（今屬浙江寧波）人。明正統四年（1439）進士。歷任廣信知府、蘇州知府、鎮江知府，成化時終廣東參政。著有《廣信先賢事實録》。劉文徽，字迪猷，湘陰（今屬湖南岳陽）人。明宣德四年（1429）舉人。天順六年（1462）任鎮江府通判，官至揚州同知。

　　全書輯録鎮江先賢二十人，自周延陵季子迄宋洪興祖止，分六門，先列像、贊，再列其
人傳記事實、著述或名公碑記吊祭之文。正文凡六卷，卷一高風，卷二忠節，卷三相業，卷
四直諫，卷五德望，卷六文學。

　　框高23.3厘米，寬14.6厘米。半葉十二行，行二十一字。上下黑口，四周雙邊，雙順黑魚尾。
鈐"真州吳氏有福讀書堂藏書"印。國家珍貴古籍名録編號01561。

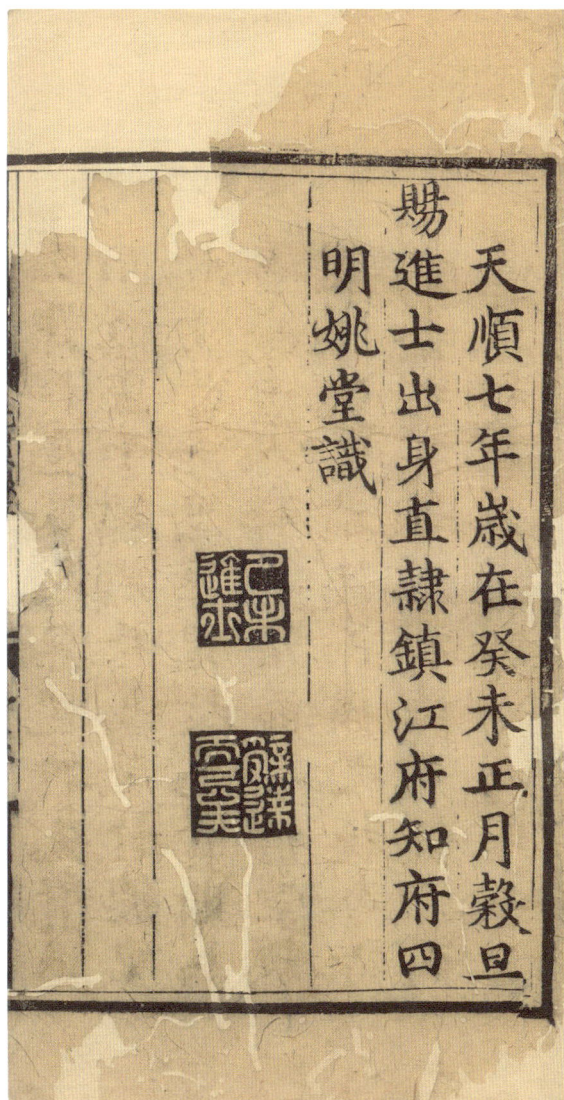

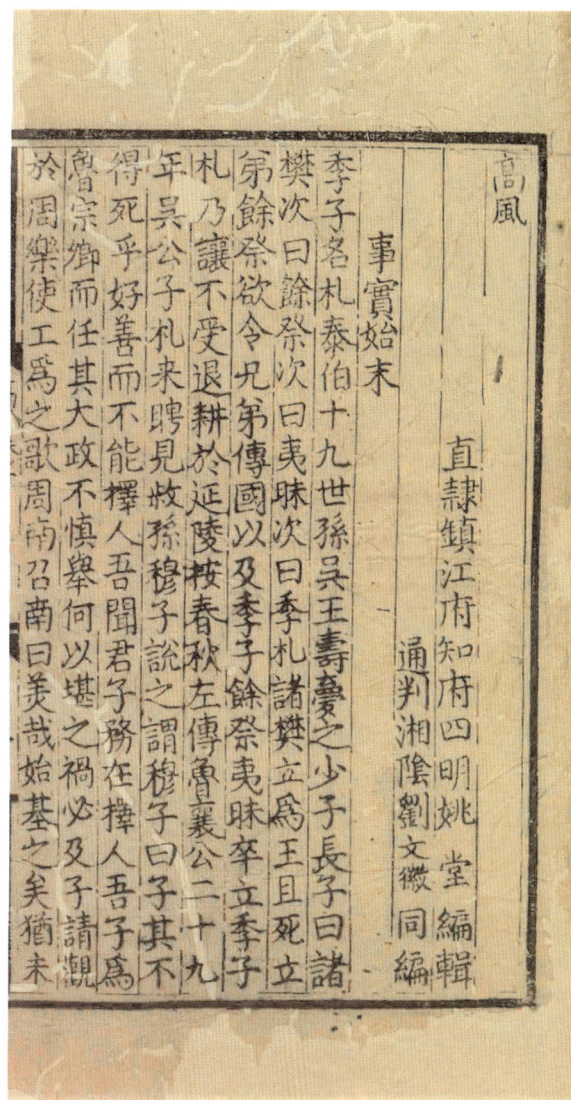

貞觀政要十卷

（唐）吳兢撰　　（元）戈直集論　明成化十二年（1476）崇府刻本

吳兢（670—749），汴州浚儀（今屬河南開封）人，歷任諫議大夫、修文館學士等。

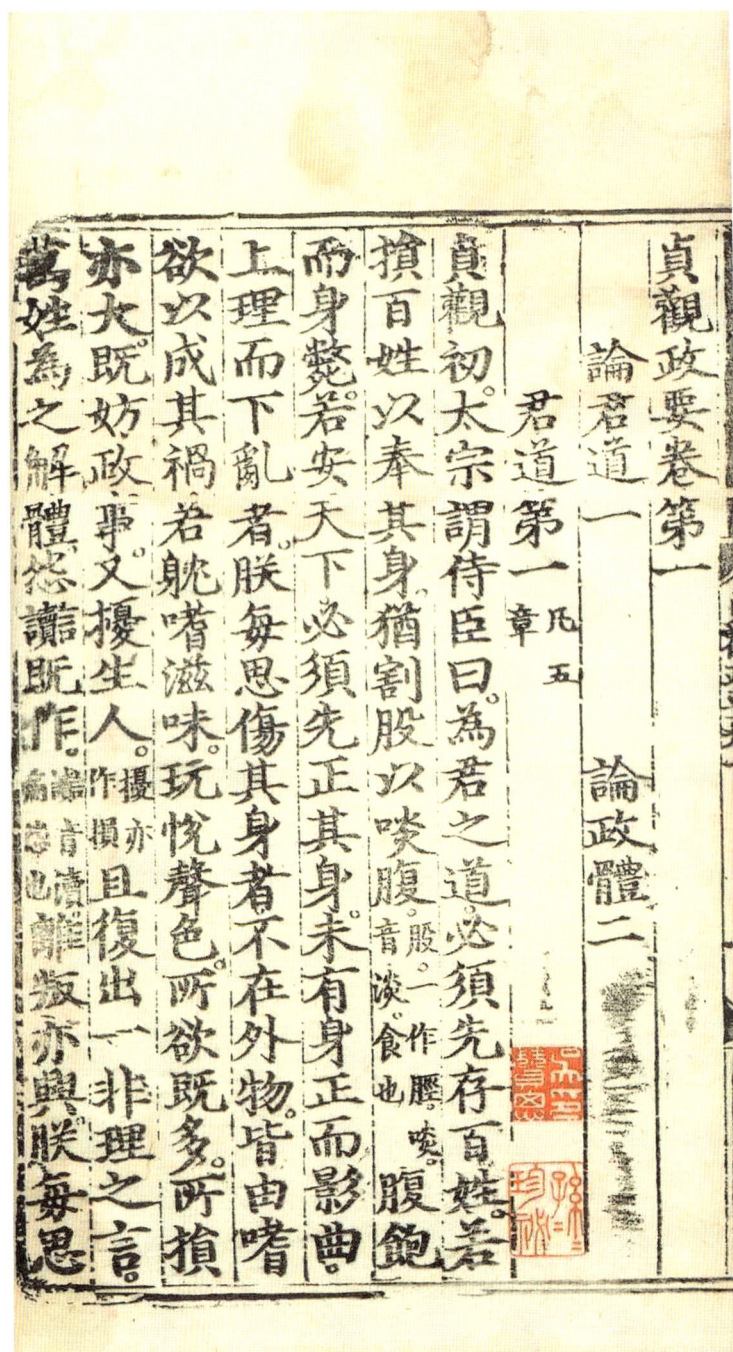

　　是書分類編輯唐太宗與魏徵、房玄齡、杜如晦等大臣有關治理國家的政論，元戈直又於每條之後列舉古人論説及己意。

　　框高 25.6 厘米，寬 18.4 厘米。半葉十行，行二十字，小字雙行同，上下黑口，四周雙邊，雙對魚尾。鈐"賜錦堂收藏圖書""時還軒藏書記""歐寄室王氏收藏"等印。國家珍貴古籍名録編號 03840。

楊文懿公文集三十卷

（明）楊守陳撰　明弘治十二年（1499）楊茂仁刻本　黄丕烈跋

楊守陳（1425—1489），字維新，號鏡川，一作晉庵，鄞縣（今屬浙江寧波）人。進士，官至吏部右侍郎，卒謚文懿。楊氏一門，守陳爲長，弟守阯，從弟守隨、守隅，侄茂元均屬進士出身，係出同門，故有“一門五進士”之謂。

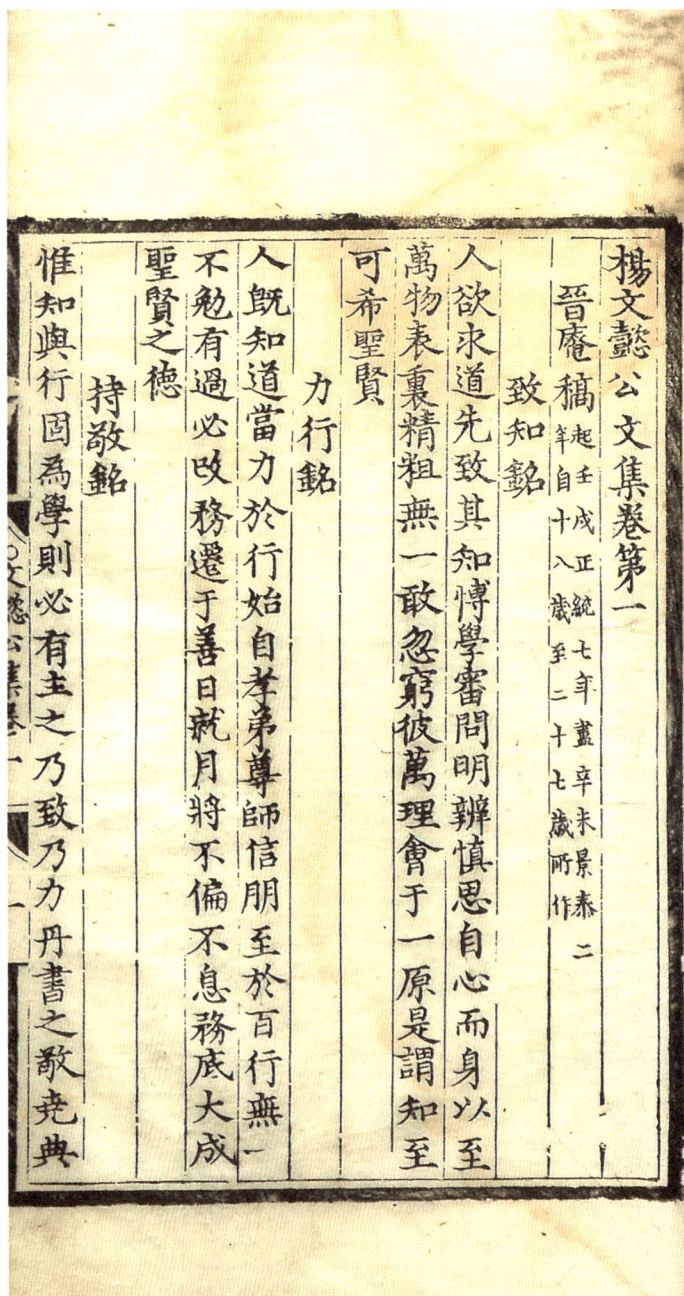

嘉慶己未正月下澣書友攜殘本明刻楊文懿集求
售僅二十卷每冊首有吳校卷圖書當是其家舊藏
而失之者也余因取向收之本相對刻正同向紙色白
黃微異余本缺首序二葉卷十二第十三第十三葉其弟
十四葉余本首行為侯服一布云當是修板擠行故脫
前一行今並取以補入至二十七卷所缺七八兩葉適為缺
卷無從補入為悵然憶一明人集耳而缺失久不能完
又何論古於此者耶并著之以當一喟棘人黃玉烈識

　　此爲楊氏家刻本。經黄丕烈、汪憲、吳翌鳳、汪士鐘等名家遞藏。末有藏書大家黄丕烈題跋。

　　框高 19.5 厘米，寬 13.6 厘米。半頁十二行，行二十二字，小字雙行同。黑口，四周雙邊，雙順黑魚尾。鈐"枚庵流覽所及""吳翌鳳家藏文苑""汪士鐘藏""平陽汪氏藏書印""平江汪憲奎秋浦印記""顧麟士""顧鶴逸藏書印"等。國家珍貴古籍名録編號 11929。

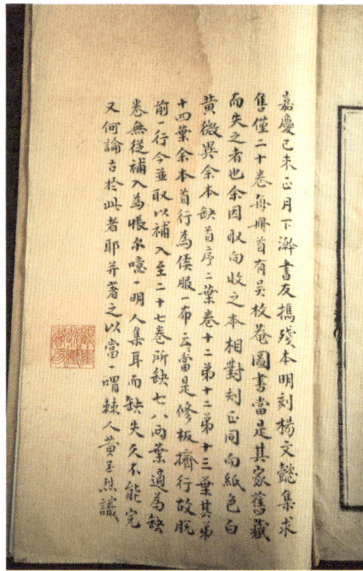

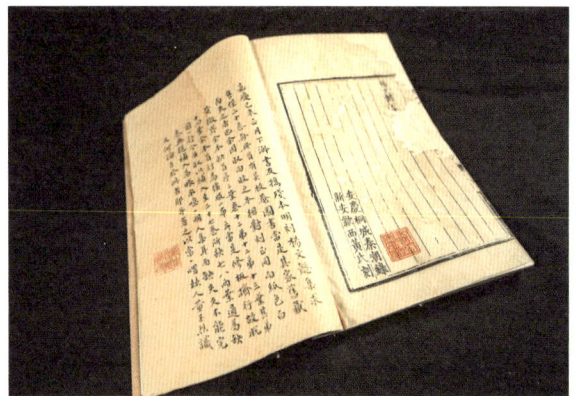

渭南文集五十卷

（宋）陸游撰　明弘治十五年（1502）華珵銅活字印本

陸游（1125—1210），字務觀，號放翁，越州山陰（今浙江紹興）人。有《劍南詩稿》等。

是書爲陸游晚年自行編定之詞文集，因其受封渭南伯，故以之命名。正文依次爲：表、箋、札子、奏狀、啓、書、序、碑、記、銘、傳、疏、祝文、勸農文、跋、墓志銘、墓表、塔銘、祭文、哀辭、天彭牡丹譜、致語、入蜀記、詞。

華珵（1438—1514），字汝德，號夢萱，江蘇無錫人。有藏書樓名尚古齋，所製活板甚精密，以活字印行有多種書籍。

框高 23.4 厘米，寬 14.1 厘米。半葉九行，行十八字，左右雙邊，小字雙行，行十八字，白口，單黑魚尾。鈐"仲魚圖象""得此書費辛苦後之人其鑒我""鷗寄室王氏收藏"等印。國家珍貴古籍名録編號 02083。

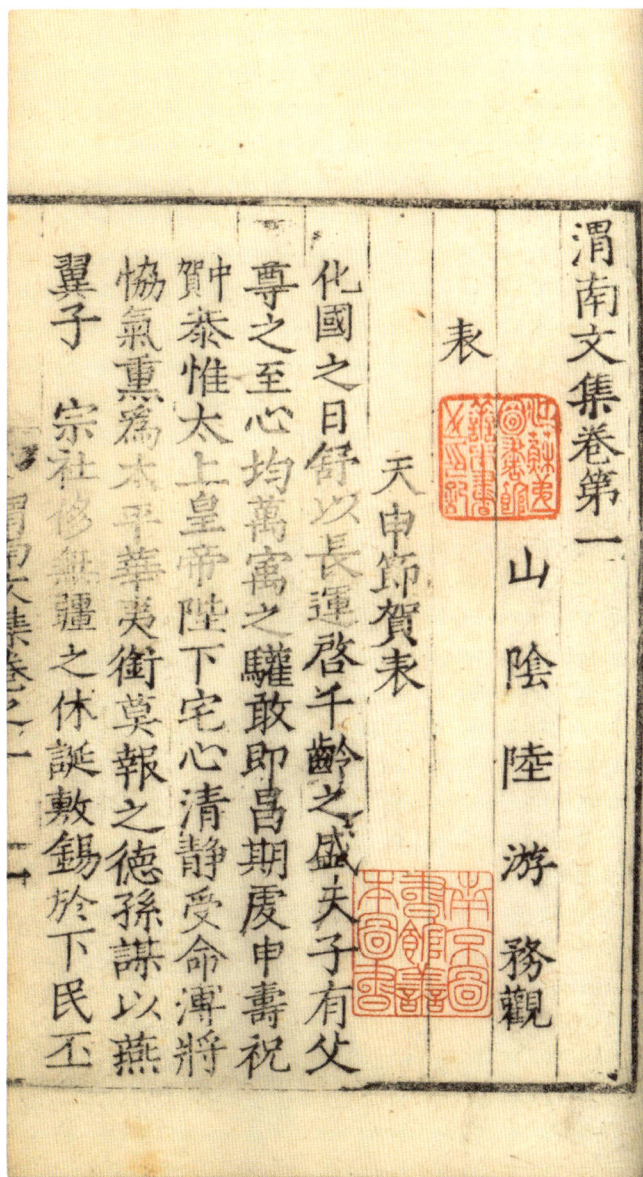

楚騷五卷

（楚）屈原撰　**附録一卷**　（漢）司馬遷撰　明正德十五年（1520）熊宇篆字刻本　查日華跋

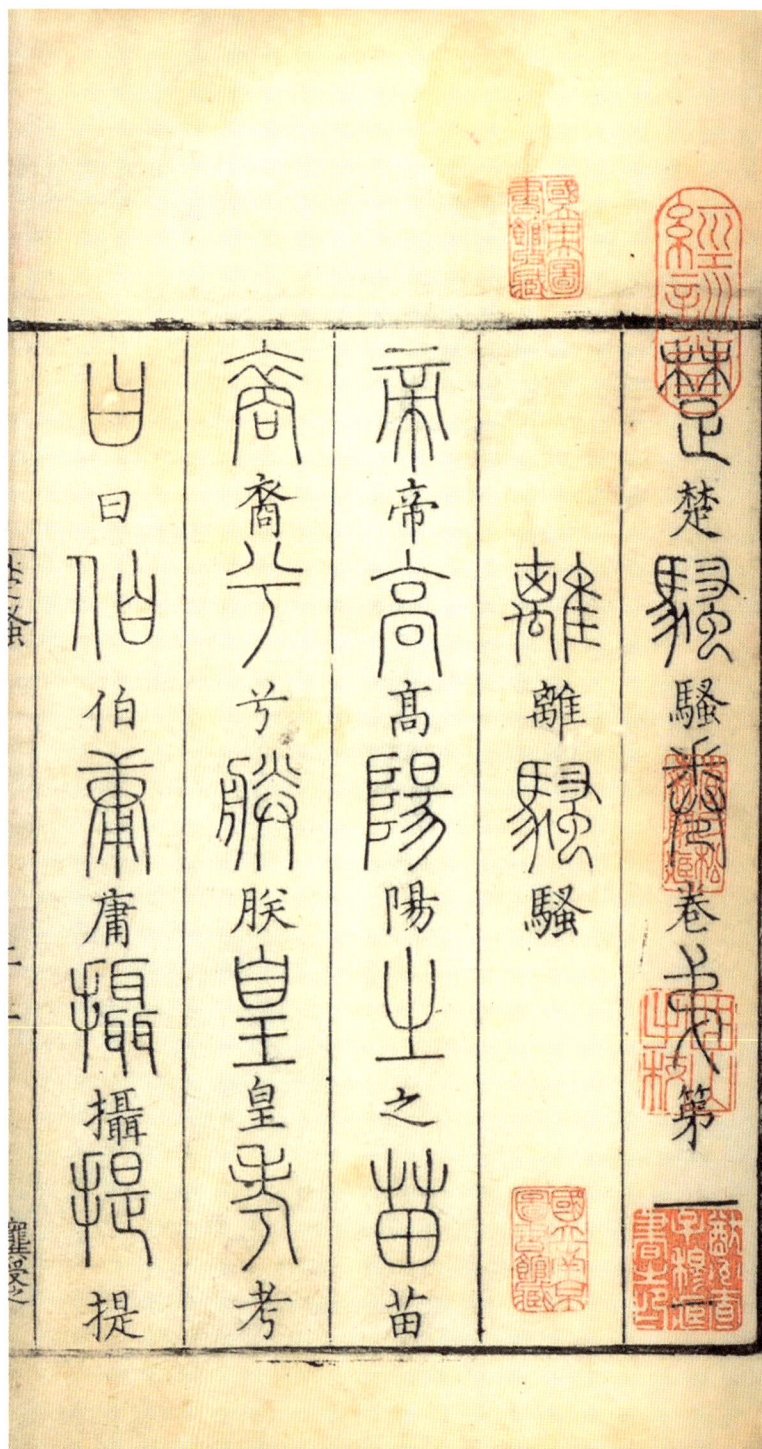

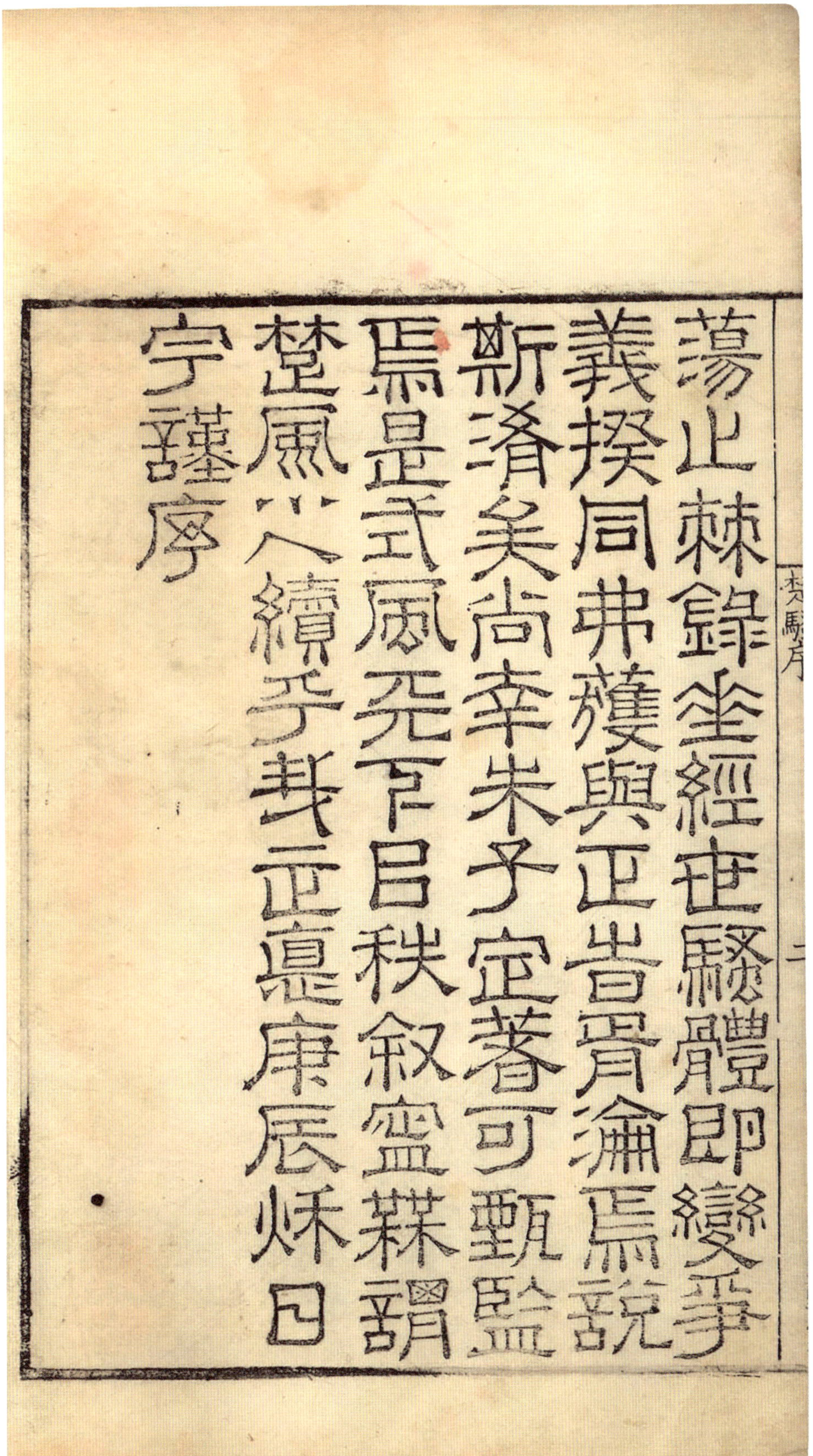
蕩止棘錄坐經也騷體即變爭
義援同弗獲與正昔胥淪焉說
斯淆矣尚幸朱子定著可甄監
焉是式風兖下以秩敘寍䕰謂
楚風小入續乎哉正悳庚辰秋日
宇謹序
楚騷序
二

　　是書首爲篆字所書正德十五年長沙熊宇撰"楚騷序"。正文凡五卷，乃篆字所書《楚辭》，皆於篆字下附正字。明正德嘉靖年間復古之風盛起，好古之人以篆文抄寫刊刻先秦典籍，頗具藝術欣賞價值，然篆字上版刊刻不易，故較爲鮮見。

　　框高 19.4 厘米，寬 14.8 厘米。半葉五行，大小字相間，每行五個大字篆字，下附五個小字正字。四周單邊，白口，無魚尾。鈐"經訓堂""濟陽經訓堂查氏圖書""歙州查子穆藏書之印""查氏松森家藏""麗圃審定""涇川櫨氏紫藤花館藏書之印""西山手校"等印。國家珍貴古籍名錄編號 02000。

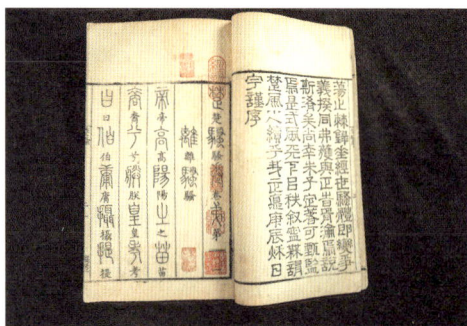

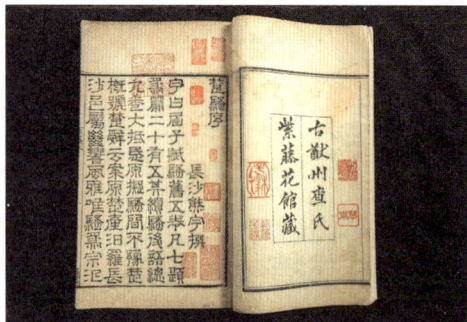

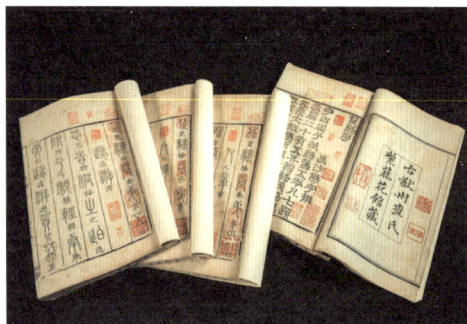

農書三十六卷

（元）王禎撰　明嘉靖九年（1530）山東布政使司刻本

王禎（1271—1368），字伯善，山東東平人。元大德四年（1300）任永豐（今屬江西）縣尹，惠民有為。

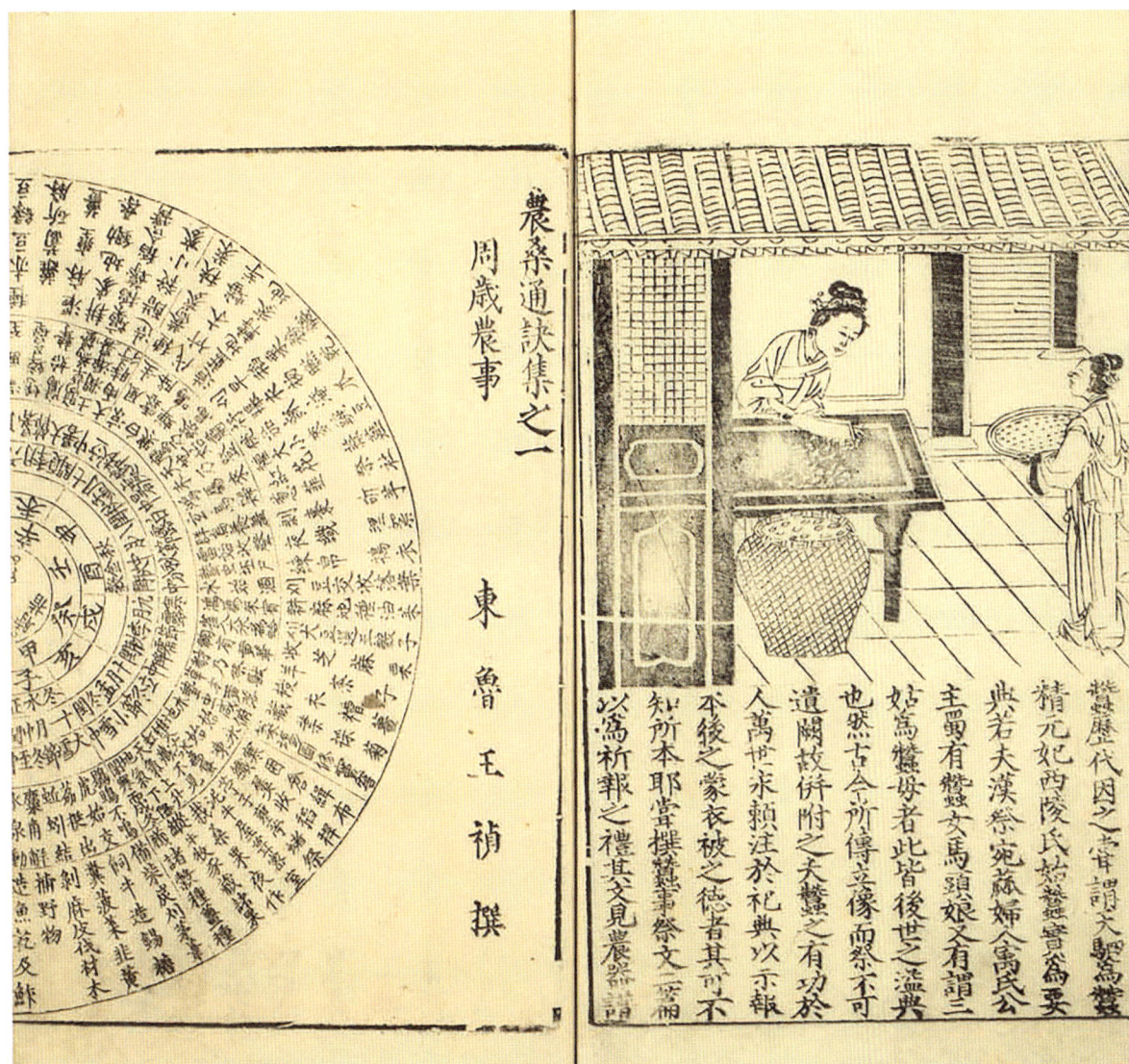

此書爲中國古農學重要著作，適用範圍廣泛。正文凡三十六卷，分《農桑通訣》六卷，《農器圖譜》二十卷，《穀譜》十卷。目録中《穀譜》爲卷十一，卷十一有《豳七月詩説》《食時五觀》《備荒》三目，此本卷十之後附刻《備荒》，未見卷十一内容，當係原缺。

框高24.3厘米，寬15.7厘米。半葉十一行，行二十二字，小字雙行同，四周單邊，白口，無魚尾。鈐"許焞收藏""鷗寄室王氏收藏""八千卷樓珍藏善本""八千卷樓收藏書籍""善本書室"等印。國家珍貴古籍名録編號01780。

華氏傳芳集十一卷

（明）華守方輯　**續集五卷**　（明）華察輯　明嘉靖十一年（1532）華從智刻隆慶六年（1572）
華察續刻本

華守方（1407—1487），名方，號時葺，江蘇無錫人。華察（1497—1574），字子潛，號鴻山，
江蘇無錫人。嘉靖五年（1526）進士。

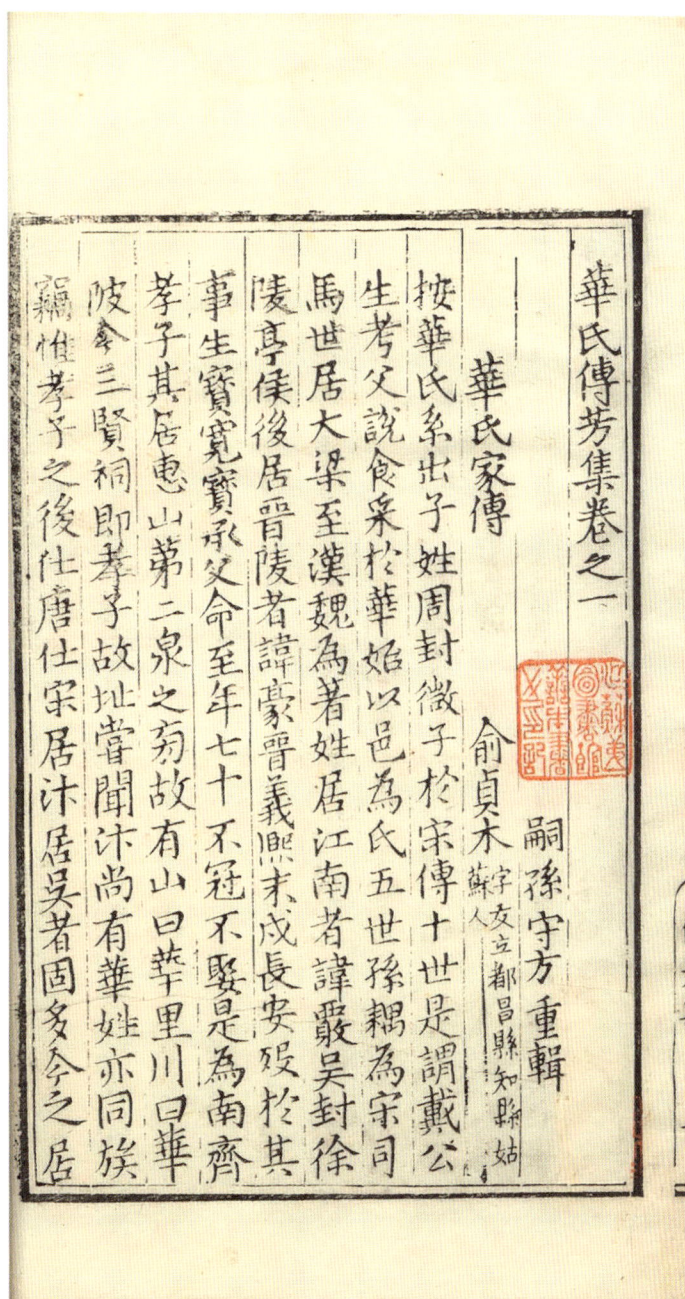

全書集華家自前代至今名公才士所撰孝節貞義及事親追遠之實，總以成帙。

《華氏傳芳集》卷五、卷十一末鎸"嘉靖壬辰（十一年，1532）裔孫從智重刊"。

《華氏傳芳集》框高22.2厘米。寬15.7厘米。半葉十一行，行二十一字，小字雙行，字無定數。《續集》框高21.8厘米。寬15.3厘米。半葉十一行，行十八字，小字雙行，字無定數。白口，四周雙邊。鈐"菊吟圖書"等印。國家珍貴古籍名録編號01567。

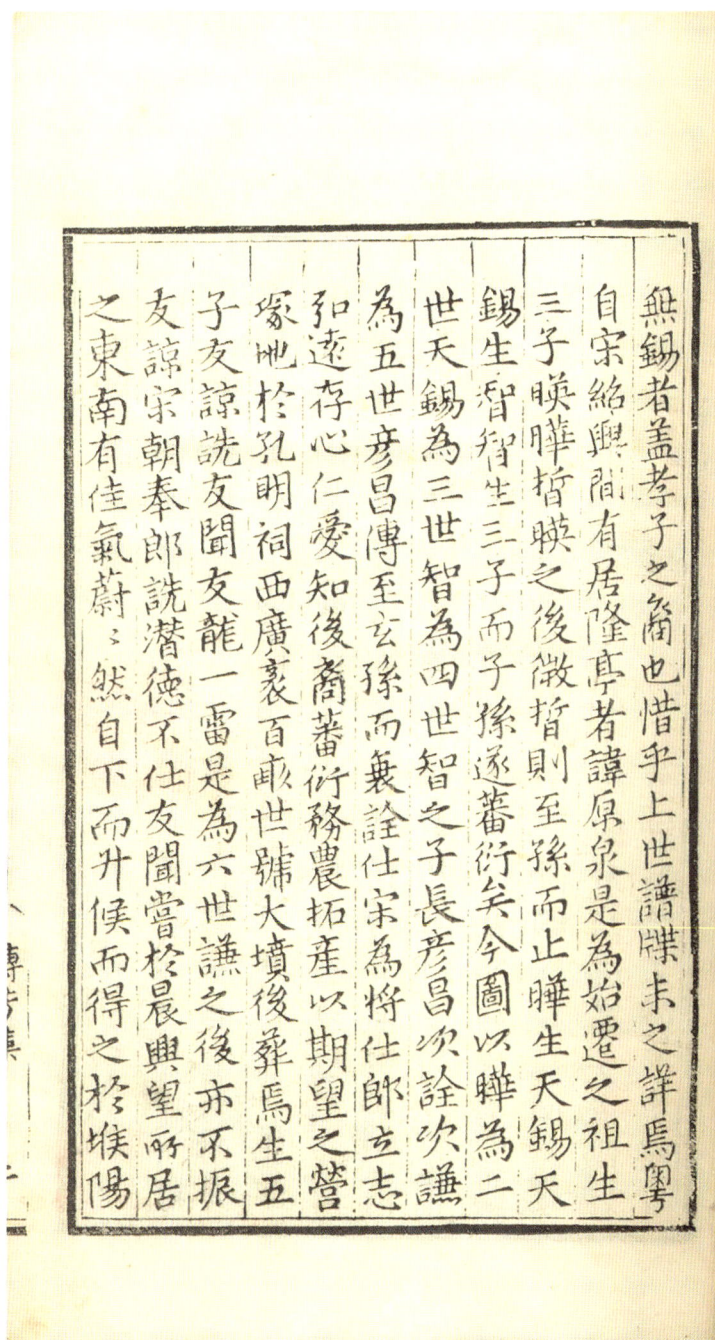

邊華泉集八卷

（明）邊貢撰　（明）劉天民輯　明嘉靖十七年（1538）司馬魯瞻刻本
邊貢（1476—1532），字庭實，號華泉子，歷城（今山東濟南）人。進士，官至南京戶部尚書。工詩，與李夢陽、何景明、徐禎卿并稱"弘正四杰"。劉天民，生卒年不詳。字希尹，號函山，歷城（今山東濟南）人。明正德九年（1514）進士，纍官至按察司副使。有《函山集》。

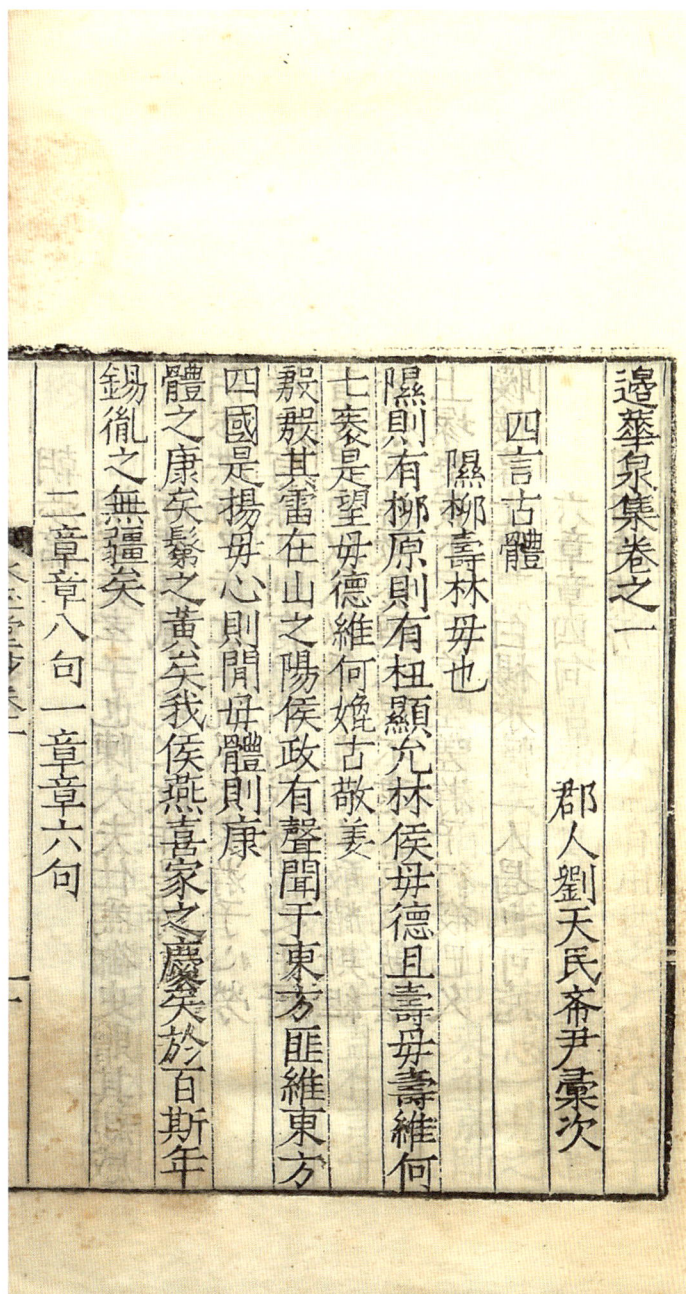

邊華泉集卷之一

郡人劉天民希尹彙次

四言古體

隰栁壽林毋也

隰則有梐原則有杻顯允林侯毋德且壽毋壽維何

七委是望毋德維何媿古敬美

毅毅其雷在山之陽侯政有聲聞于東方匪維東方

四國是揚毋心則閒毋體則康

體之康矣鬢之黃矣我侯燕喜家之慶矣於百斯年

錫徇之無疆矣

三章章八句一章章六句

　　邊貢去世後，劉天民於嘉靖十四年（1535）開始編纂其詩集，第二年李開先亦着手選輯《邊華泉詩集》。李氏先完成，十七年托蘇祐刻於山西太原。劉氏書成，由濟南知府司馬魯瞻鋟梓以行，即此本。司馬魯瞻（1492—？），名泰，字魯瞻，一字西虹，晚號龍廣山人。江寧（今江蘇南京）人。嘉靖二年（1523）進士，官至濟南知府。藏書極富，致仕歸，建藏書樓名懷洛閣，以編撰著述終其生。

　　框高 17.3 厘米，寬 14.1 厘米。半葉十一行，每行二十字。白口，左右雙邊，上單魚尾。國家珍貴古籍名録編號 11952。

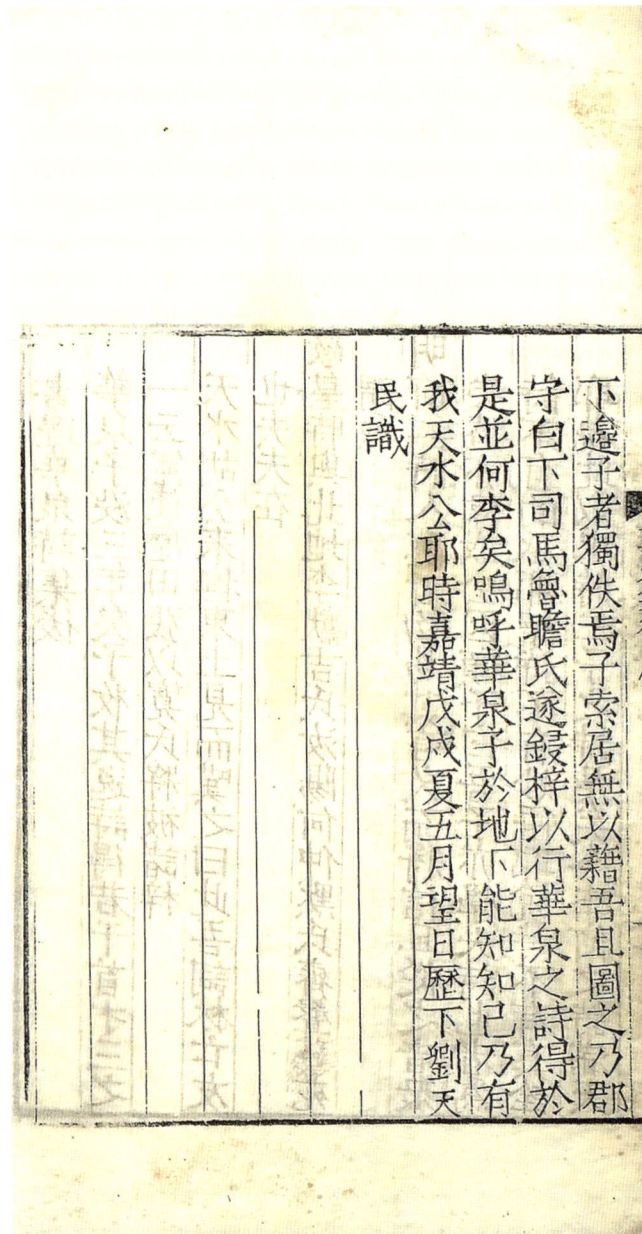

春秋集傳十五卷

（元）趙汸撰　明嘉靖三十四年（1555）金曰錭刻藍印本　丁丙跋

趙汸（1319—1369），字子常，安徽休寧人。人稱東山先生。師事黃澤，受春秋之學。

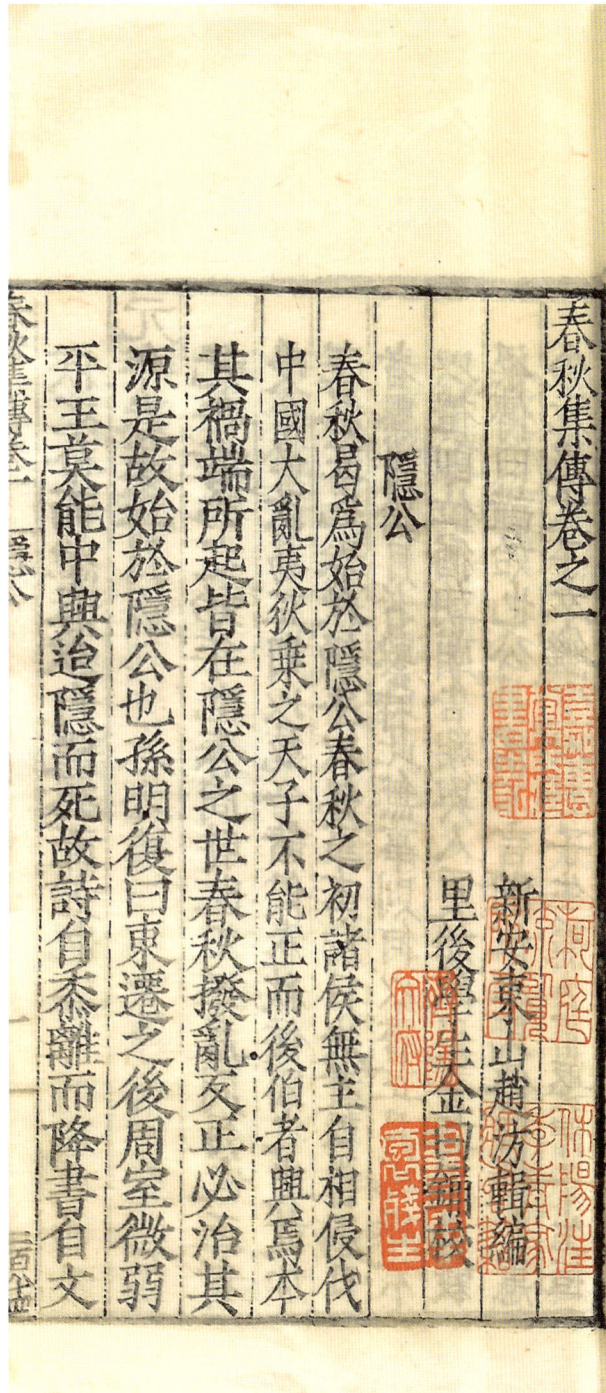

全書十五卷，以魯十二公爲序（僖公、襄公、昭公各分上下）。

框高 18.6 厘米，寬 12.7 厘米。半葉九行，行二十一字，小字雙行同。四周單邊，白口，無魚尾。鈐"平陽季子之章""摛藻堂圖書記""柯庭流覽所及""休陽汪季青家藏書籍""濟陽文府""丁氏八千卷樓藏書記"等印。國家珍貴古籍名録編號 10103。

焦氏易林二卷

題（漢）焦延壽撰　明嘉靖四十年（1561）沈藩勉學書院刻本　顧廣圻跋并錄陸貽典校跋　丁丙跋

焦延壽，字贛，西漢梁（今河南商丘）人。專研易學。治易名家京房爲其弟子。

　　是書將陰陽灾异的占候術引入易學，大量援引《詩經》等先秦經學典籍，模仿并創新《周易》體例而成，具有較高的文學價值，對後世易類著作亦產生影響。

　　框高 18.7 厘米，寬 14.5 厘米。半葉十二行，行二十四字，小字雙行同，左右雙邊，白口。鈐"顧印千里""顧澗蘋藏書""松生""嘉惠堂丁氏藏"等印。國家珍貴古籍名錄編號 10450。

應變變無窮故得若干焉又且首開沙

隨之記驗鑿鑿可觀而可用者予謂斯

人誠一有德者也若是用之國家則有

如退舍熒惑之易示用之邊鄙則有如

運機守戰之先猷用之行事歷歷之際

而無往不用其利矣吁子也鄙拙之念

雖微而德資之義不已於是言也特命

工翻之以廣所未廣以濟所未濟以達

所未達其好理君子鑒諸其心矣夫故

云乎辭

旹

大明嘉靖辛酉歲林鍾吉日

潘藩西屏道人書於

敕賜勉學書院之偗業堂

廣輿圖二卷

（元）朱思本撰　　（明）羅洪先　胡松增補　明嘉靖四十五年（1566）韓君恩、杜思刻本　丁丙跋

朱思本（1273—?），字本初，號貞一，臨川（今江西撫州）人。地理學家。羅洪先（1504—1564），字達夫，號念庵，吉水（今屬江西吉安）人，明嘉靖進士，授翰林院修撰，後罷歸。地理製圖學家。

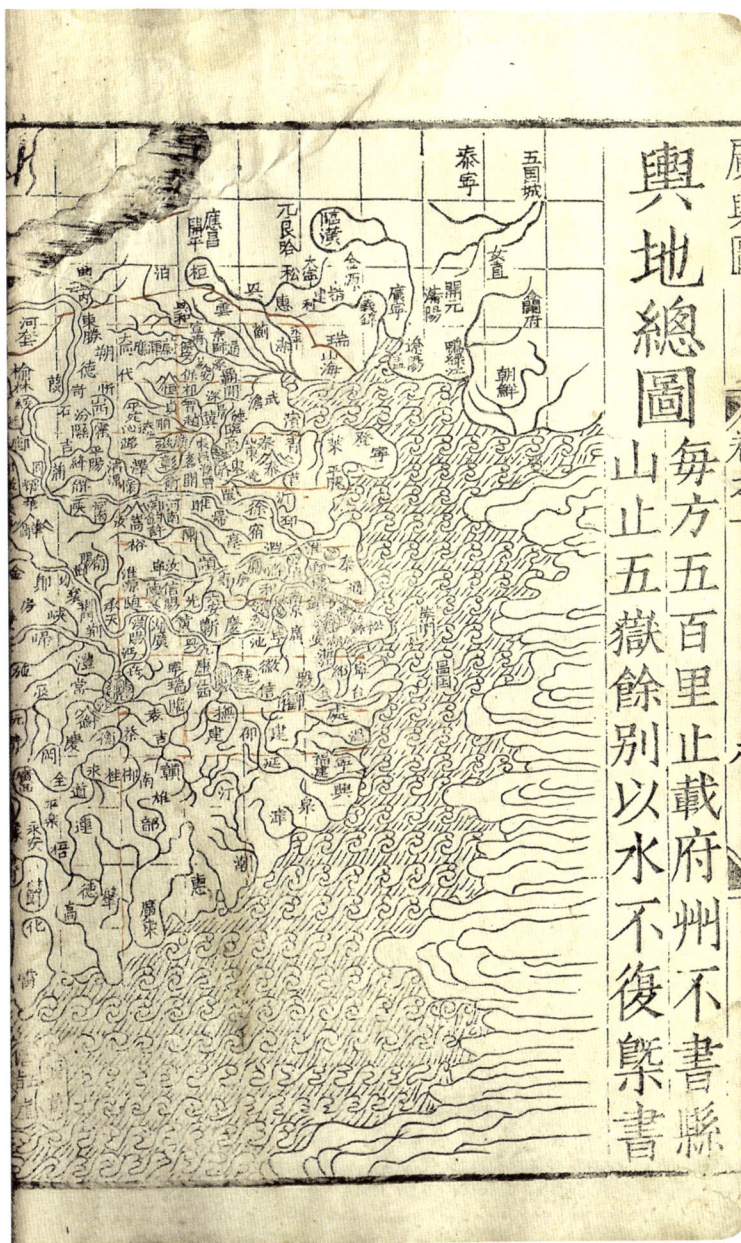

　　本書爲明代輿地總圖。羅洪先據元人朱思本《輿地圖》，實地考查核實地名并詳加記注，又參考李澤民《聲教被圖》、許論《九邊圖論》等十四種地圖，增補了《九邊圖》《漕運圖》《海運圖》等，并添加二十四種圖例，使地圖更科學實用。逾十年始成，爲中國古代第一部分省地圖集。

　　框高 26 厘米，寬 17.5 厘米。半葉十三行，行二十五字，小字雙行同。左右雙邊，白口，雙對黑魚尾。鈐"丁丙""八千卷樓珍藏善本""嘉惠堂丁氏藏書記"等印。國家珍貴古籍名録編號 04122。

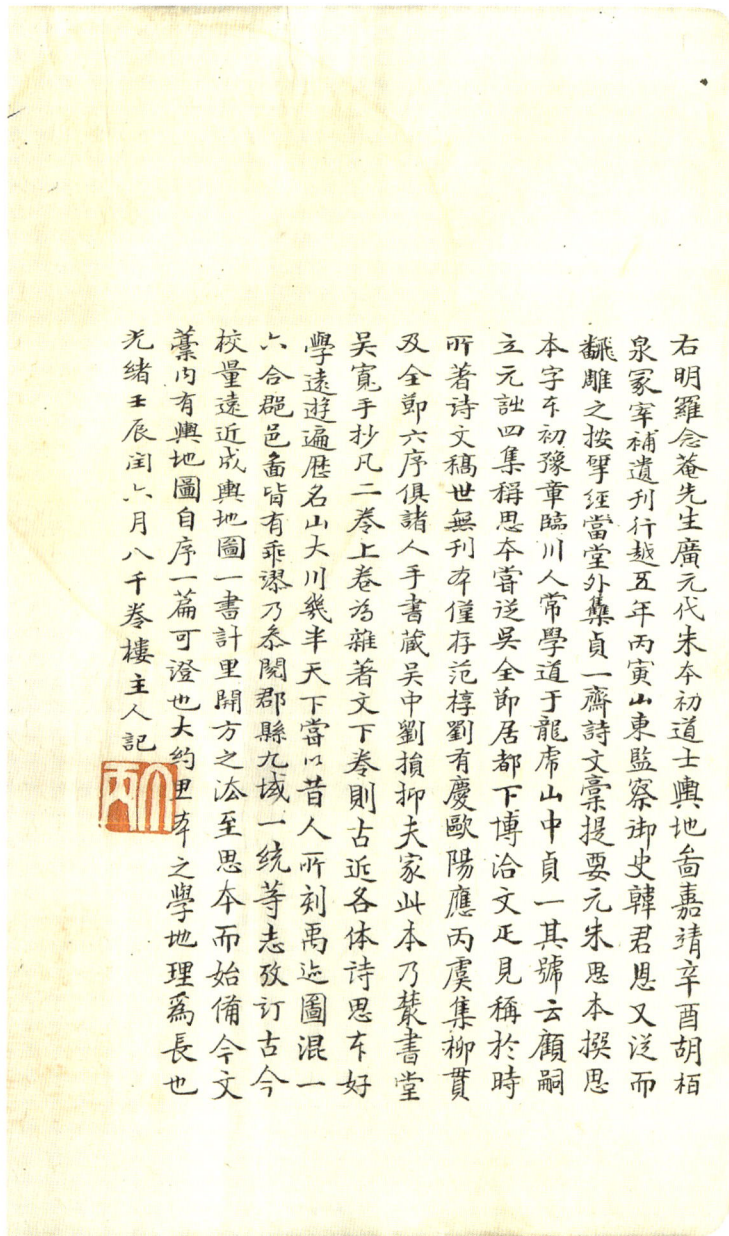

重校鶴山先生大全文集一百十卷

（宋）魏了翁撰　明嘉靖安國銅活字印本（卷八十四至八十六、九十九至一百三、一百七配清抄本）　季振宜、丁丙跋

魏了翁（1178—1237），字華父，號鶴山，邛州蒲江（今屬四川成都）人。官至同簽書樞密院事。

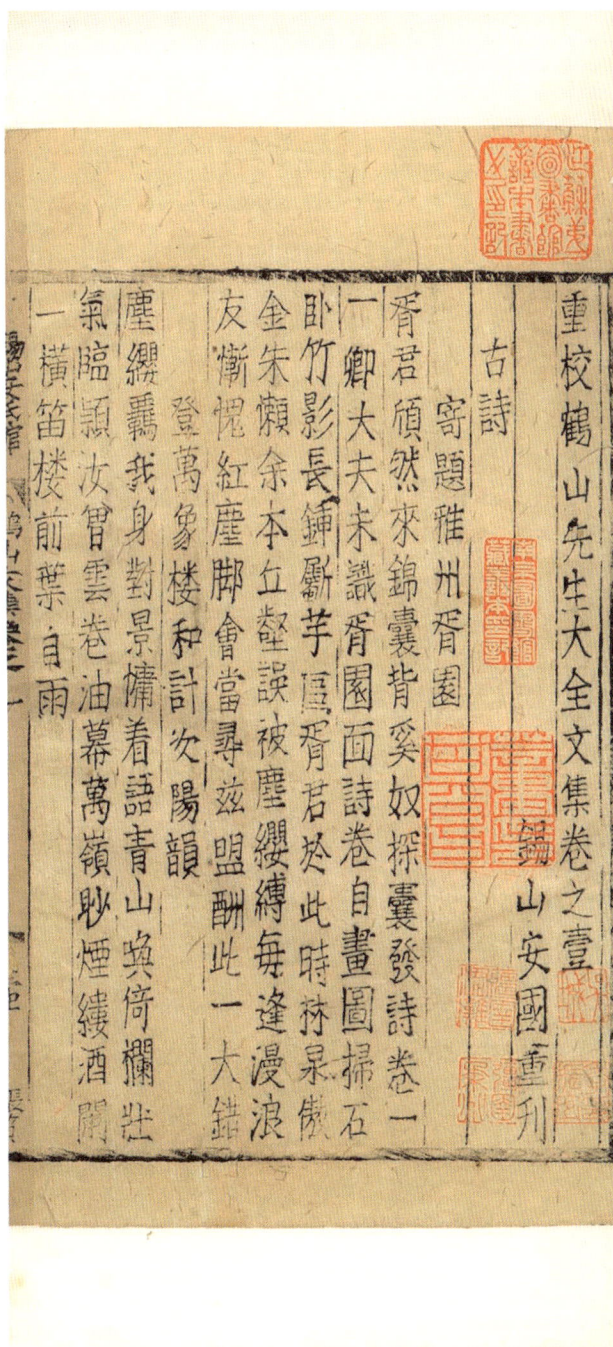

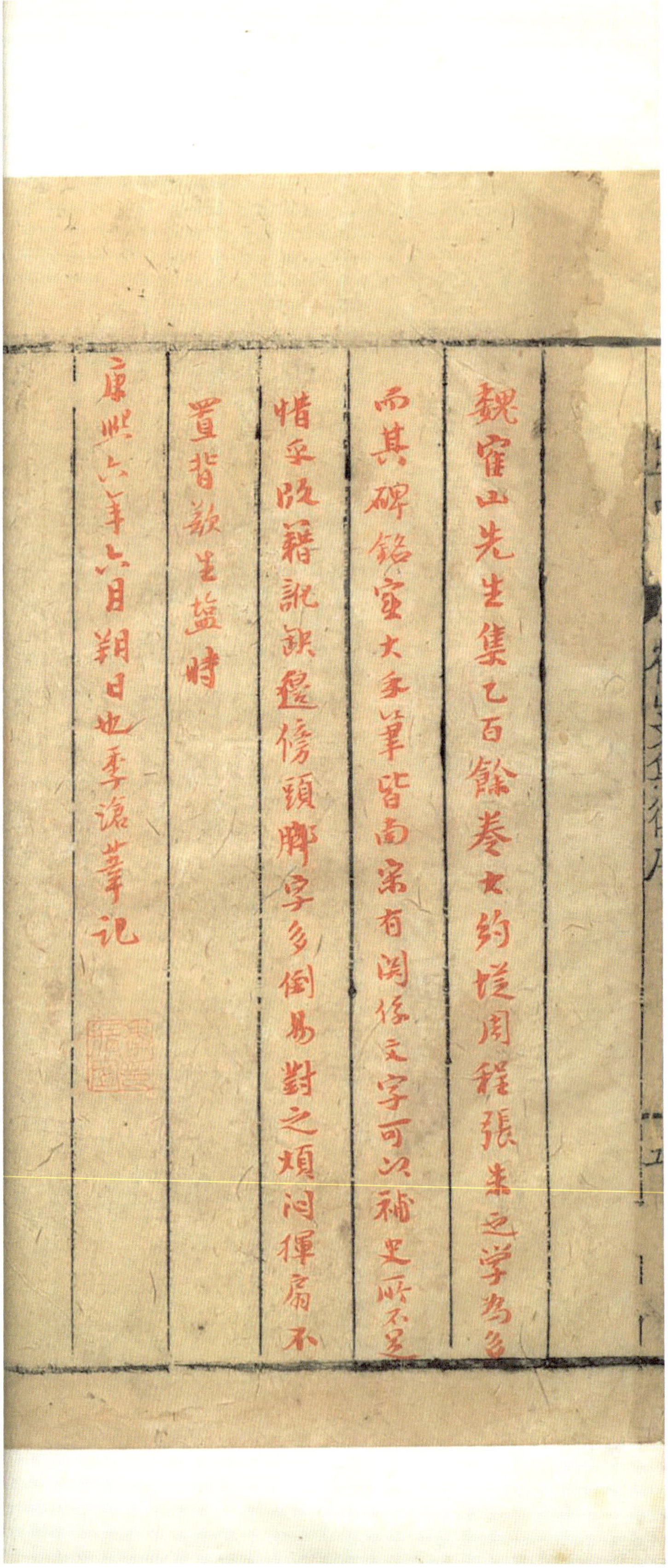

魏崔山先生集乙百餘卷大約援周程張朱之學為多

而其碑銘率大手筆皆南宋有閣係文字可以補史所不足

惜乎脱籍訛缺邊傍頭腳字多倒易對之煩悶揮扇不

置皆觳生鹽時

康熙六年六月朔日也季滄葦記

　　銅活字印刷盛行於明弘治以後，基本集中在江南一帶，安國便是其中杰出代表人物。安國（1481—1534），字民泰，江蘇無錫人。因酷愛桂花，人稱"桂坡公"。

　　框高19.5厘米，寬13.8厘米。半葉十三行，行十六字，左右雙邊，白口，單黑魚尾。鈐"董印其昌""季印振宜""滄葦""吳城""甌亭""汪襄""綸音嘉惠藝林""嘉惠堂藏閱書"等印。國家珍貴古籍名録編號02084。

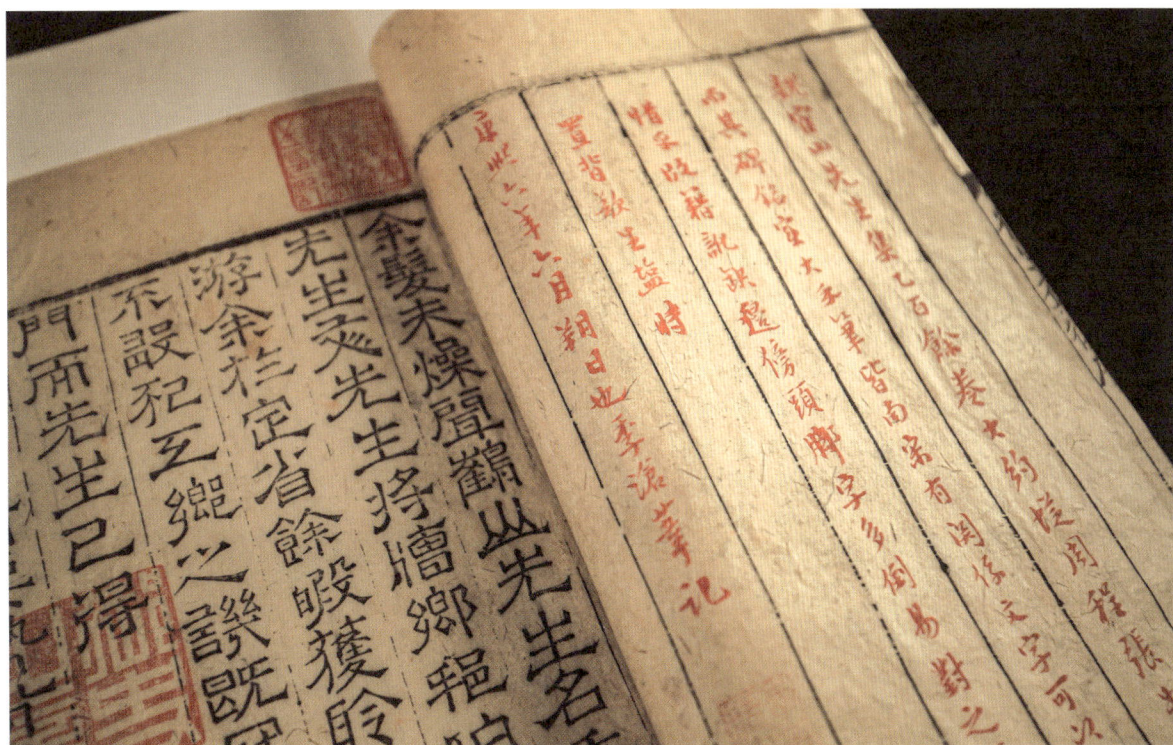

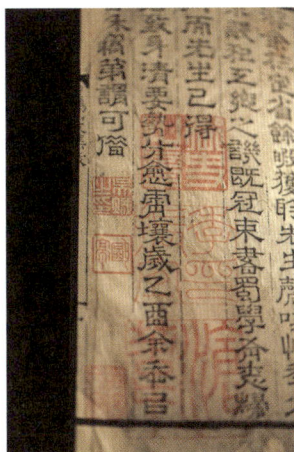

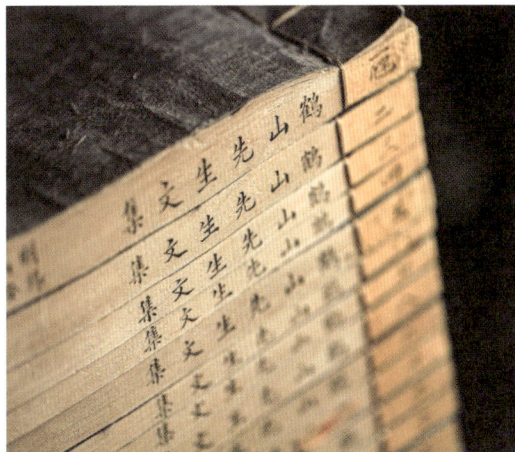

玉臺新詠十卷

（南朝陳）徐陵輯　明五雲溪館銅活字印本

徐陵（507—583），字孝穆，東海郯（今山東郯城）人。南朝梁時官至東宮學士。入陳，纍官至太子少傅。編有《玉臺新咏》。明人輯有《徐孝穆集》。

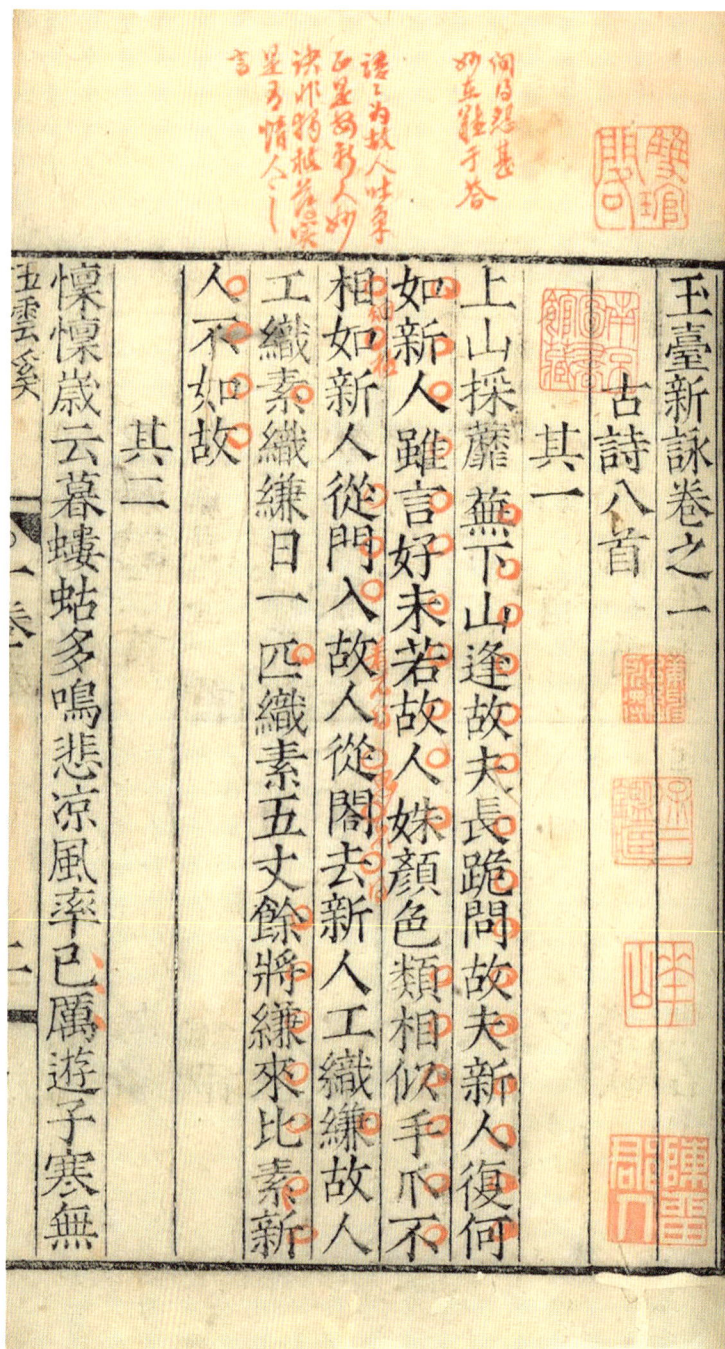

玉臺新詠卷之一

古詩八首

其一

上山採蘼蕪　下山逢故夫　長跪問故夫　新人復何如
新人雖言好　未若故人姝　顏色類相似　手爪不相如
新人從門入　故人從閤去　新人工織縑　故人工織素
織縑日一匹　織素五丈餘　將縑來比素　新人不如故

其二

懍懍歲云暮　螻蛄多鳴悲　涼風率已厲　遊子寒無…

正文收録漢代至南朝梁詩歌七百餘首，《四庫全書總目》該書提要云："其書前八卷爲自漢至梁五言詩，第九卷爲歌行，第十卷爲五言二韵之詩。雖皆取綺羅脂粉之詞，而去古未遠，猶有講於温柔敦厚之遺，未可概以淫艷斥之。"

五雲溪館爲明嘉靖間蘇州地區刻書家室名，其以銅活字擺印之《玉臺新咏》，底本爲宋嘉定八年（1215）永嘉陳玉父序刻本。

框高 18.9 厘米，寬 14 厘米。半葉十行，行十九字。白口，左右雙邊，上單黑魚尾。版心上鎸"五雲溪館活字"。鈐"義門何氏家藏""吳郡金氏藏書""雙珀閣""庚申以後所得""小緑天藏書"等印。國家珍貴古籍名録編號 02191。

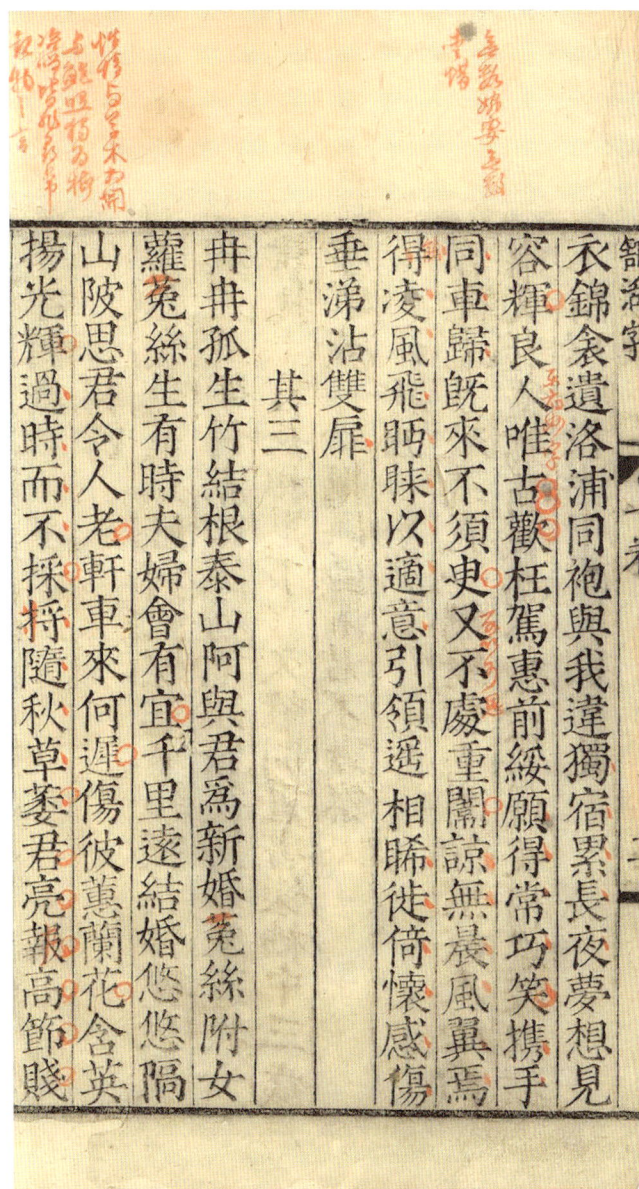

鄭端簡公奏議十四卷

（明）鄭曉撰　明隆慶四年（1570）項氏萬卷堂刻本

鄭曉（1499—1566），字窒甫，號淡泉，海鹽（今屬浙江嘉興）人。明嘉靖二年（1523）進士。歷官至刑部尚書，有抗禦倭寇之功。諡端簡。

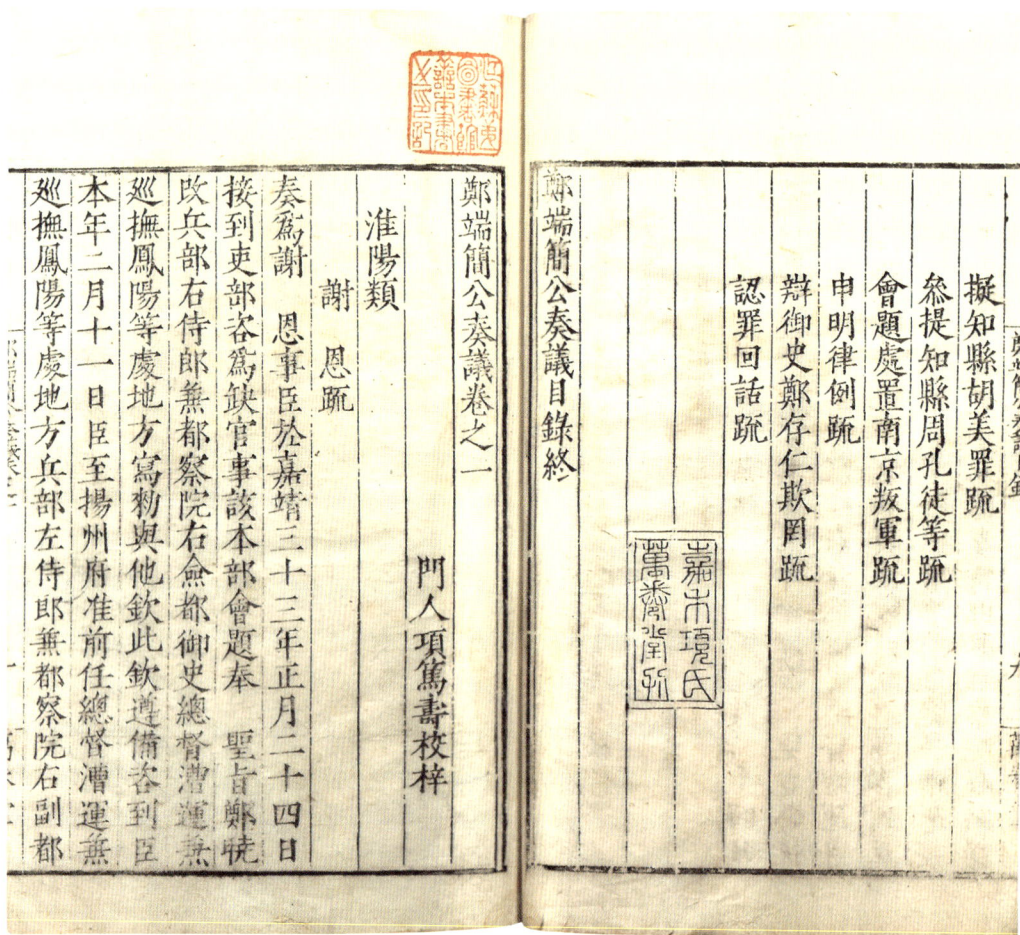

　　卷前首有隆慶五年（1571）項篤壽《端簡鄭公奏議叙》。正文凡十四卷，卷一至十淮陽（揚）類，卷十一兵部類，卷十二至十四刑部類。

　　牌記："嘉禾項氏／萬卷堂刊""隆慶庚午年秋九月雕工畢"。

　　框高 18.7 厘米，寬 13.9 厘米。半葉十行，行二十字，小字雙行同。左右雙邊，白口，無魚尾。鈐"八千卷樓珍藏善本""嘉惠堂藏閱書""善本書堂"等印。國家珍貴古籍名錄編號 07816。

寶印齋印式二卷

（明）汪關藏并篆刻　明萬曆四十二年（1614）汪關鈐印本　李流芳、汪關、畢瀧題跋　程嘉燧、唐汝詢題詩

汪關（約 1575—1631），原名東陽，字杲叔，因得漢銅印"汪關印"而更名爲"關"，字尹子，并以寶印齋名其室。歙縣（今屬安徽黃山）人，流寓婁東（今屬江蘇太倉）。其篆刻風格被稱"婁東印派"。

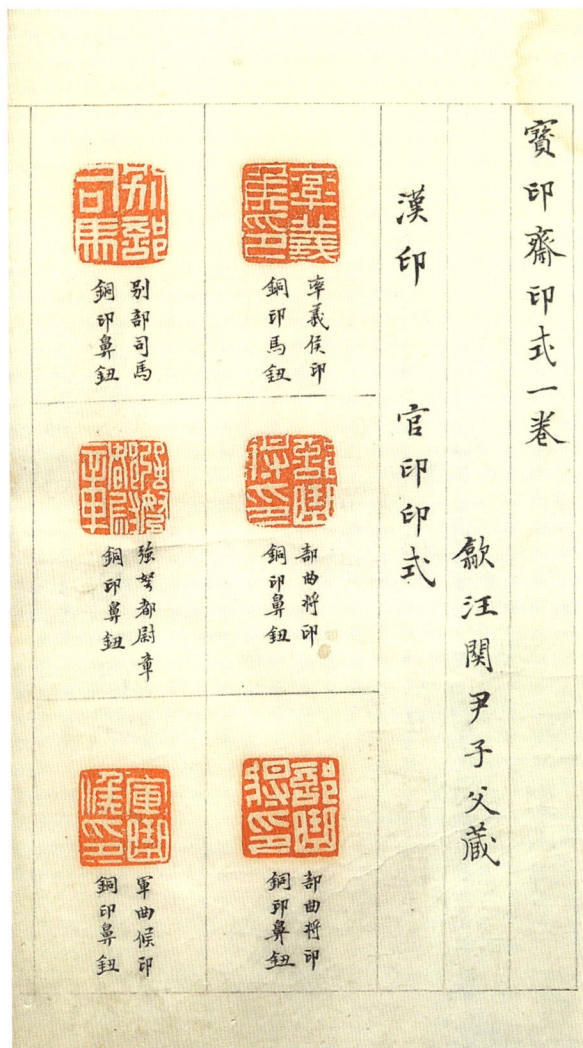

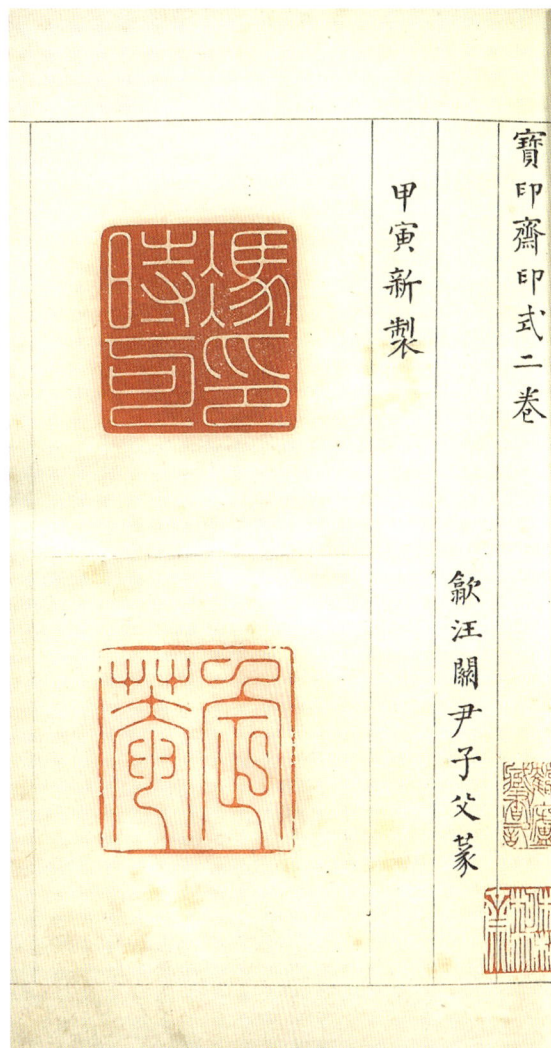

正文凡二卷。卷一爲漢印、官印印式、之印印式（附二三四字印式）、私印印式、前不識字印、後元朱文印式等，共鈐九十餘方印章，印文之下附以釋文、印章材質、鈕印或考印注。卷二爲甲寅新製，共鈐三百八十餘方印章。

框高 21 厘米，寬 14 厘米。行字不等。白口，四周單邊，無魚尾。鈐有"汪關之印""汪尹子""婁東畢瀧潤飛氏藏""程印嘉燧""二百蘭亭齋鑒藏""元和顧麟士長生安樂""鶴逸""鶴廬藏書記"等印。國家珍貴古籍名録編號 11757。

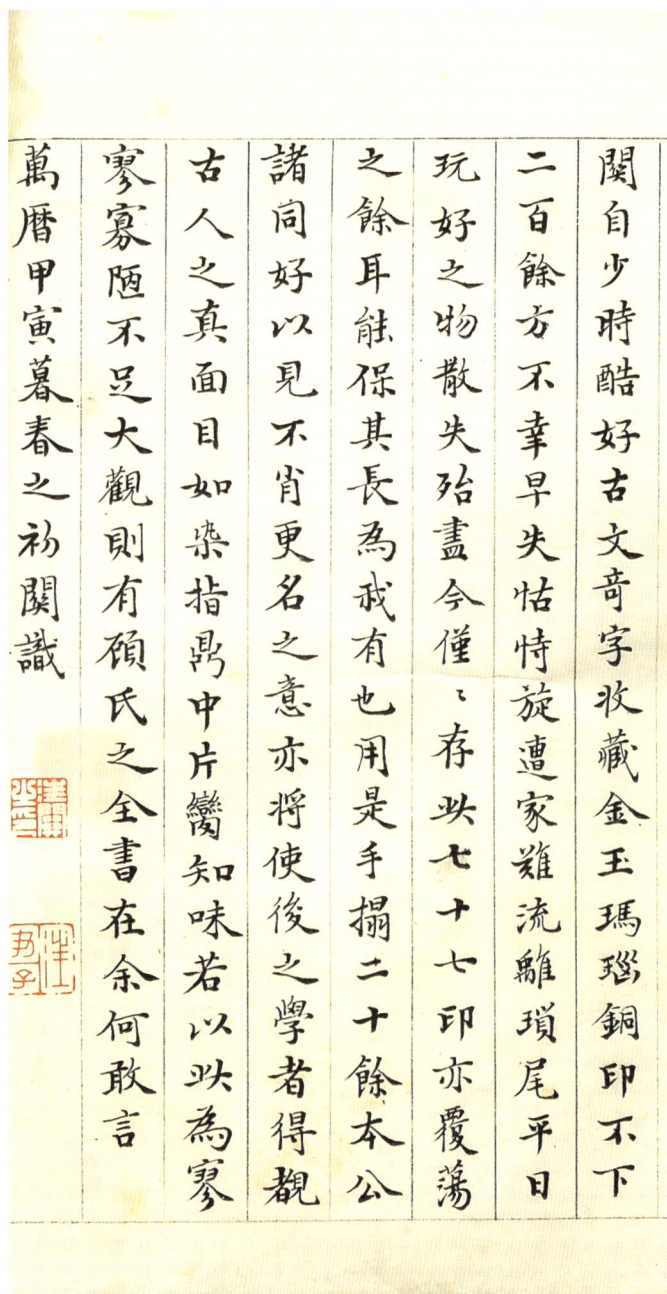

萬曆甲寅暮春之初關識

寥寥陋不足大觀則有顧氏之全書在余何敢言

古人之真面目如染指焉中片臠知味若以斯爲寥

諸同好以見不肖更名之意亦將使後之學者得觀

之餘耳龥保其長爲戒有也用是手搨二十餘本公

玩好之物散失殆盡今僅存此七十七印亦覆蕩

二百餘方不幸早失怙恃旋遭家難流離瑣尾平日

關自少時酷好古文奇字收藏金玉瑪瑙銅印不下

櫻桃夢二卷

（明）陳與郊撰　明萬曆四十四年（1616）刻本

陳與郊（1544—1611），字廣野，號禺陽、玉陽仙史，原姓高，或署高漫卿，室名任誕軒，海寧（今屬浙江）人。萬曆二年（1574）進士。著有傳奇《靈寶刀》《鸚鵡洲》《櫻桃夢》《麒麟圖》四種，合稱《詅癡符》；雜劇《文姬入塞》《昭君出塞》；另著有《考工記輯注》《檀弓輯注》；輯有《古名家雜劇》《古今樂考》等。

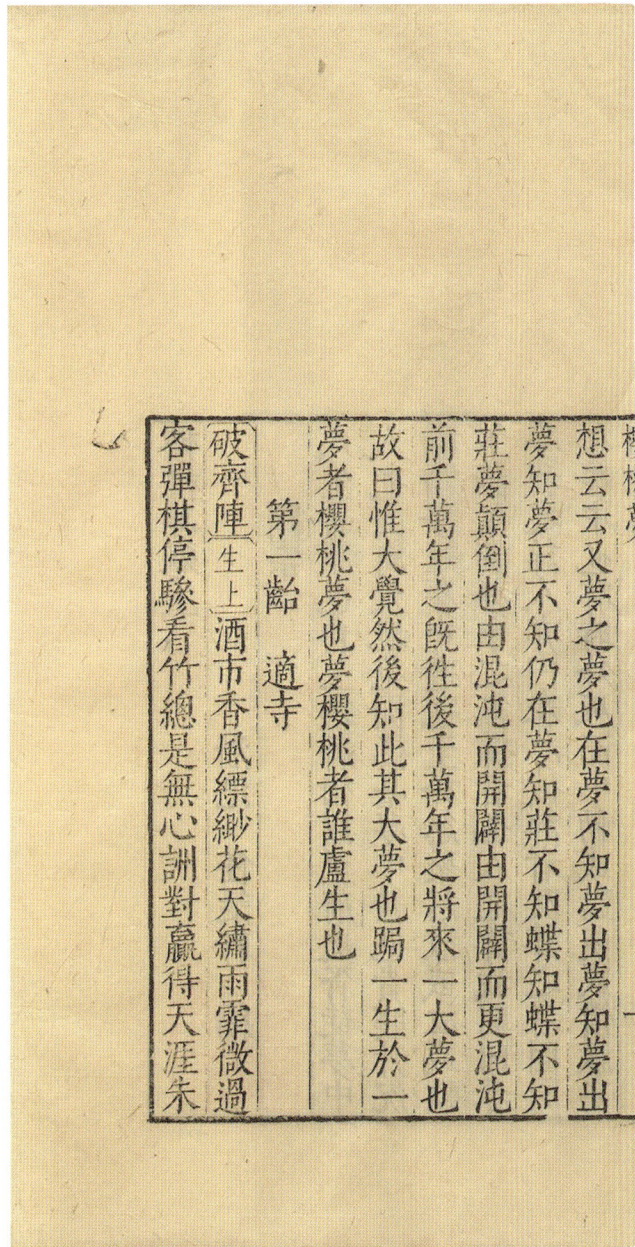

全書分上、下二卷。卷上：適寺、聽講、入夢、謁姑、議親、結婚、獵飲、破嗔、幽期、遣試、覺貪、訪道、游街、報喜、逆旅、迎吠、義激、魍魎、狹邪；卷下：清談、囈語、幻俠、虐戲、召起、慨世、晤仙、惡誚、漁色、送妾、詐傳、互妄、還朝、逐諂、退思、出夢。

《櫻桃像》插圖"隨師"葉 B 面有牌記"萬曆丙辰修玄之季 / 海昌陳氏繪像鏤板"，萬曆丙辰爲萬曆四十四年（1616）。另，插圖"清談"以畫中畫形式鐫有"長洲錢穀寫"字樣。錢穀（1508—1578），字叔寶，號磬室，長洲（今江蘇蘇州）人。除《櫻桃夢》外，亦曾爲多種書籍繪製插圖，如《西廂記考》《盛明雜劇》等。

框高 15.2 厘米，寬 10.9 厘米。半葉九行，行十八字，小字雙行同。眉上小字雙行，行二字，爲正字、正韻、正入聲等内容。白口，四周單邊，無魚尾。鈐"浙東朱遂翔五十以後所見善本""遂翔經眼"等印。國家珍貴古籍名録編號 09568。

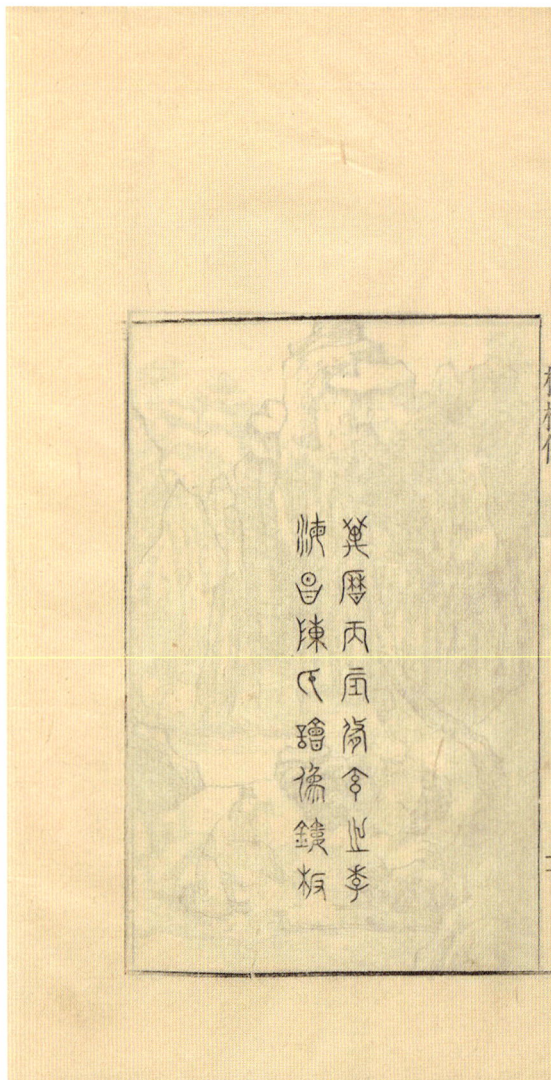

戰國策十二卷

（明）閔齊伋裁注　**元本目錄一卷**　明萬曆四十八年（1620）閔齊伋刻三色套印本

閔齊伋（1580—1662），字及武，號寓五，烏程（今浙江湖州）人。明諸生。明末著名刻書家，與凌濛初齊名。

　　此書閔齊伋裁取《戰國策》歷代各家注文及評語而成，故曰"裁注"。全書有正文夾注及天頭處墨朱藍三色批語，正文圈點用朱藍二色。正文後爲《元本目錄》，收錄三十三卷四百八十六章之元本目錄。

　　框高21.6厘米，寬15.4厘米。半葉九行，行十九字，小字雙行同，白口，四周單邊。無魚尾。鈐"齊伋""閔十二"等印。國家珍貴古籍名錄編號03818。

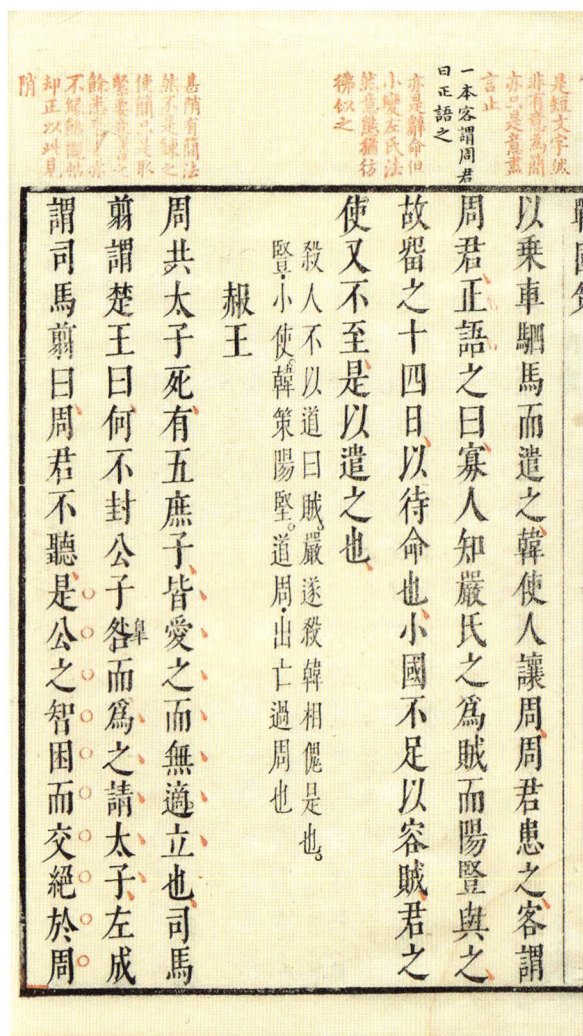

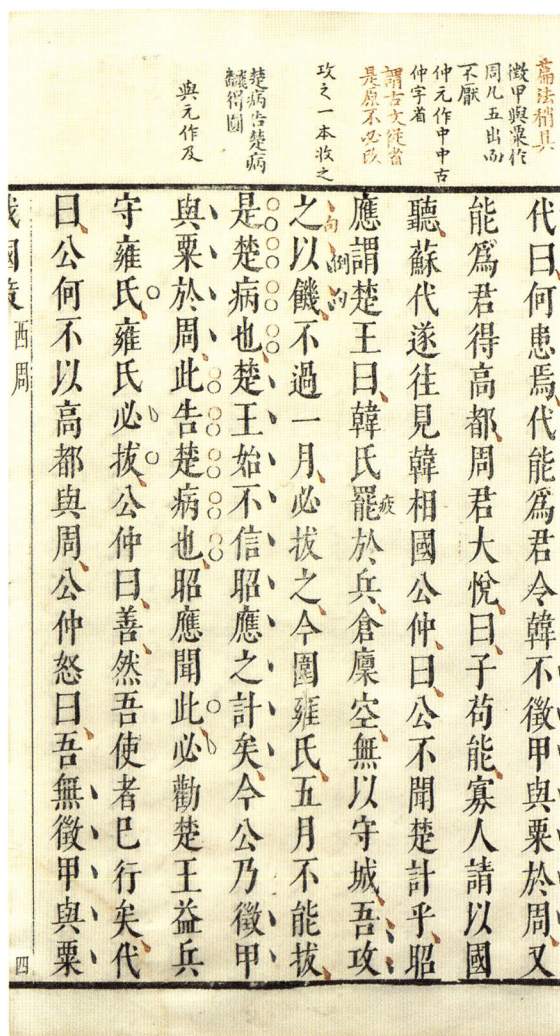

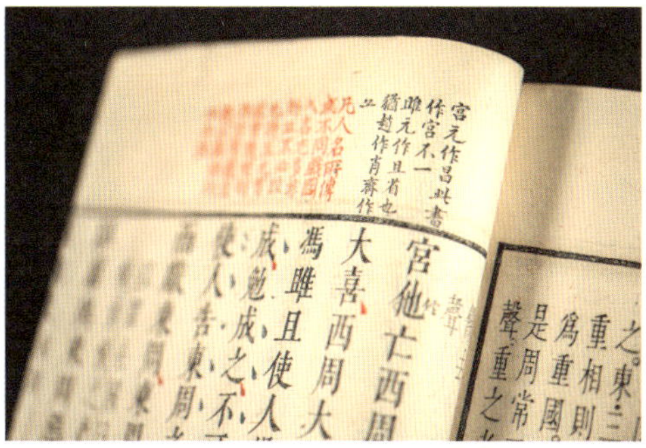

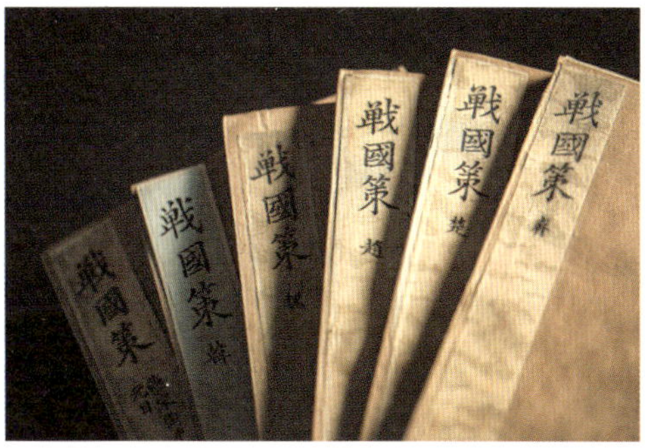
戰國策

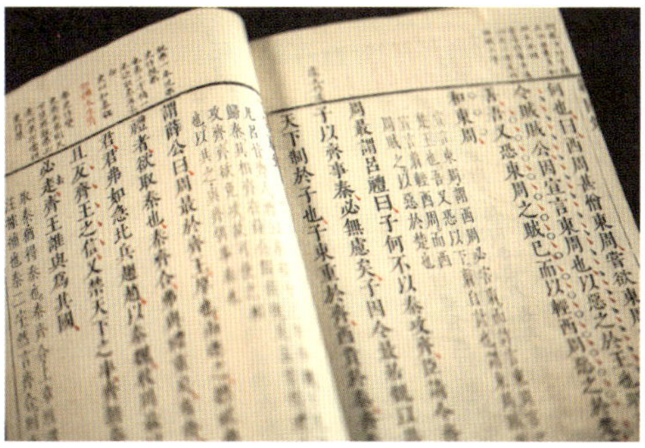

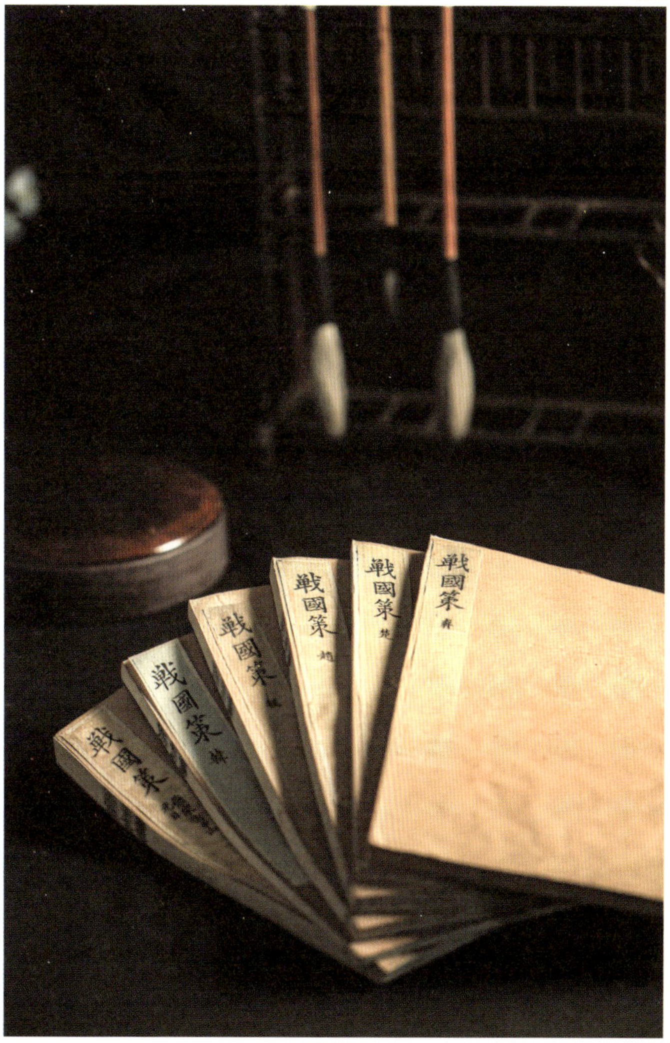
戰國策

樂律全書三十九卷

（明）朱載堉撰　明萬曆鄭藩刻本

朱載堉（1536—1611），字伯勤，號句曲山人、九峰山人。明太祖九世孫，鄭藩第六代世子。謚號端清。

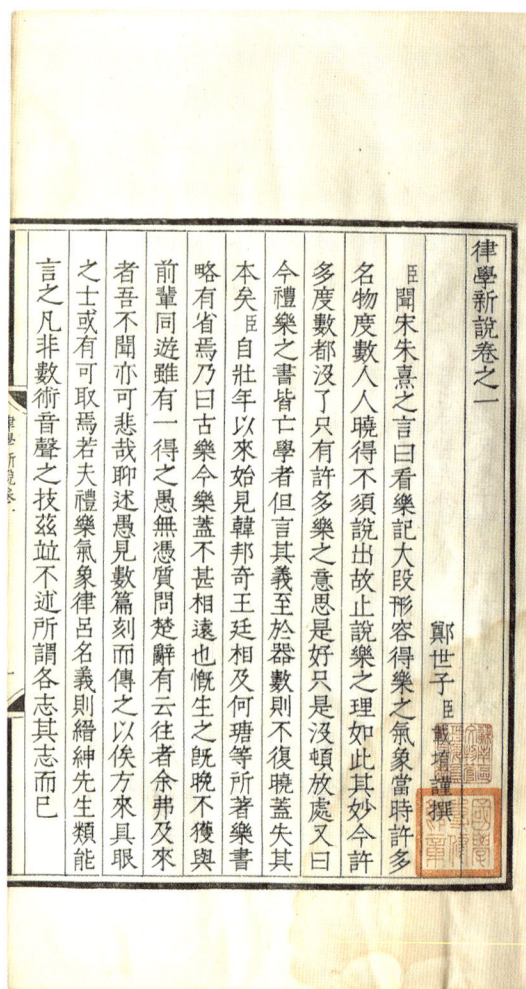

　　是書爲樂舞律曆類綜合論著。正文凡十一種三十九卷：律學新説四卷、樂學新説一卷樂經古文一卷、筭學新説一卷、律呂精義内篇十卷外篇十卷、操縵古樂譜一卷、旋宮合樂譜一卷、鄉飲詩樂譜六卷、六代小舞譜一卷、小舞鄉樂譜一卷、二佾綴兆圖一卷、靈星小舞譜一卷。

　　框高 25.5 厘米，寬 20.2 厘米。半葉十二行，行二十五字，小字雙行同。四周雙邊，上下粗黑口，雙對黑魚尾。鈐"夢鷗仙館""黎陽"印。國家珍貴古籍名録編號 03334。

甘氏印集四卷

（明）甘晹篆刻　明萬曆刻鈐印本

甘晹，生卒年不詳。字旭甫，號寅東，秣陵（今江蘇南京）人。

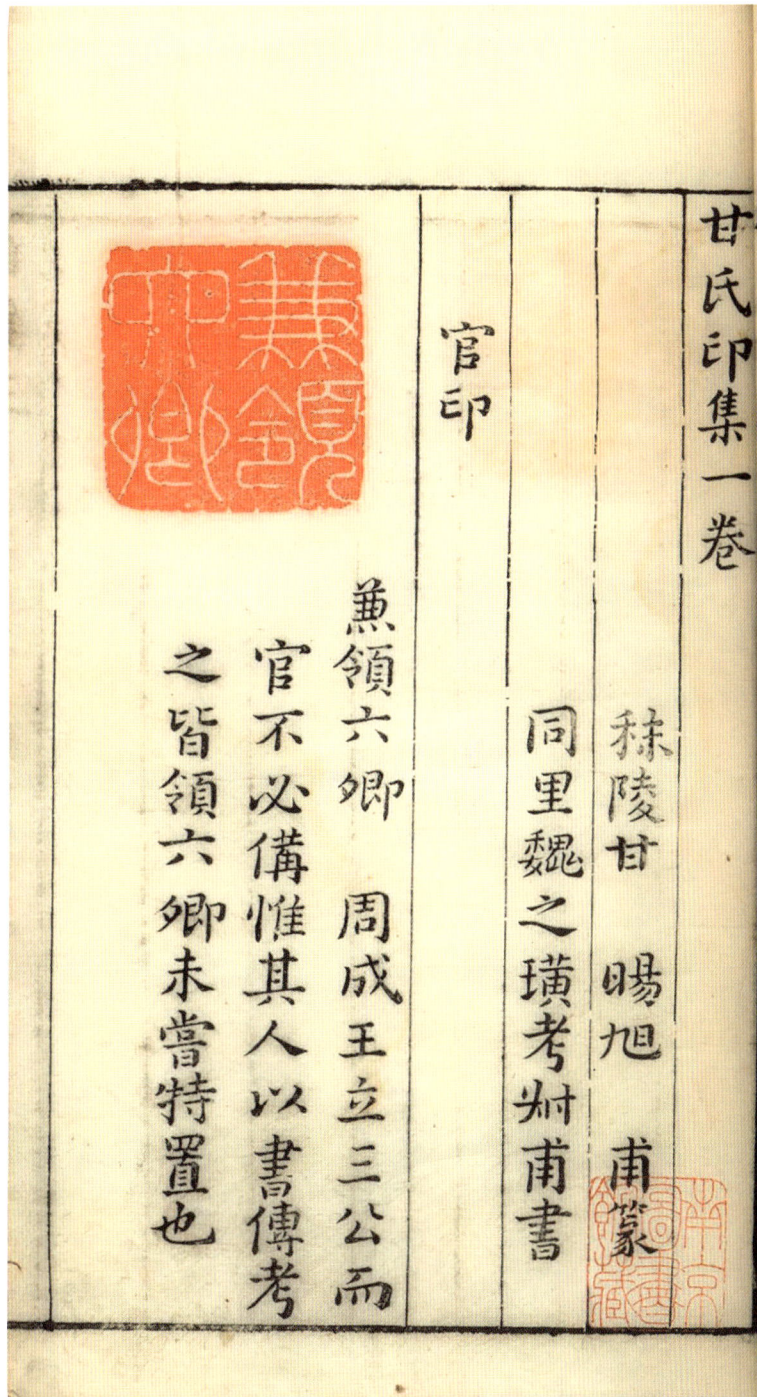

　　甘氏出生官宦之家，少習舉子業，應試不售，遂隱於南京雞籠山，以書刻自娛，游心於此幾三十年。篆書負有盛名，精於刻印，尤好秦漢璽印，爲明萬曆年間著名篆刻家。是書共分四卷：卷一官印，卷二齋堂館閣印，卷三至四名印。前有明許令典撰《甘氏印集叙》及甘暘自序。

　　框高 20.7 厘米，寬 14 厘米。半葉八行，行十八字，四周單邊，白口，無魚尾。鈐"王紹頤印"等印。國家珍貴古籍名録編號 01844。

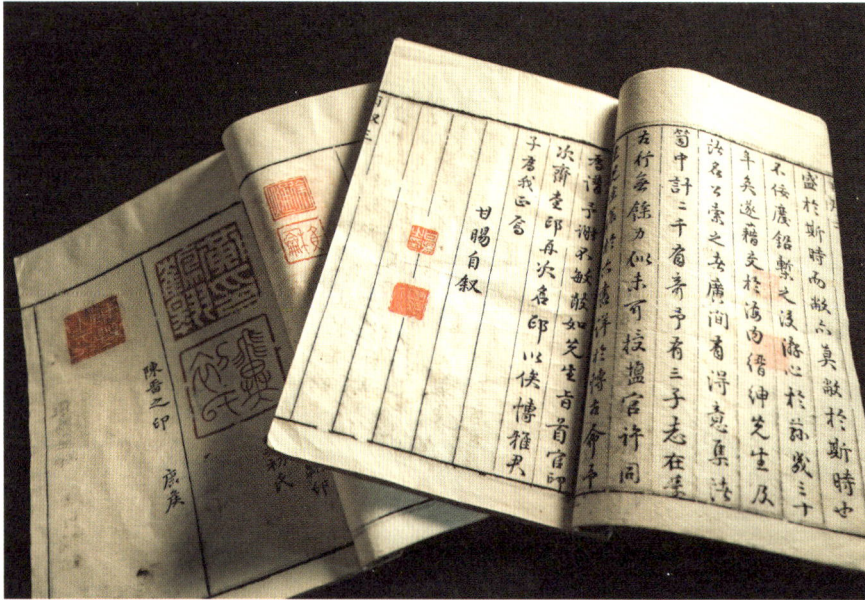

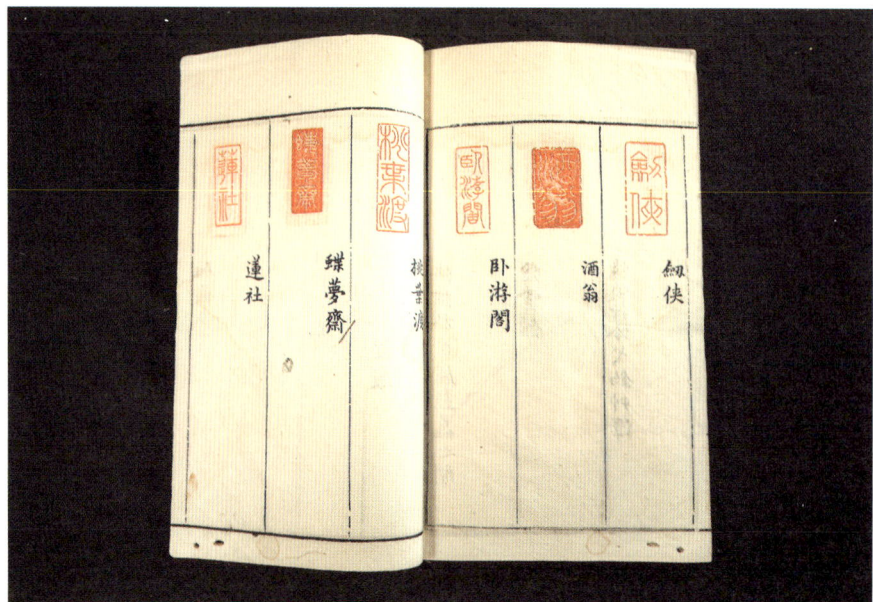

今古輿地圖三卷

（明）吳國輔　沈定之撰　明崇禎十六年（1643）刻朱墨套印本

吳國輔，生卒年不詳，字期生，山陰（今浙江紹興）人。沈定之，生卒年不詳，四明（今浙江寧波）人。

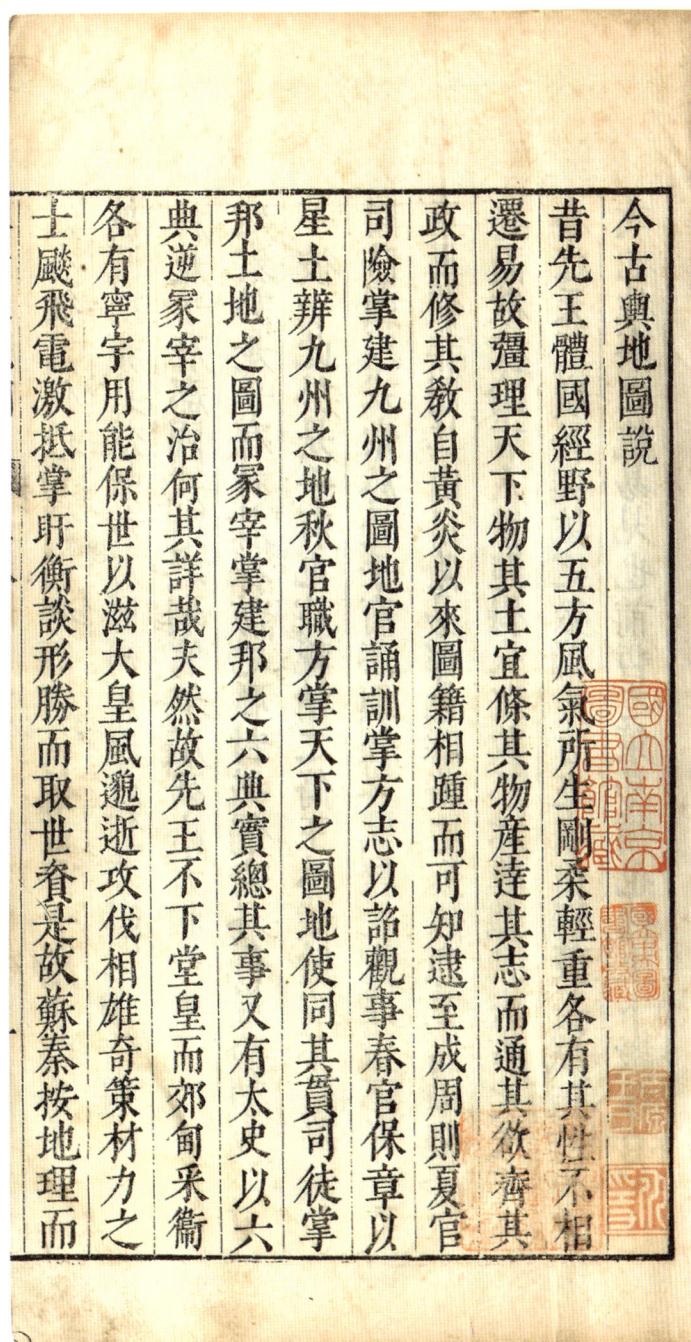

今古輿地圖說

昔先王體國經野以五方風氣所生剛柔輕重各有其性不相
遷易故疆理天下物其土宜條其物産達其志而通其欲齊其
政而修其教自黃炎以來圖籍相踵而可知逮至成周則夏官
司險掌建九州之圖地官誦訓掌方志以詔觀事春官保章以
星土辨九州之地秋官職方掌天下之圖地使同其貫司徒掌
邦土地之圖而冢宰掌建邦之六典實總其事又有太史以六
典逆冢宰之治何其詳哉夫然故先王不下堂皇而郊甸采衞
各有寧宇用能保世以滋大皇風邈逝攻伐相雄奇策材力之
士颷飛電激抵掌聏衡談形勝而取世資是故蘇秦按地理而

今古華夷區域總要圖

　　全書共收地圖五十九幅，前有"今古輿地圖説"，稱"天下弈枰也，彼其離合沿革而不可窮者弈也，而圖則弈之譜也"，申明地圖之重要。正文首列"古華夷區域總要圖"，後爲大明肇造圖、大明萬世一統圖、九邊圖，其後爲歷代地圖。文中多數地圖附有圖説，以説明歷史沿革，所印地圖以墨色明朝地圖爲底，其他時代的疆域、郡縣名稱以朱色套印於墨色底圖之上，以示古今地理的沿革變遷。這也是現存最早朱墨套印歷史地圖。

　　框高 25.1 厘米，寬 16.2 厘米。半葉十行，行二十四字，小字雙行同，四周單邊，白口，上單黑魚尾。鈐"太原王氏"等印。國家珍貴古籍名録編號 04126。

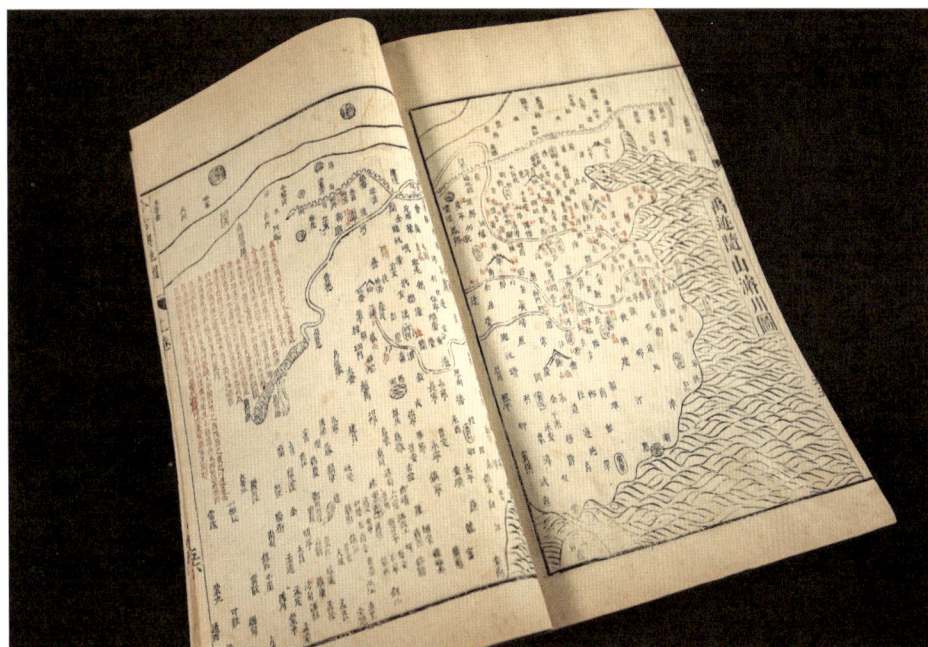

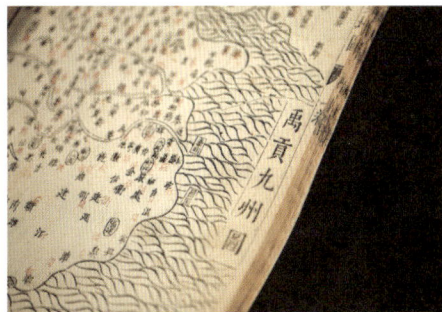

中興實録不分卷

（明）馮夢龍撰　明弘光刻本

馮夢龍（1574—1646），字猶龍、子猶等，號龍子猶、墨憨齋主人等。長洲（今江蘇蘇州）人。

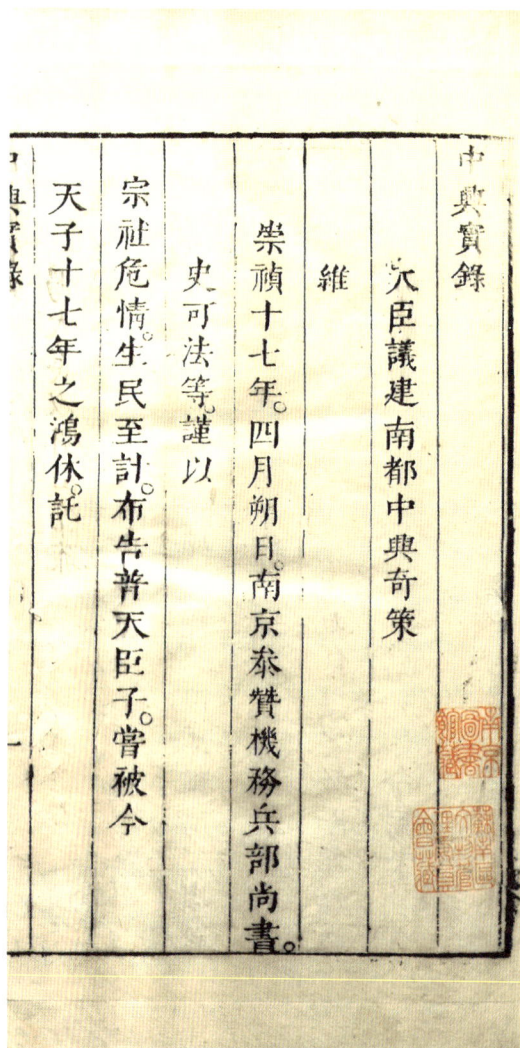

全書不分卷，依次收録史可法《大臣議建中興奇策》、彭汝亨《定中原奇策》、陸炎《上閣部書》、文震亨《功臣迎接福王登極實録》《監國福王詔敕天下廿八款》等有關明末政局的策論。

框高 21.8 厘米，寬 14.1 厘米。半葉七行，行二十一字，小字雙行同，左右雙邊，白口。國家珍貴古籍名録編號 01537。

晏子春秋八卷

明活字印本（目録、卷一第三至五葉、卷七第一至六葉、卷八第二十八至二十九葉、後序配清抄本） 丁丙跋

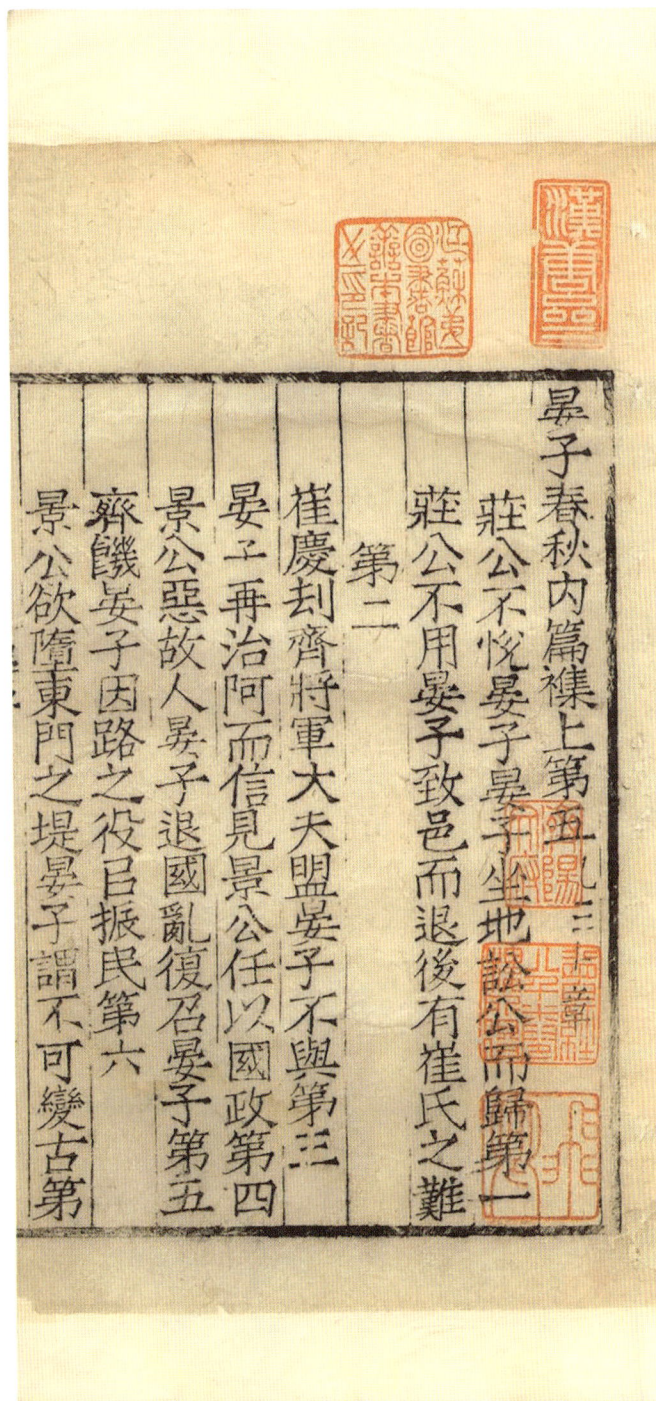

晏子春秋内篇襍上第五

莊公不用晏子晏子坐地訟公而歸第一

莊公不悅晏子晏子致邑而退後有崔氏之難
第二

崔慶刦齊將軍大夫盟晏子不與第三

晏子再治阿而信見景公任以國政第四

景公惡故人晏子退國亂復召晏子第五

齊饑晏子因路之役以振民第六

景公欲隳東門之堤晏子謂不可變古第

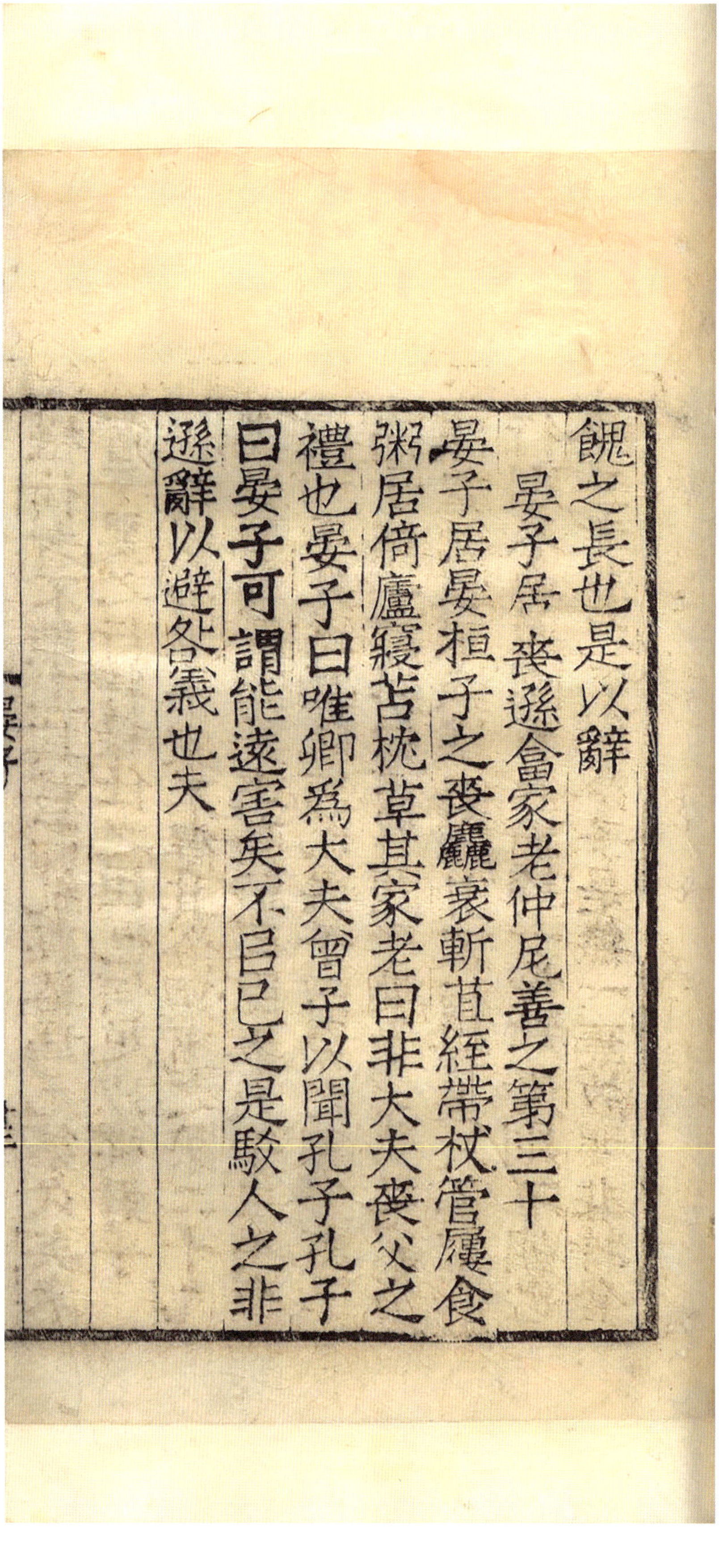

餽之長也是以辭

晏子居喪遜合家老仲尼善之第三十

晏子居晏桓子之喪麤衰斬苴絰帶杖管屨食
粥居倚廬寢苫枕草其家老曰非大夫喪父之
禮也晏子曰唯卿爲大夫曾子以聞孔子孔子
曰晏子可謂能遠害矣不以巳之是駁人之非
遜辭以避咎義也夫

　　此書記録春秋時期齊國政治家晏嬰的言行，表達了晏子的民本思想以及經世致用的主張。正文八卷，分内、外兩篇，内篇又細分諫上第一、諫下第二、問上第三、問下第四、雜上第五、雜下第六；外篇分重而異者第七、不合經術者第八。

　　此明活字本，是明清以來其他各版本的祖本。

　　框高 16.6 厘米，廣 11.7 厘米。半葉九行，行十八字，左右雙邊，白口，單黑魚尾。鈐"讀易小子""古鹽馬氏""善本書室"等印。國家珍貴古籍名録編號 01590。

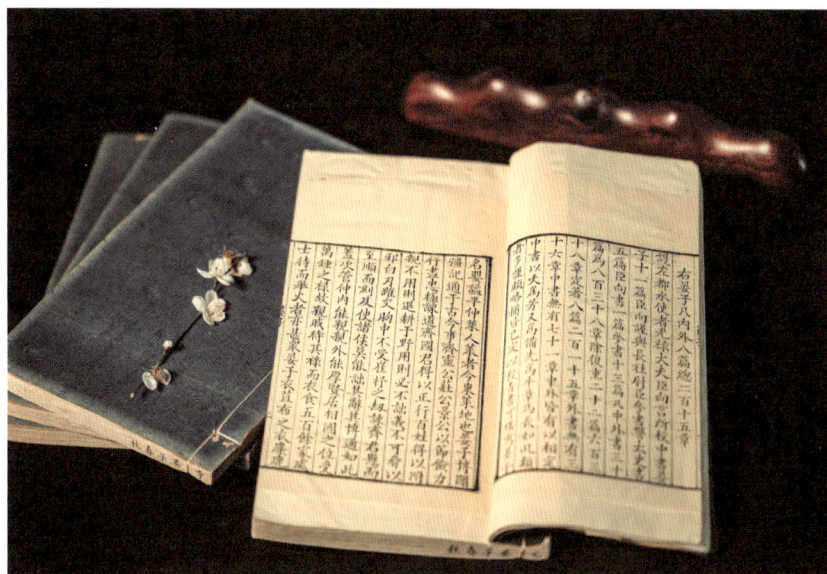

中吳紀聞六卷

（宋）龔明之撰　明末毛氏汲古閣刻本　王芑孫校并跋

龔明之（1090—1182），字希仲，號五休居士。昆山（今屬江蘇蘇州）人。紹興三十年（1160）進士。官至宣教郎。

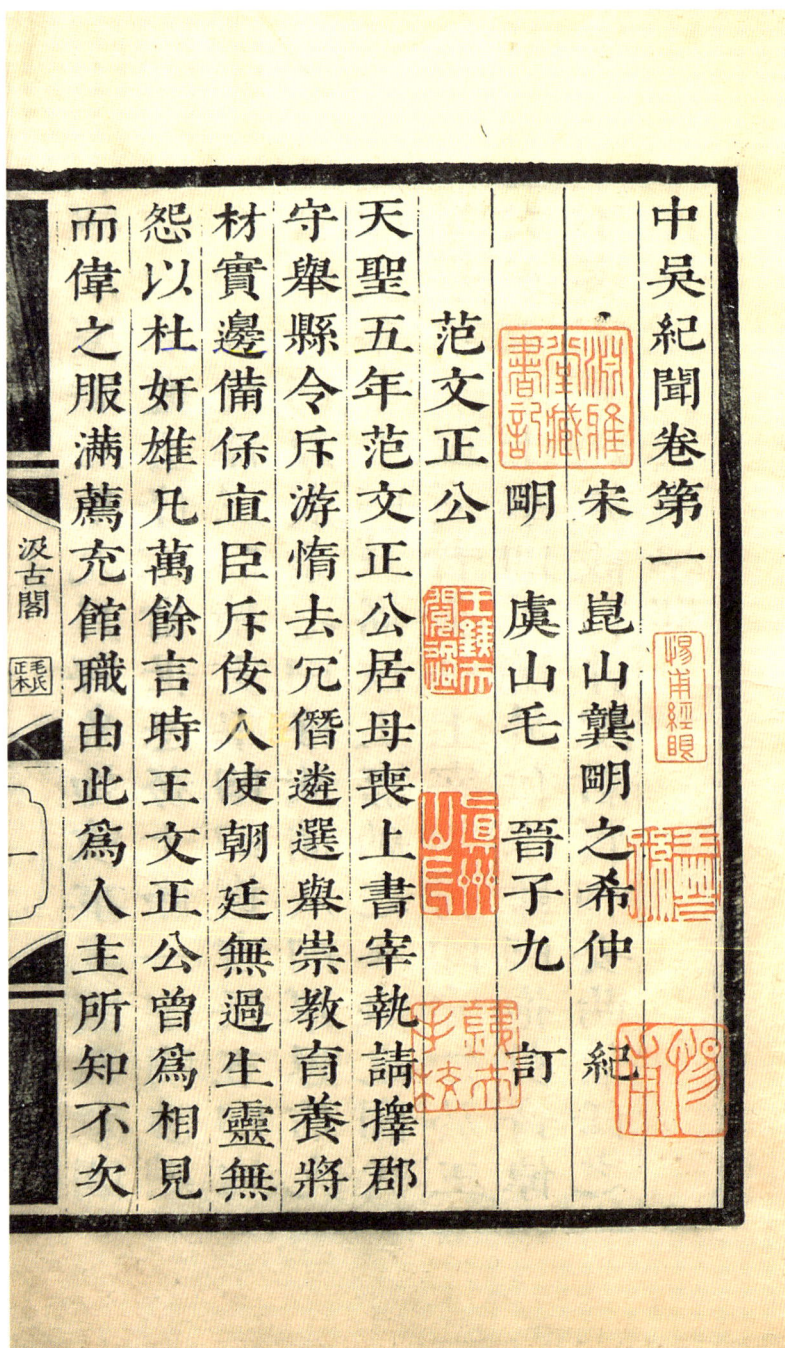

中吳紀聞卷第六
虞山毛晉校刊　男扆再校

教郎致仕仍賜緋衣銀魚時李衡以忠諫
去國年幾八十德望絕人獨以兄事明之
時人高之目為二老明之生平不摘人短
不作貌言每自謂平日受用唯一誠字嘗
附益山谷語以省與儉用號五休居士

明太倉陸容文量菰園雜記云中吳紀聞六卷每
条首題古崑山龔明之淳熙元年自序後有正正二十五年
吾崑置公武記得書来歷及其板正增補大略且云非正
匱留意郡志此書將泯没而無聞矣宏治初崑尹楊子
器翩刻印行玫之宣德間崑山志不載此人近橋公武蘇
州府志貝明之言行甚詳蓋公武之志人物聞有略其邑
里者崑山之孝友潁載馬圭直同津曹楢年皆本之
郡志而明之獨遺之豈不以是歟之稔而欠詳該增
人關其鞋而不志無怪其鞋也記云以俟修邑志者增

文張陸二學士行郡事殿中丞李仲塗先生之
猶子中臺柳兵曹今尚書富郎中十年更八政
仁賢繼志學始大成而□□六經閣又建先時
書籍草剏未暇完葺廚之後廡澤地汙晦日滋
散脫觀者惻然非古人藏象魏拜六經之意至
是富公始與吳邑長洲二大夫以學本之餘錢
僦之市材直公堂之南臨泮池建層屋起夏六
月乙酉止秋八月甲申凡旬有七夾計庸千有
二百作楹十有六棟三架霤八楠三百八十有

公達概是
故爽而不庳酌於道故文而不華經南鄉史西
鄉子集東鄉標之以油素揭之以油黄澤然區
處如蛟龍之鱗麗如日月之在紀不可得而亂
大抵天地之極致皇王之高道生人之紀律盡
在是矣古者聖賢之設教也知函夏之至廣生
齒之至衆不可以頤解耳授故教之有方尊之
有原乃本庠序之風師儒之説始於邦達於鄉
至於室莫不有學烜之以文物聳之以聲名先

葉以呈富
邸中廬不
悝家後擧
葦自改其
首曰云遊
記宗人說
部中載此
一事尝状
言名今起
於此
嘉慶庚午
二月獨于
暢甫識

紀聞卷一　七

是書爲吳地風土掌故筆記，收錄地方宰執郡守、文人名士遺聞逸事、詩文酬對，以及地方名勝古迹、僧道行迹等等，内容廣泛。正文六卷，約二百二十則左右。

框高 20.7 厘米，寬 14.9 厘米。半葉九行，行十八字，小字雙行同，左右雙邊，上下黑口，三黑魚尾。鈐“漚波舫”“王鐵夫閱過”“惕甫”“王印芑孫”“老鐵晚年書”“淵雅堂藏書記”“金星軺藏書印”“文瑞樓”等印。國家珍貴古籍名録編號 11676。

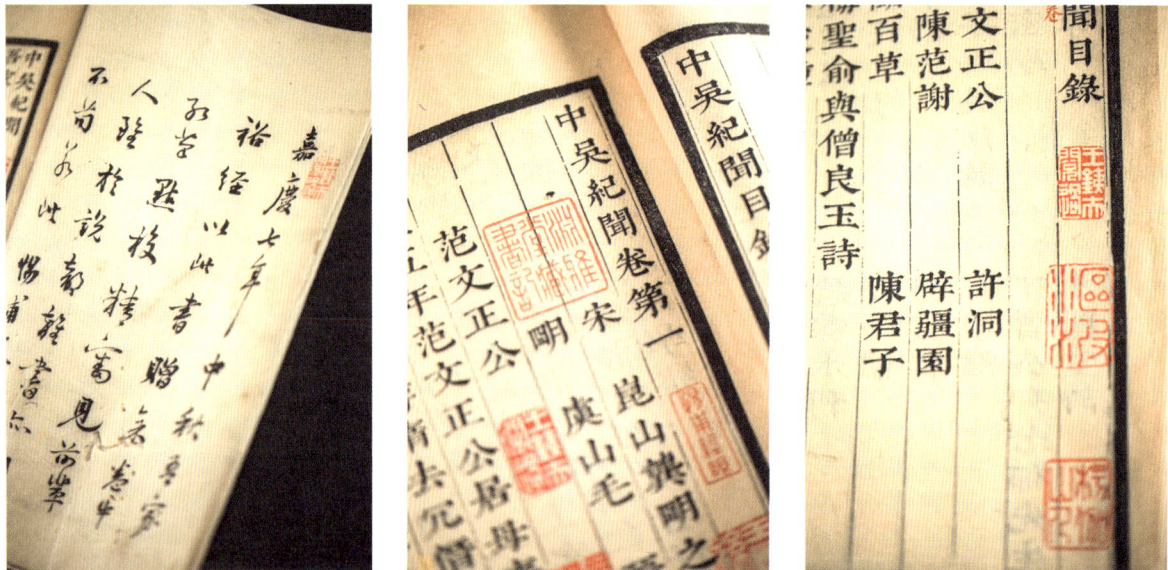

雲溪友議三卷

（唐）范攄撰　明刻本　顧廣圻、丁丙跋

范攄，生卒年不詳，約唐僖宗乾符年間人，自號五雲溪人。

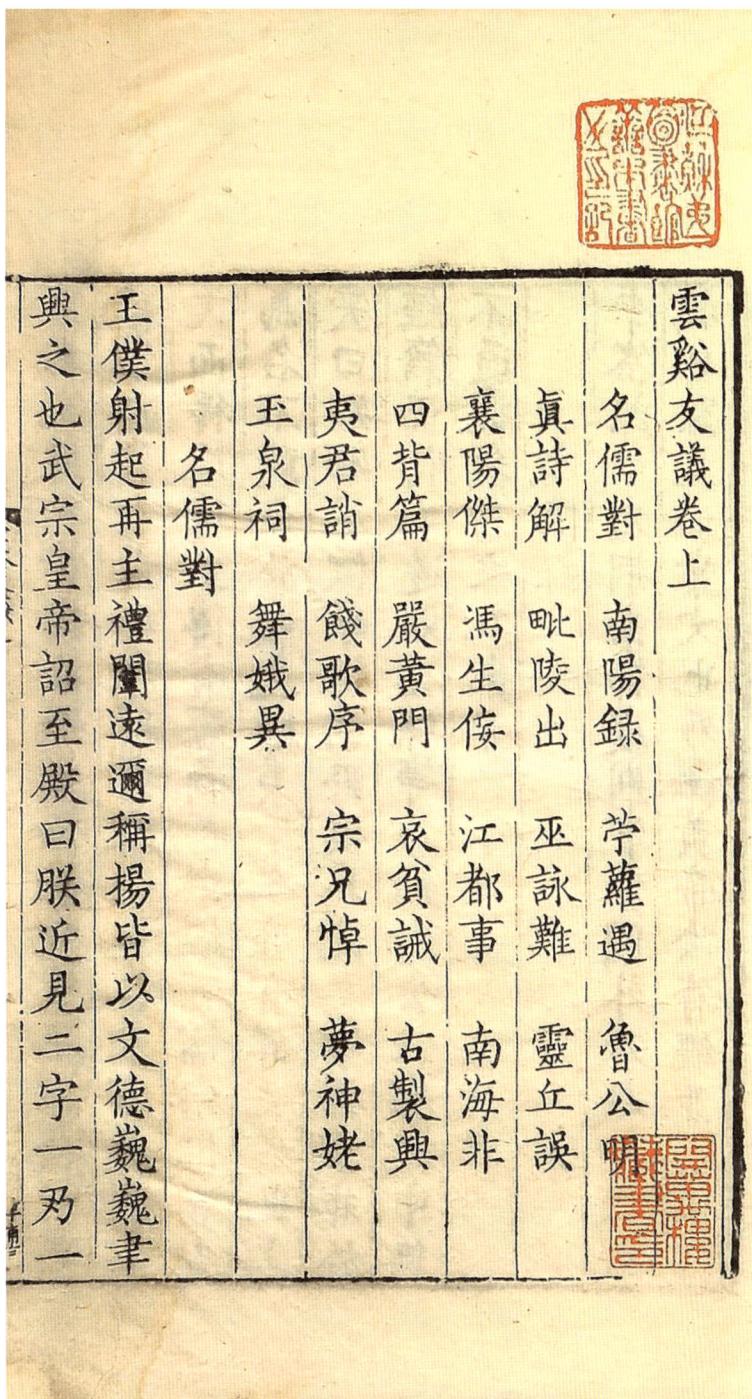

全書共記事六十五條，每事以三字爲題，主要記載中晚唐遺文軼事，着重記敘詩人之間的交往唱和。

框高 18.2 厘米，寬 13.8 厘米。半葉十行，行十九字，小字雙行同。左右雙邊，白口，單魚尾。鈐"開萬樓藏書印""八千卷樓珍藏善本""松生"等印。國家珍貴古籍名錄編號 11789。

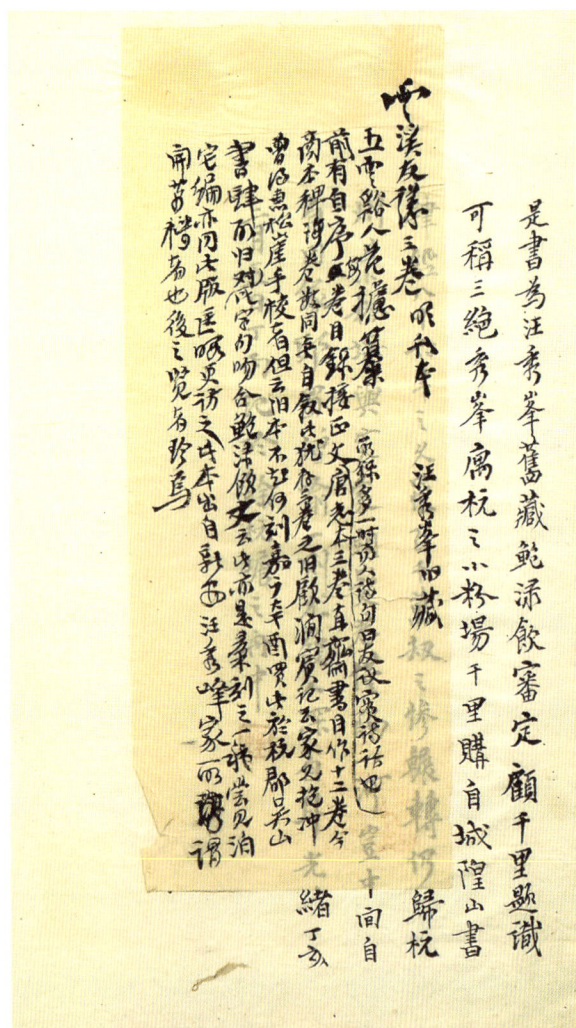

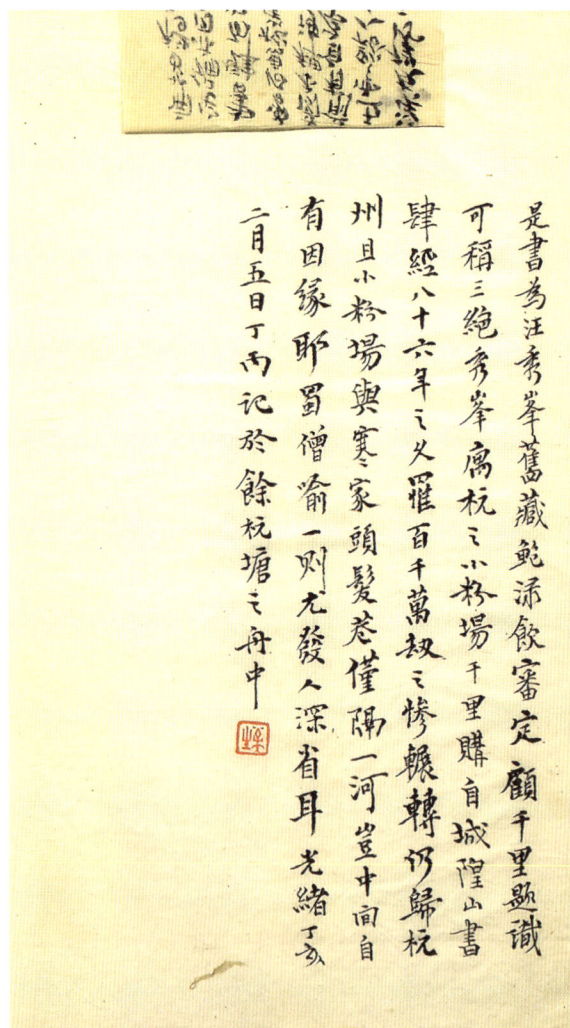

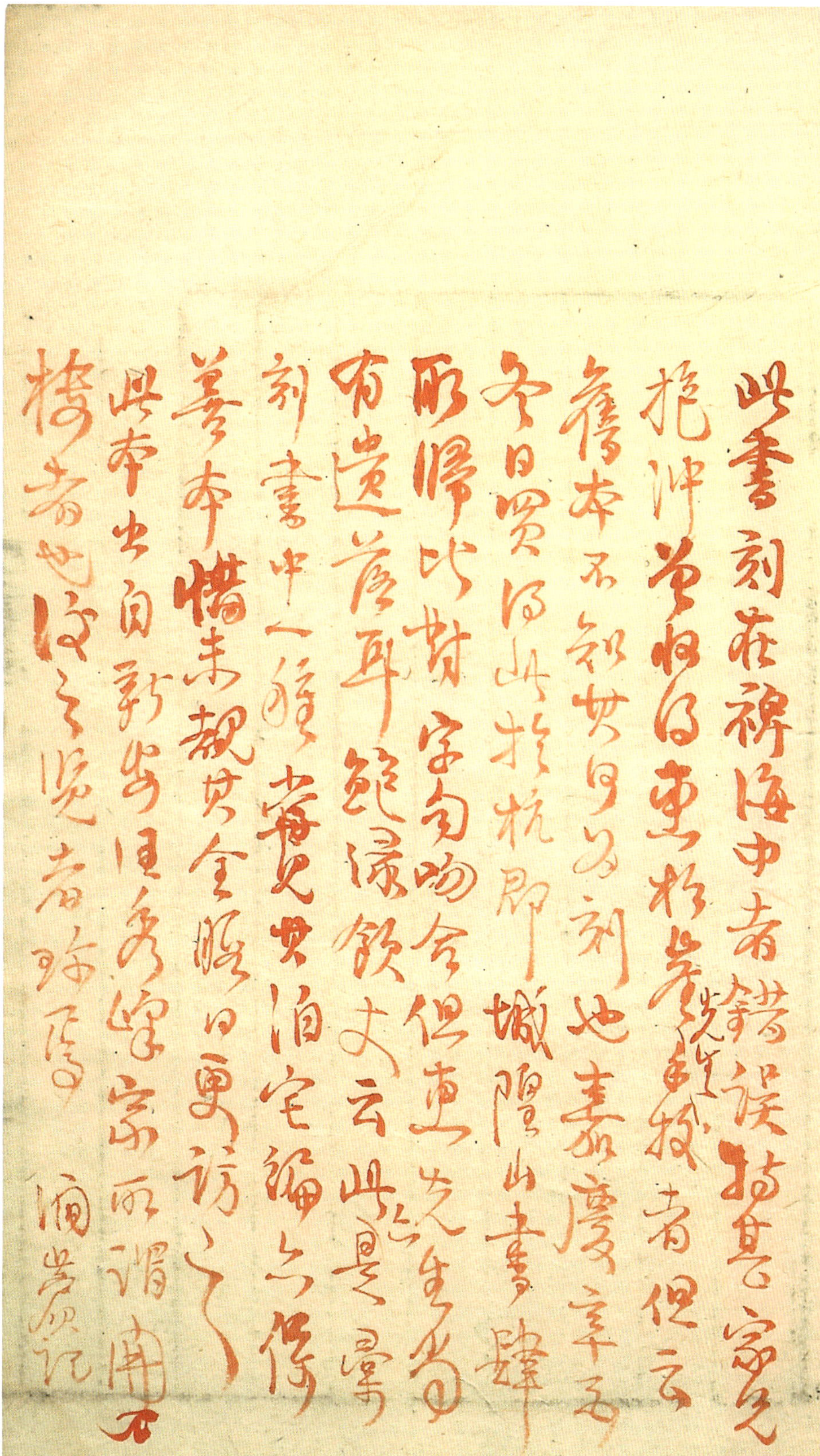

此書刻在褚海中有錯誤極其宇句

抱沖兄相曰重校盖先生校青但云

舊本不知如旦分刻地嘉慶辛亥

予曰賈日此於杭即城隍山書肆

彤得此財宇句吻合但連先生每

有遺憾耳絕綠領丈云此是曇

刻書中一種曹文貞泊宅編之保

善本惜未覩其全照日更訪之

此本出自新安且多臧宗所謂庸

榜者也恨之晚耳時辟涧堂誌

周易本義十二卷易圖一卷五贊一卷

（宋）朱熹撰　明刻本　朱彝尊、顧廣譽、丁丙跋

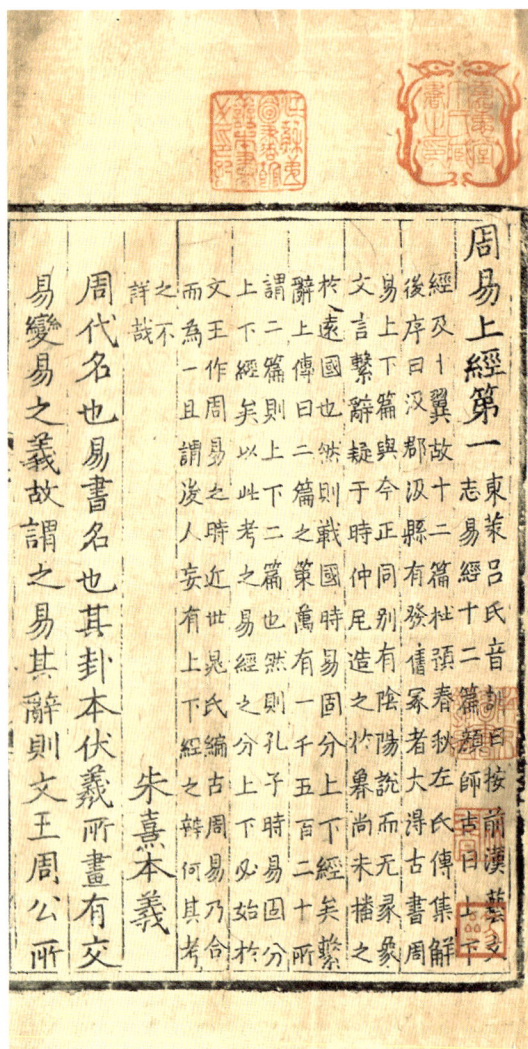

　　是書乃朱熹在《程氏易傳》基礎上，吸納并糅合道家及象數等派之説，賦予《周易》更全面的解讀。前列周易圖説，正文爲經文二卷、傳文十卷，後附五贊（原象、述旨、明筮、稽類、警學）。

　　框高 20.9 厘米，寬 13.8 厘米。半葉九行，行十八或二十字，小字雙行同。上下黑口，四周雙邊，雙對魚尾。鈐"紅藥山房收藏私印""漢唐厾""八千卷樓藏書印"等印。國家珍貴古籍名録編號 03216。

離騷圖不分卷

（清）蕭雲從繪并注　清初刻本

蕭雲從（1596—1673），原名蕭龍，字尺木，號默思，又號于湖老人、無悶道人，蕪湖（今屬安徽）人。新安畫派支流姑蘇派創始人。

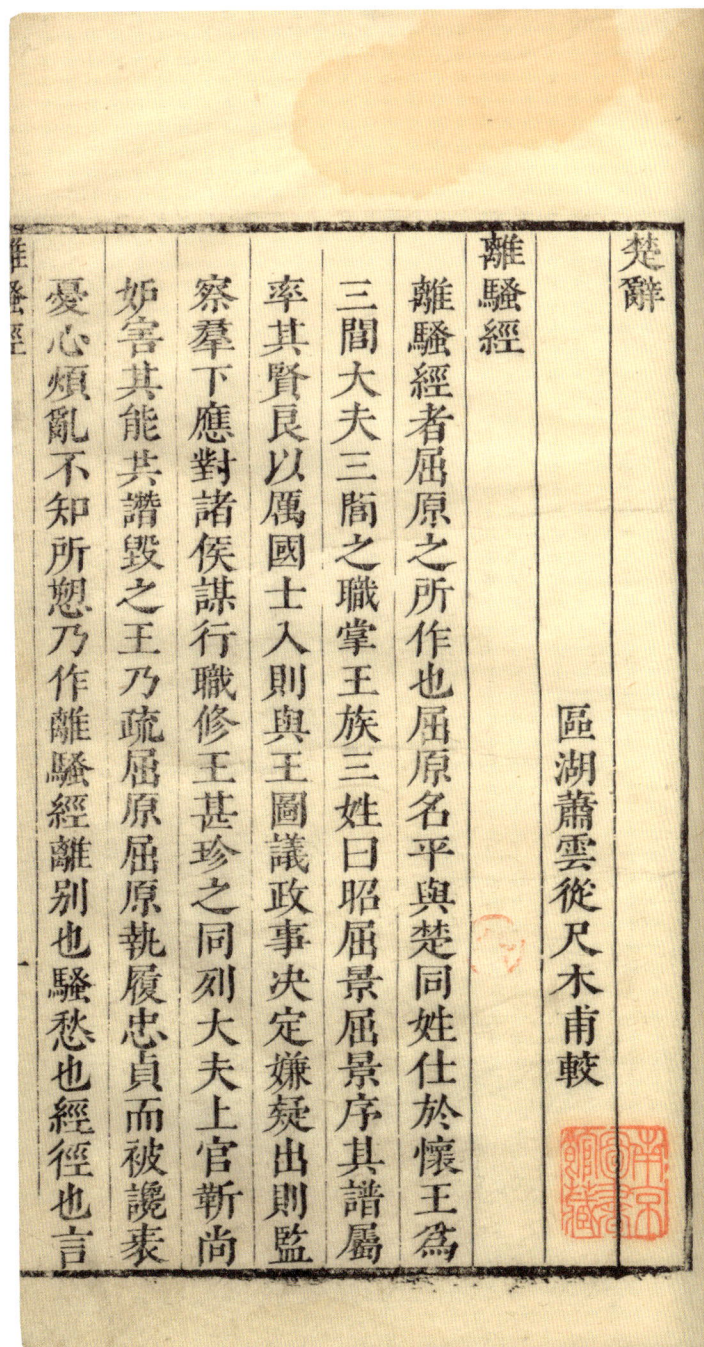

楚辭

離騷經

蕪湖蕭雲從尺木甫較

離騷經者屈原之所作也屈原名平與楚同姓仕於懷王爲
三閭大夫三閭之職掌王族三姓曰昭屈景屈景序其譜屬
率其賢良以厲國士入則與王圖議政事決定嫌疑出則監
察羣下應對諸侯謀行職修王甚珍之同列大夫上官靳尚
妒害其能共讒毀之王乃疏屈原屈原執履忠貞而被讒表
憂心煩亂不知所愬乃作離騷經離別也騷愁也經徑也言

三閭大夫
卜居横夕

　　蕭氏善畫山水，然《離騷圖》以人物爲主。是書凡六十四圖，包括《九歌》九圖、《天問》五十四圖、《三閭大夫卜居漁父》一圖。此前畫家作《九歌圖》者多，蕭雲從乃首位爲《天問》作圖者。

　　牌記"蕭尺木先生手授圖畫 / 離騷 / 湯復上繡梓"。

　　框高 18.3 厘米，寬 12 厘米。半葉九行，行二十四字，小字雙行同，四周單邊，白口。鈐"鎦春生印"印。國家珍貴古籍名録編號 02003。

南雷文定前集十一卷後集四卷

（清）黄宗羲撰　**附録一卷**　清康熙二十七年（1688）靳治荆刻本　王芑孫批并跋　欽嘉枚
批校　江文煒題記

黄宗羲（1610—1695），字太冲，一字德冰，號南雷，別號梨洲老人、梨洲山人、古藏室史臣等，
學者稱梨洲先生。浙江餘姚人。明末清初經學家、史學家、思想家、地理學家、天文曆算學家、
教育家。

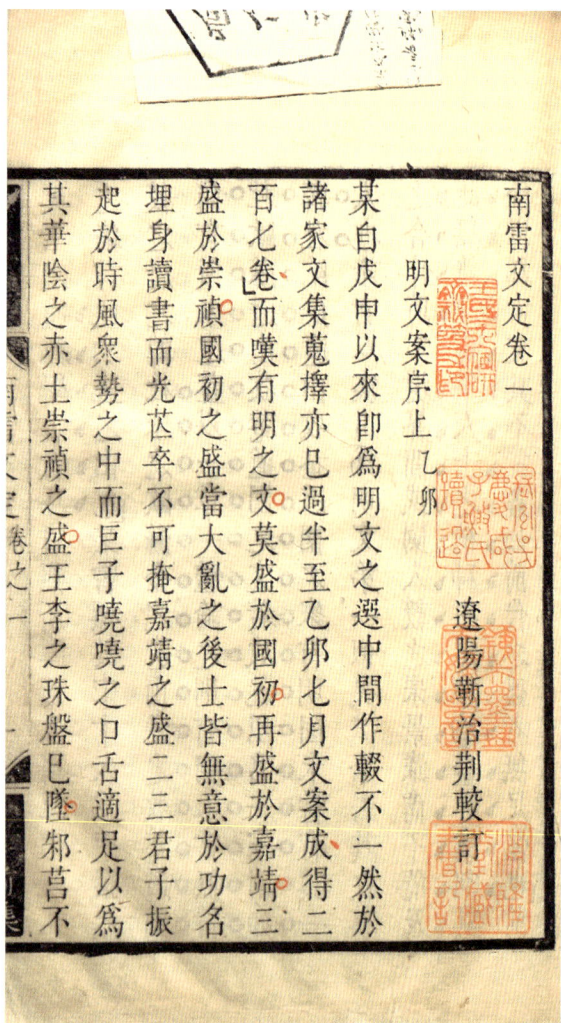

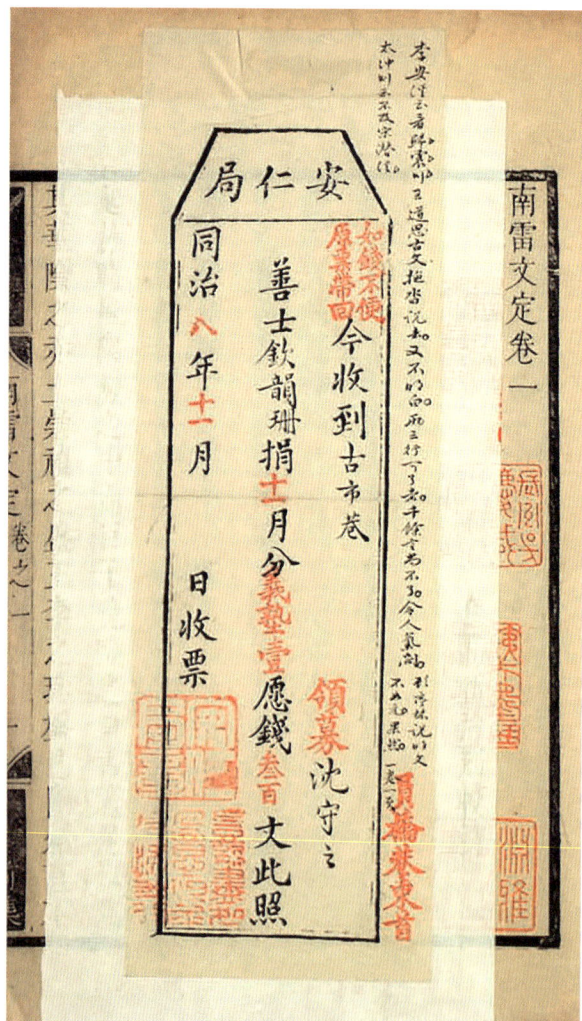

　　書分前後二集。前集十一卷，爲序、記、答、神道碑、墓誌銘、行狀、傳、雜著。後集四卷，爲序、記、墓誌銘、傳等。書中多處有夾條。

　　框高19.3厘米，寬14.1厘米。半葉十行，行二十字。四周單邊，上下粗黑口，雙對黑魚尾。鈐"苕孫審定""鐵夫""鐵夫墨琴夫婦印記""王氏二十八宿研齋秘笈之印""淵雅堂藏書記"等印。國家珍貴古籍名錄編號12004。

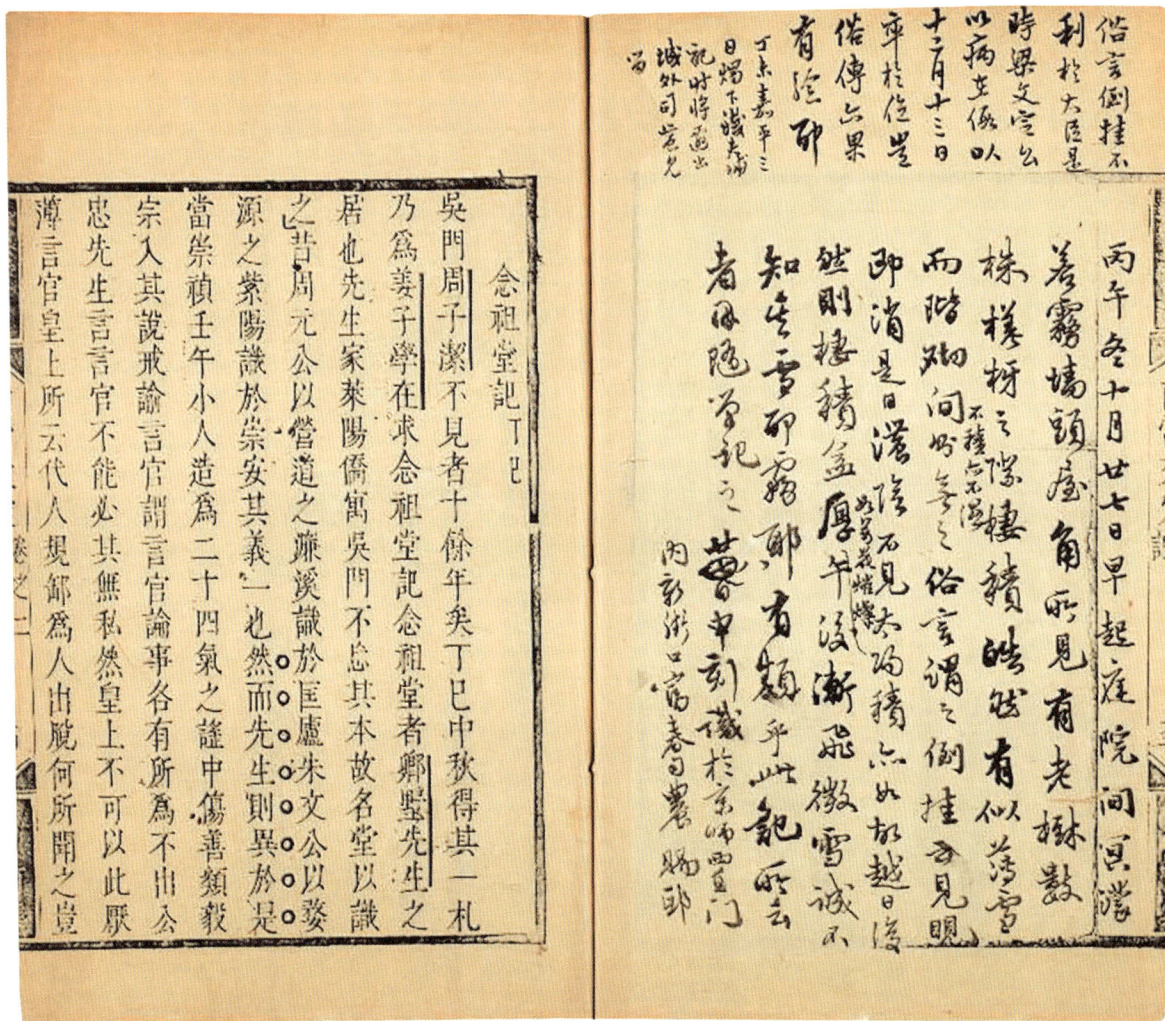

史通訓故補二十卷

（清）黃叔琳撰　清乾隆十二年（1747）黃氏養素堂刻本　盧文弨校跋并録馮舒、錢曾、何焯校　丁丙跋

黃叔琳（1672—1756），字崑圃，順天大興（今屬北京）人。

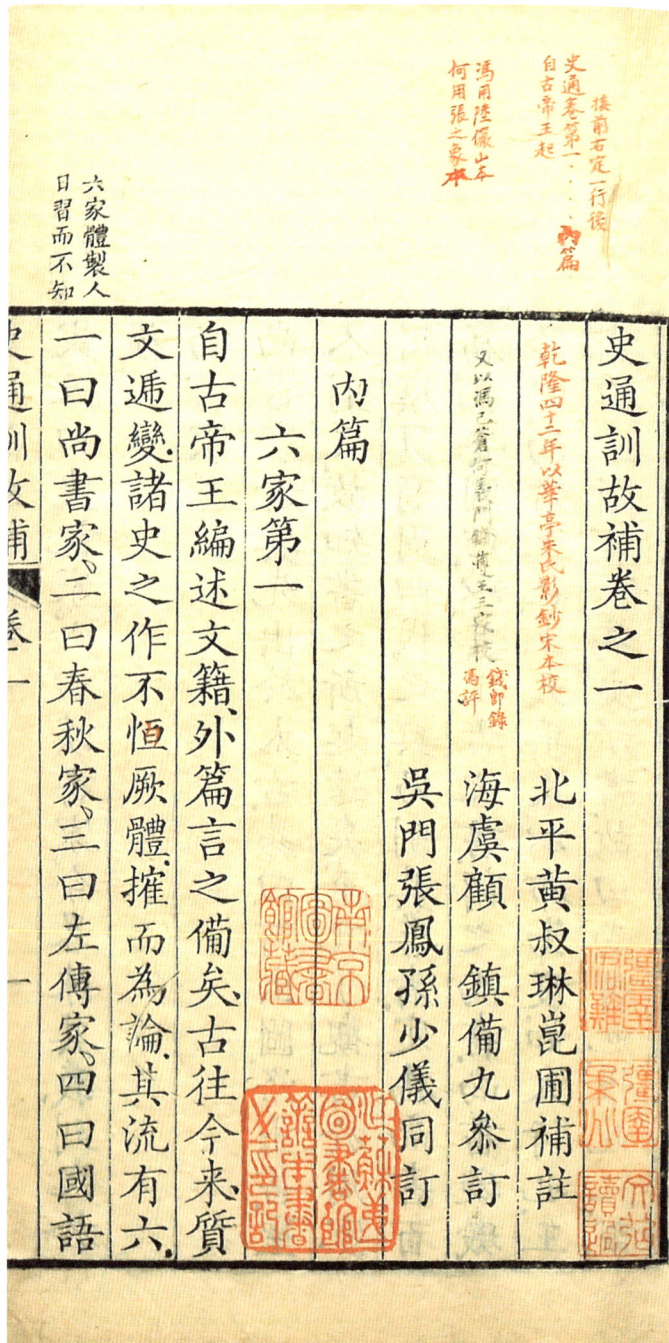

　　《四庫提要》云，是書與浦起龍《史通通釋》同時而成，浦本注釋精核，然好改原文，此本注釋不及浦本，而不甚改簒，猶屬謹嚴。

　　框高 15.6 厘米，寬 11.2 厘米。半葉九行，行十九字、小字雙行同，左右雙邊，白口，單黑魚尾。天頭刻小字。鈐"數間草堂藏書""抱經堂校定本""盧文弨字紹弓""文弨讀過""弓父""嘉惠堂藏閱書""八千卷樓珍藏善本"等印。國家珍貴古籍名録編號 10362。

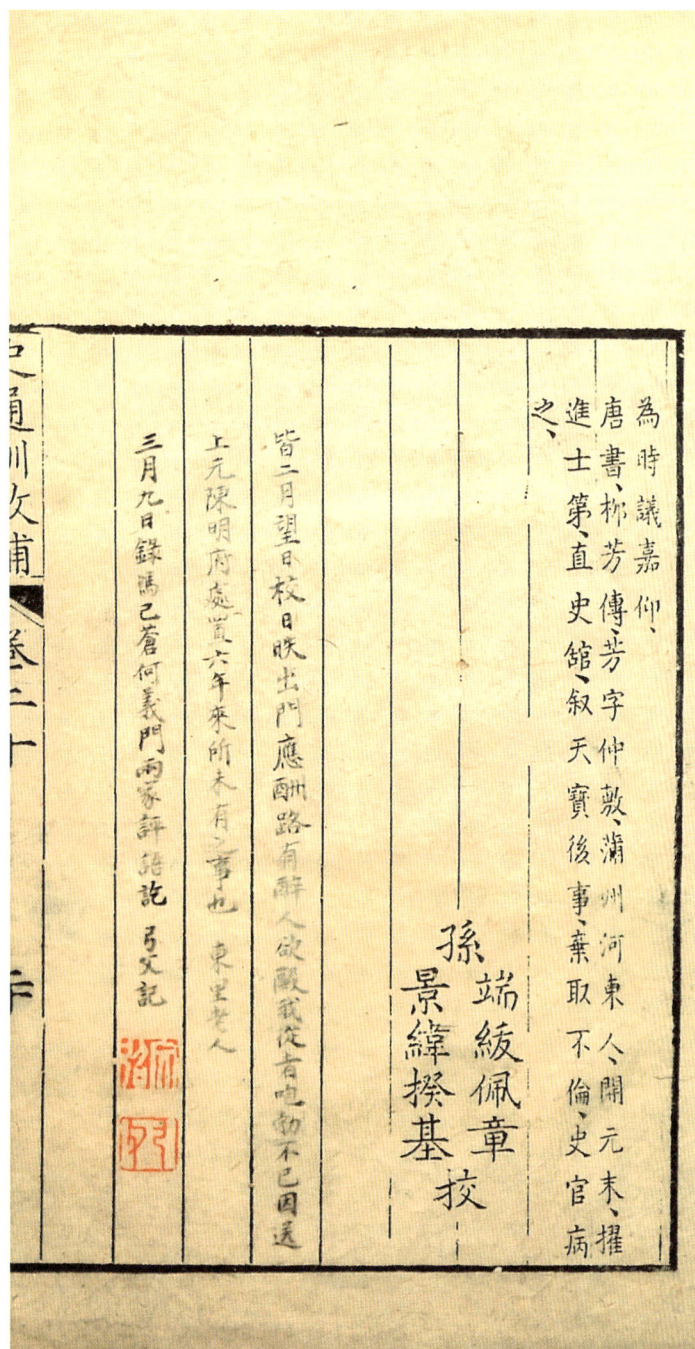

西清古鑑四十卷錢録十六卷

（清）梁詩正　蔣溥等纂修　清乾隆十六年（1751）武英殿刻本

梁詩正（1696—1763），字養仲，錢塘（今屬浙江杭州）人。乾隆間仕至東閣大學士兼吏部尚書。

蔣溥（1708—1761），字質甫，常熟（今屬江蘇）人，官至東閣大學士。

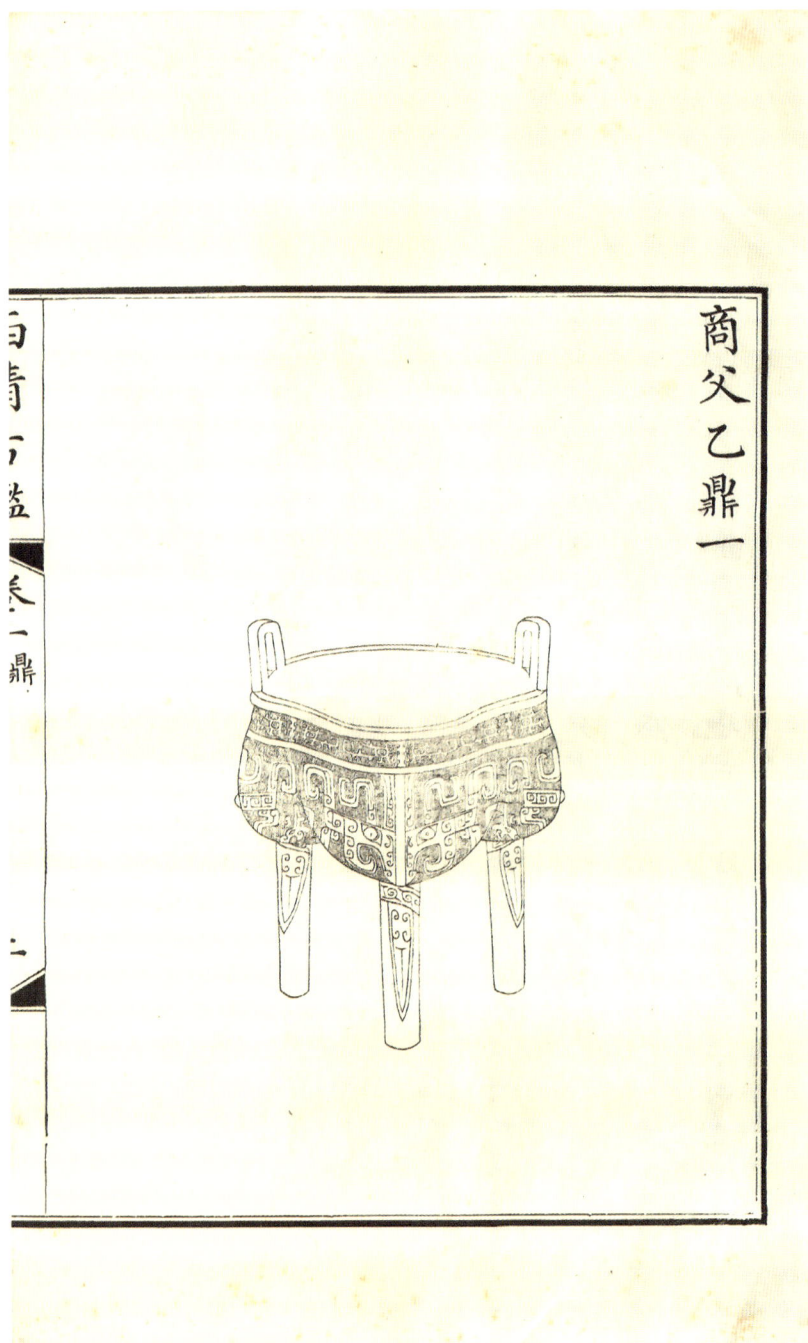

此書著録清宮所藏古代銅器一千餘件，如鼎、尊、卣、爵、書鎮、儀器、錶座、簠、簋、豆等，每器繪製一圖，圖後繫説。繪圖精審，著録詳明。《錢録》則共收録歷代錢幣五百餘種。其考證取衆家之説，并糾謬釋疑，對後世青銅器研究頗有影響。

框高 28.6 厘米，寬 22.7 厘米。半葉十行，行十八字，四周雙邊，白口，雙魚尾。鈐"乾隆御覽之寶""避暑山莊"等印。國家珍貴古籍名録編號 08161。

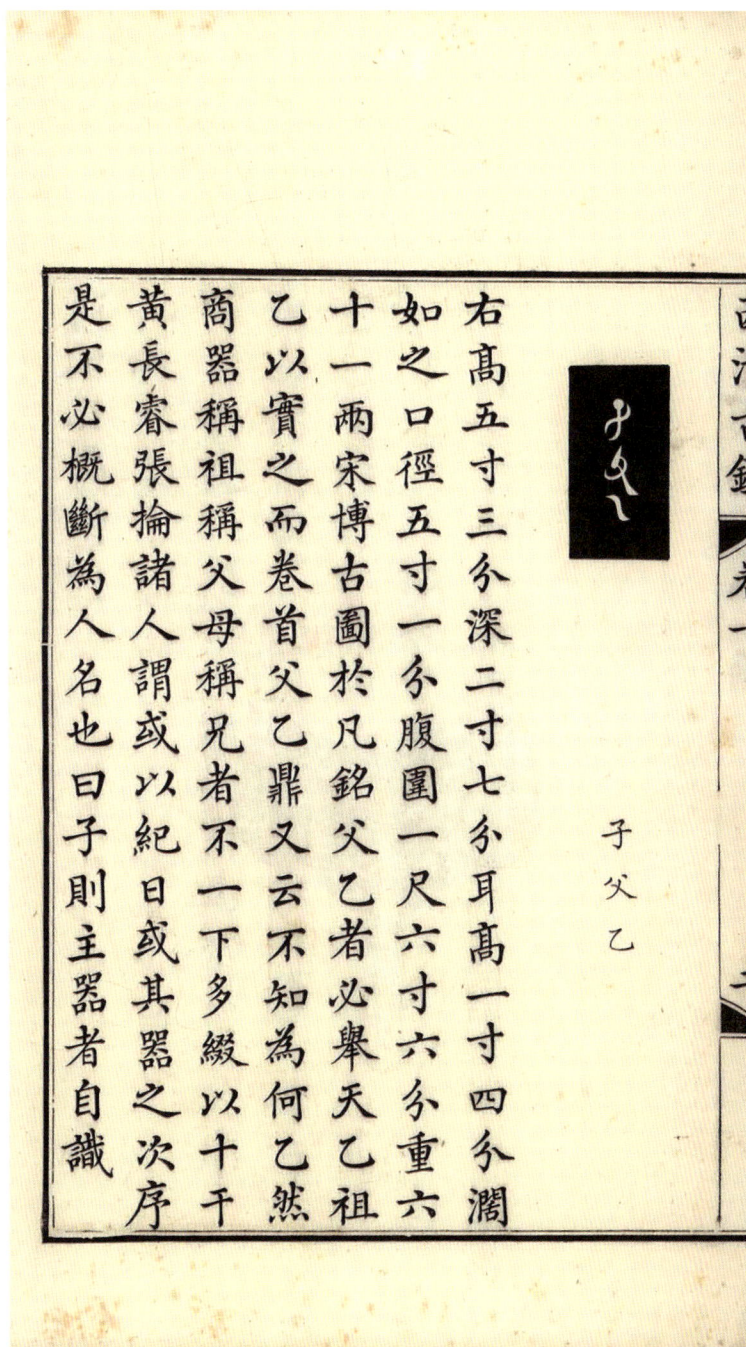

是不必概斷為人名也曰子則主器者自識
黃長睿張掄諸人謂或以紀日或其器之次序
商器稱祖稱父母稱兄者不一下多綴以十干
乙以實之而卷首父乙鼎又云不知為何乙然
十一兩宋博古圖於凡銘父乙者必舉天乙祖
如之口徑五寸一分腹圍一尺六寸六分重六
右高五寸三分深二寸七分耳高一寸四分闊

子父乙

金陵瑣事四卷

（明）周暉撰　清乾隆四十年（1775）張濚活字印本

周暉（1546—？），卒年八十餘，字吉甫，號漫士，又號鳴巖山人，上元（今屬江蘇南京）人。隱居不仕，早年與朱之蕃等結白門詩社，博古洽聞，多識往事。有詩集《幽草齋集》（已佚）、曲論《周氏曲品》等。

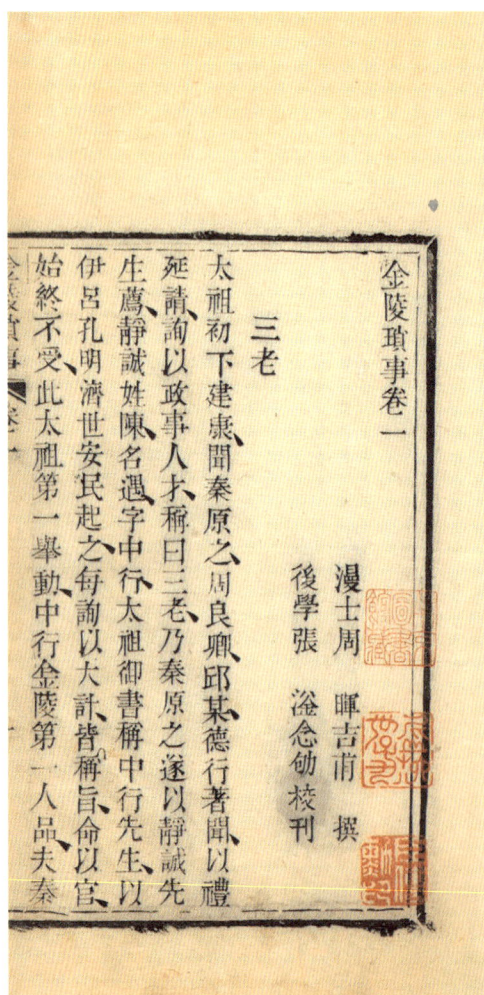

　　正文分四卷，專記明初以來金陵掌故。內容上涉國朝典故、名人軼事、先哲嘉言，下及街談巷議、民風瑣聞等。所記信而有徵，如海瑞事迹、倭寇犯南京等皆可補正史之缺。

　　框高 17.2 厘米，寬 11.1 厘米。半葉九行，行二十一字，四周雙邊，白口，上單黑魚尾。鈐"臣傅勳印"。國家珍貴古籍名錄編號 04178。

説文解字繫傳四十卷

（南唐）徐鍇撰　**附録一卷**　清乾隆四十七年（1782）汪啓淑刻本　盧文弨、汪啓淑、梁同
書校　丁丙跋

徐鍇（920—974），字楚金，廣陵（今江蘇揚州）人。徐鉉之弟，世稱"小徐"。仕南唐，纍
官至右内史舍人。精小學，擅篆書。

正文分別爲通釋、叙目、部叙、通論、袪妄、類聚、錯綜、疑義、繫述。

框高 20.1 厘米，寬 15.4 厘米。半葉七行，行字不等，小字雙行二十一字。左右雙邊，上下黑口，單黑魚尾。鈐"盧文弨""弓父手校""元照之印""四庫著録""八千卷樓""嘉惠堂丁氏藏書記""善本書室"等印。國家珍貴古籍名録編號 11531。

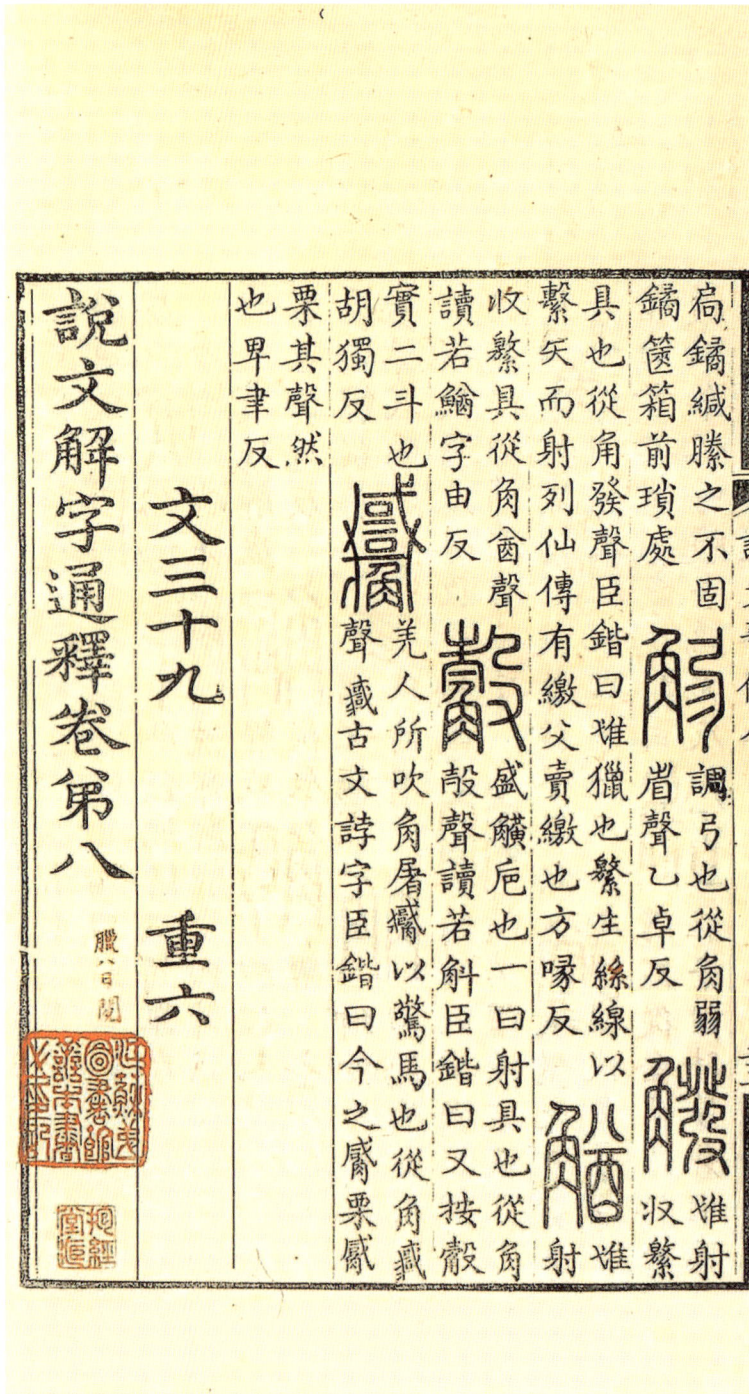

地名也从邑如聲除反 地名也从邑丑聲女有反 地名也从邑叕聲熱反

地名也从邑翕聲臣鍇曰今作歙縣也忻急反 地名从邑嬰聲伊請反 地名也从邑尚聲邑求聲

謹美反 聲澄沉反

慶柔反 地名从邑叕聲臣鍇按杜預紀地則春秋蓼國宇里皚疑此地名也从邑參聲臣鍇曰今作

反 庫聲鹿孫反 地名也从邑屯聲厚聲忽五反

東莞臨胸縣東南鄡城胆并反 地名也从邑盍聲居危反 地名也从邑舍

地名縣从邑羿聲臣鍇曰 地名也从邑火聲呼条反

邑乾聲 地名从邑則聲侯臘反

邑冐聲 地名也从邑盡聲安反 地名从邑

邑几聲

文一百八十二　重六

說文解字注三十卷

（清）段玉裁撰　清乾隆嘉慶間段氏經韵樓刻本　翁同書批并跋　存十九卷（一、三至二十）

段玉裁（1735—1815），字若膺，號茂堂，又號硯北居士、長塘湖居士、僑吳老人。金壇（今屬江蘇常州）人。乾隆二十五年（1760）中鄉試。嘗於貴州、四川等地任知縣。早年師事戴震，精通經籍考據，尤長於音韵、訓詁。有《古文尚書撰异》《毛詩故訓傳定本》《周禮漢讀考》等，大部分收入《經韵樓叢書》及《學海堂經解》。

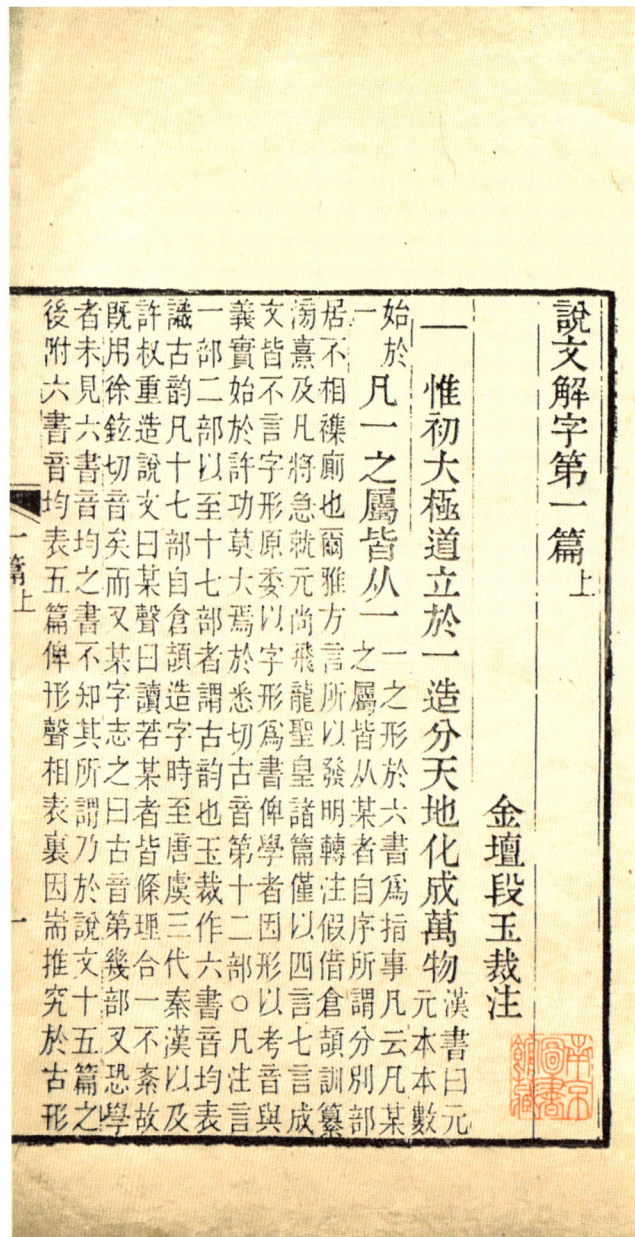

　　段玉裁於乾隆四十二年（1777）着手編纂資料長編性質的《説文解字讀》，後在此基礎上加工精煉，於嘉慶十二年（1807）撰成《説文解字注》。歷時三十年完成。徵引浩博，考辨精當，又多所創見，爲其後治《説文》者奉爲圭臬。此本爲段氏原刻。

　　框高 19.1 厘米，寬 13.4 厘米。半葉九行，行二十二字。小字雙行同。白口，左右雙邊。鈐“碧魯氏珍藏書畫之章”。國家珍貴古籍名録編號 11530。

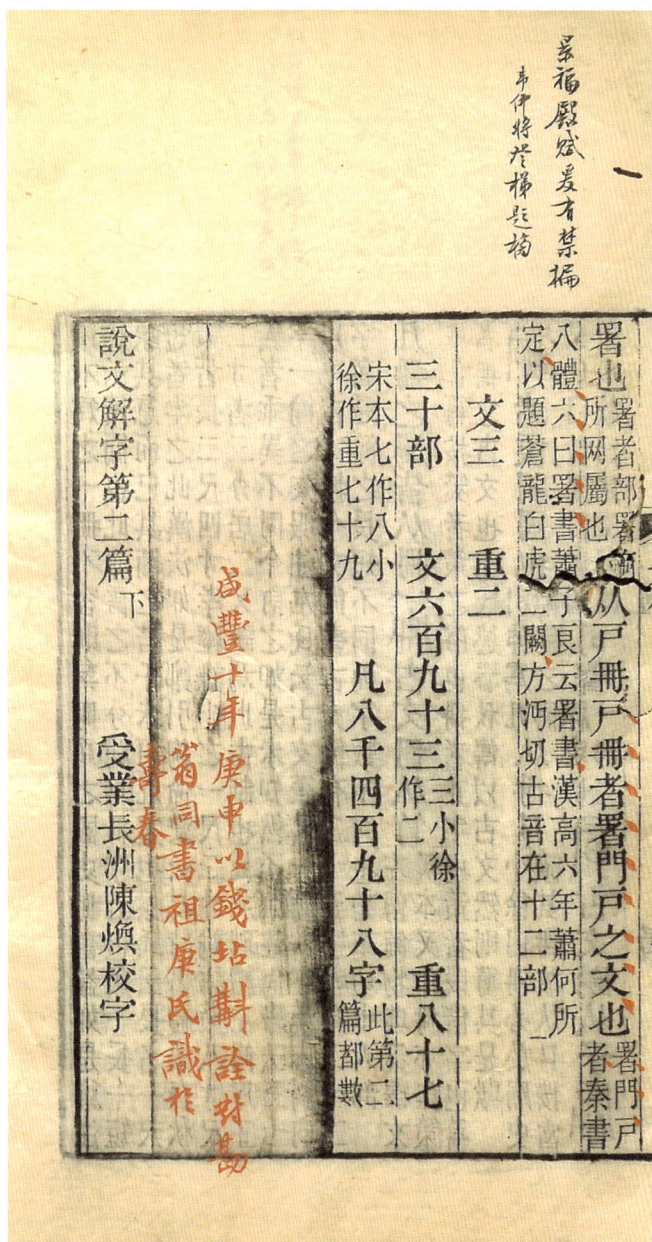

仙屏書屋初集詩録十六卷後録二卷

（清）黃爵滋撰　清道光二十七年（1847）涇縣翟金生泥活字印本

黃爵滋（1793—1853），字德成，號樹齋，晚號一峰居士，宜黃（今屬江西）人。官至刑部、禮部侍郎。

翟金生，字西園，涇縣（今屬安徽宣城）人，嘉慶間秀才。因受沈括《夢溪筆談》啓發，而產生以活字版印書之念，歷經三十年終製成五種規格、十萬餘枚泥活字，并排印出《泥版試印初編》《翟氏家譜》等書。

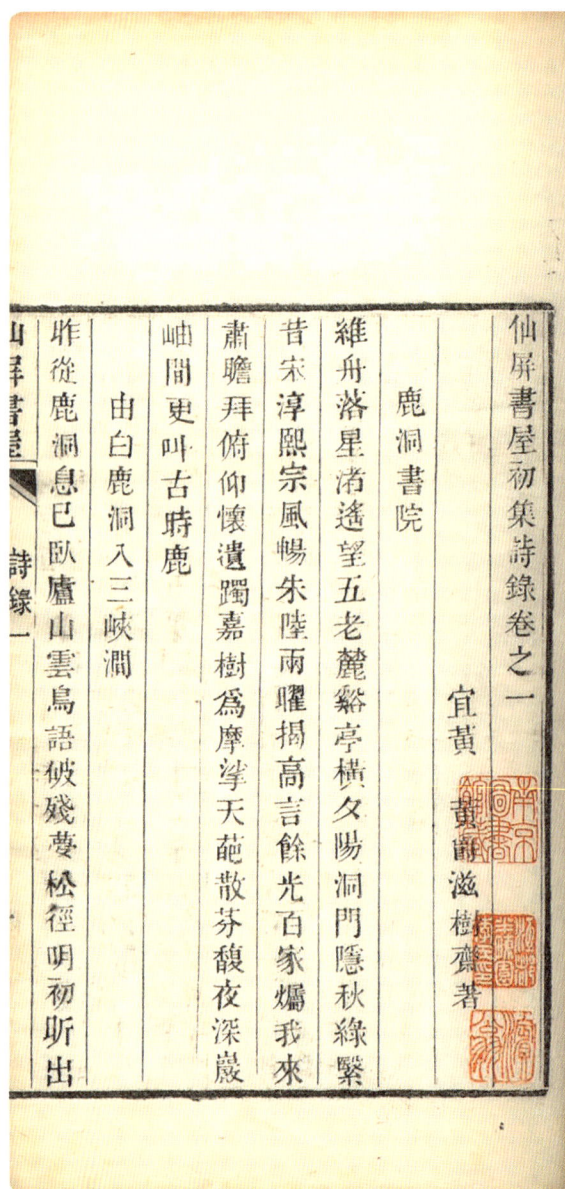

儼屏書屋
初集

涇翟西園
泥字排印

是書收詩千餘首。書前有牌記："僊屏書屋 / 初集 / 涇翟西園 / 泥字排印。"校刊精審，爲存世泥活字印本之代表。

框高 17.5 厘米，寬 12.5 厘米。半葉九行，行二十一字，小字雙行，行二十一字，左右雙邊，白口，單黑魚尾。鈐"江都李氏選樓藏書""江都半畝園李氏印""濱翁"等印。國家珍貴古籍名録編號 02153。

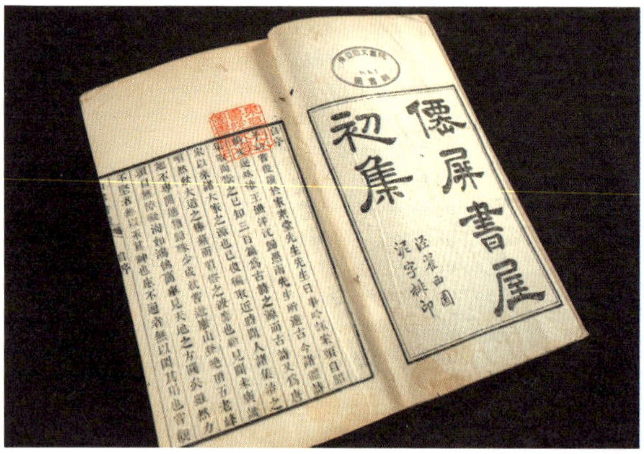

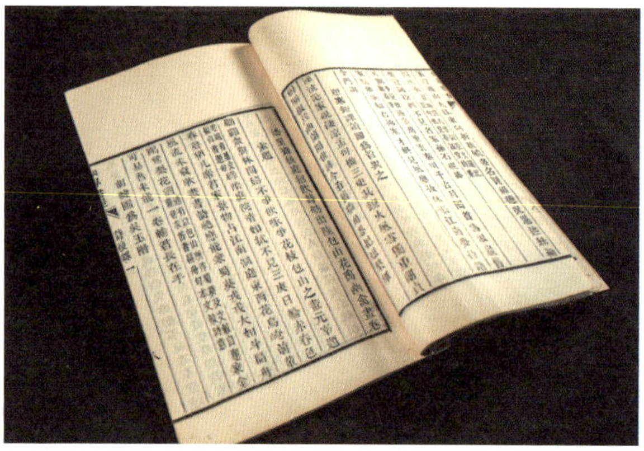

水經注卷一

後　魏　　　道

河水

河水　案二字原本無　連經文今刪　河

崑崙墟在西北　案西戎戎水此地記為貢水西戎其名三國岷山為國河源而出河

三成為崑崙丘崑崙說曰崑崙之山三級下曰樊桐

一名板桐　案桐近刻　訛作松

二曰立圃一名閬風上曰曆城

一名天廷是為太帝之居

石匱書□□卷

（清）張岱撰　稿本　存二百八卷（卷一至十一、二十四至二百十四，續六卷）

張岱（1597—1689），又名維城，字宗子、石公，號陶庵，又號蝶庵居士、六休居士，山陰（今浙江紹興）人。先世居蜀劍州，故亦自稱古劍陶庵老人、蜀人。少時好結海內勝流，園林詩酒之社必顏頡其間。明亡後不仕，隱居剡溪山中，謝客著書。岱長於史學，其小品散文亦自成一家，冠絕一時。著有《石匱書》《陶庵夢憶》《西湖夢尋》《夜航船》等。

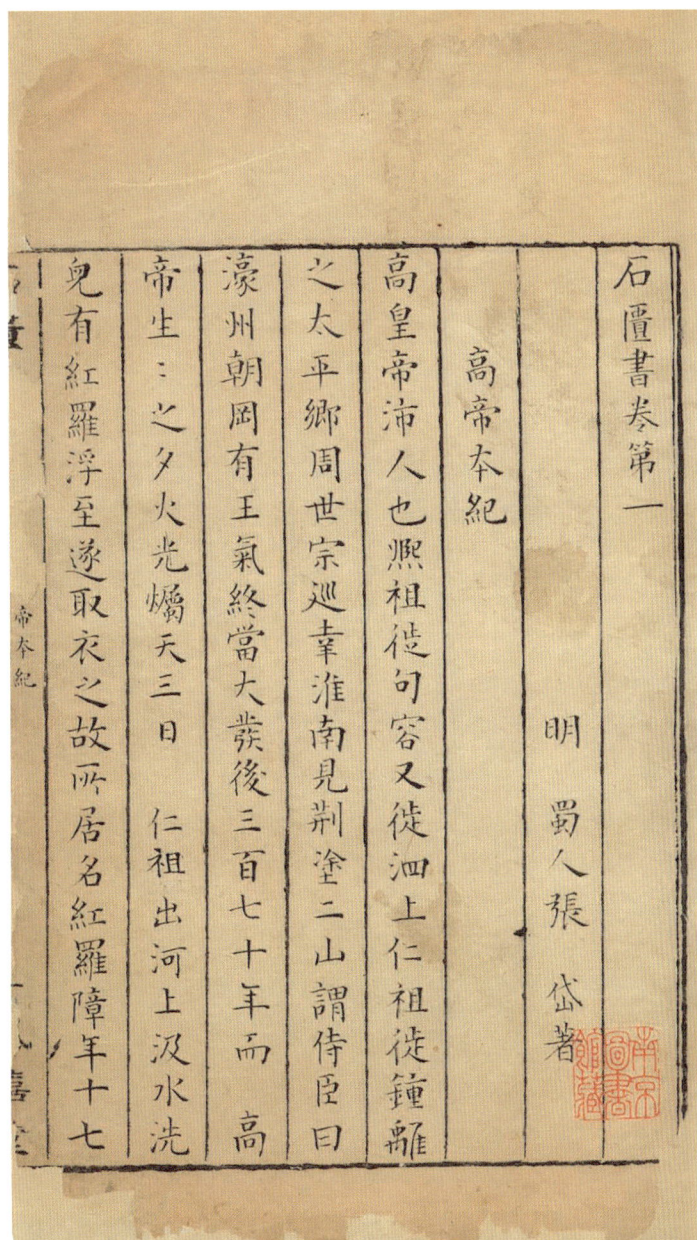

石匱書卷第一

明　蜀人張　岱著

高帝本紀

高皇帝沛人也熙祖徙句容又徙泗上仁祖徙鍾離之太平鄉周世宗巡幸淮南見荊塗二山謂侍臣曰濠州朝岡有王氣終當大蕃後三百七十年而高帝生：之夕火光燭天三日仁祖出河上汲水洗兒有紅羅浮至遂取衣之故兩居名紅羅障年十七

《石匱書自序》云："余自崇禎戊辰遂泚筆此書，十有七年，而遽遭國變，携其副本屏迹深山，又研究十年而甫能成秩。幸余不入仕版，既鮮恩仇，不顧世情，復無忌諱，事必求真，語必務確。五易其藁，九正其訛，稍有未核，寧闕勿書。故今所成書者，上際洪武，下訖天啓。後皆闕之，以俟論定。"

框高 20 厘米，寬 14.5 厘米。黑格。半葉八行，行二十字，小字雙行同。白口，左右雙邊。版心上鐫"石匱書"；版心中刻卷次，卷次之下手書篇名；版心下鐫"鳳嬉堂"。國家珍貴古籍名錄編號 01488。

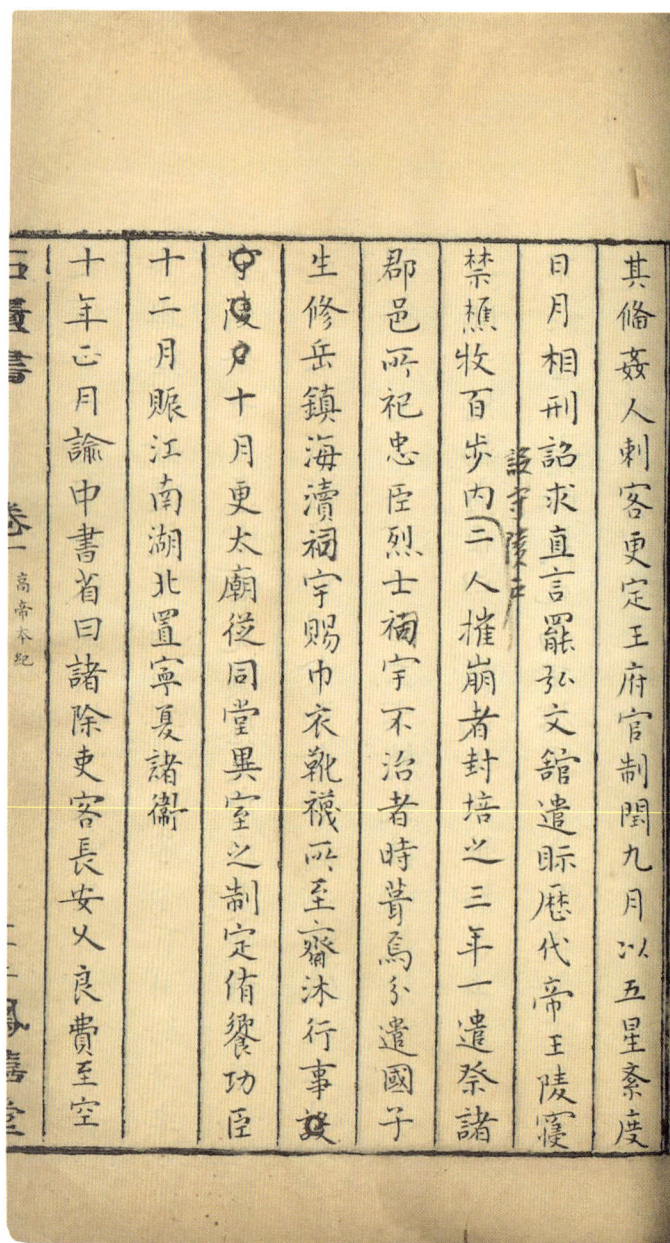

杜詩執鞭録十七卷附録二卷

（清）徐樹丕輯　**杜工部年譜一卷**　稿本　姜垓、翁同龢、翁之繕跋

徐樹丕（1596—1683），字武子，號石農，晚號埋庵、別號墻東居士、墻東野老、活埋庵道人，長洲（今屬江蘇蘇州）人。明末諸生，明亡後不仕。有《中興綱目》《杜詩注》《識小録》《埋庵集》等。

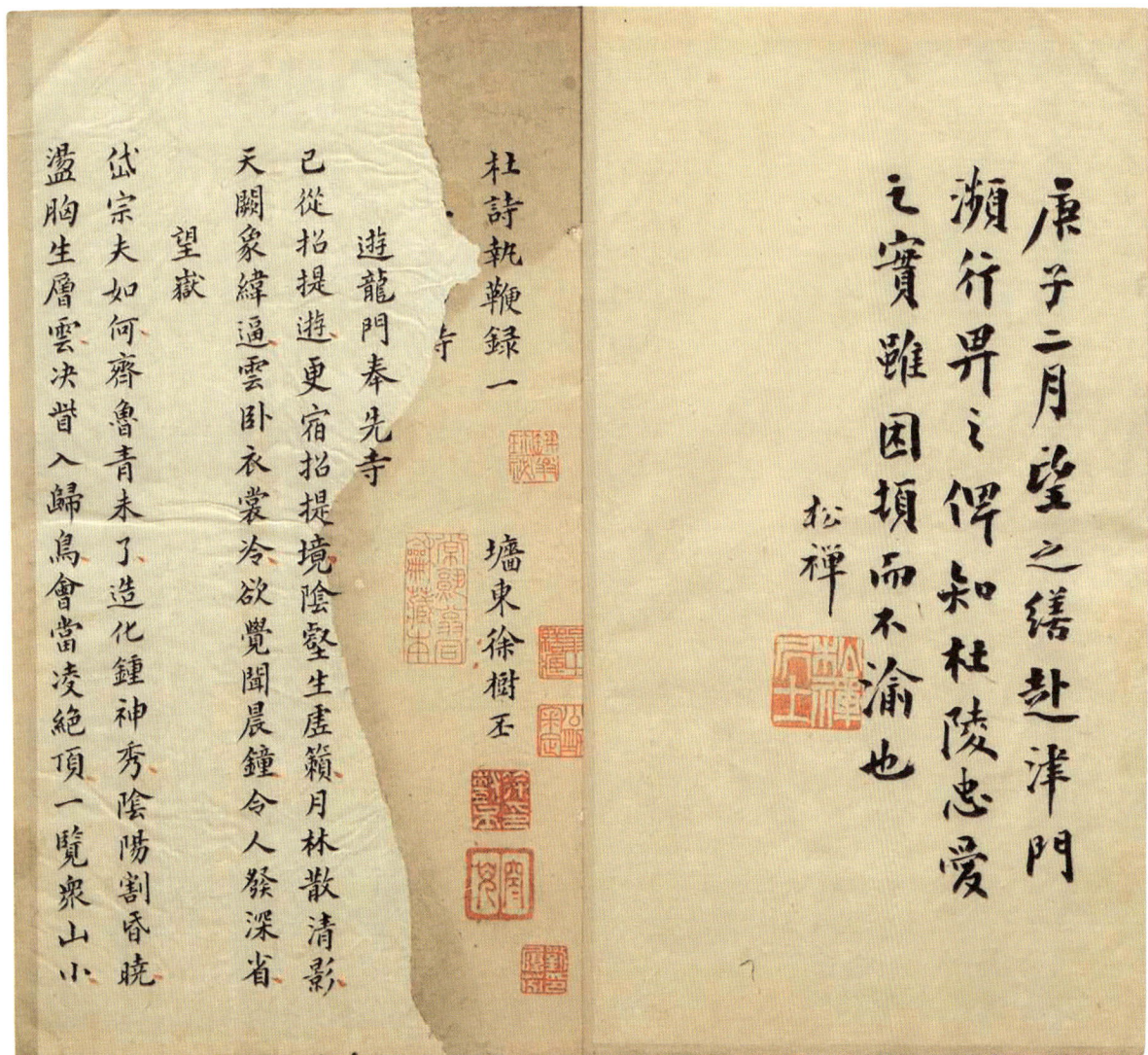

康子二月望之繕赴津門瀕行昇之俒知杜陵忠愛之實雖困頓而不渝也

松禪

杜詩執鞭録一

墻東徐樹丕

遊龍門奉先寺

已從招提遊更宿招提境陰壑生虛籟月林散清影天闕象緯逼雲臥衣裳冷欲覺聞晨鐘令人發深省

望嶽

岱宗夫如何齊魯青未了造化鍾神秀陰陽割昏曉盪胸生層雲決眥入歸鳥會當凌絕頂一覽衆山小

此書分體編纂，闡述作者對杜詩的獨到見解。

開本高 27.3 厘米，寬 17.7 厘米。書無欄格。半葉八行，行二十字，小字雙行同。鈐"徐印樹丕""武子""石農""山東姜垓""劉印履芬""常熟翁同龢藏本""瓶翁珍秘""翁之繕所收精品圖籍""翁之繕藏""公勁審定""蘭茝真賞""虞山俞鴻籌印"等印。國家珍貴古籍名錄編號 05267。

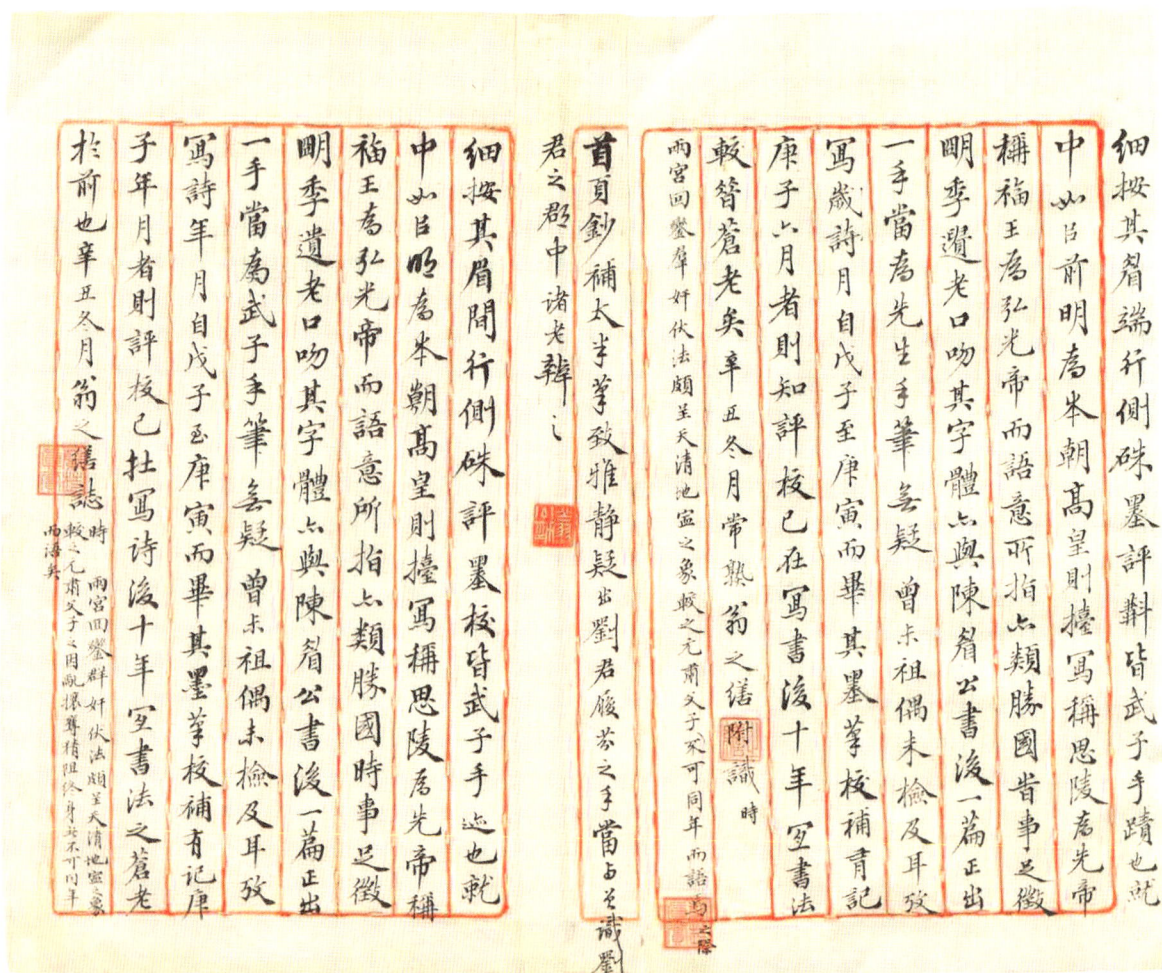

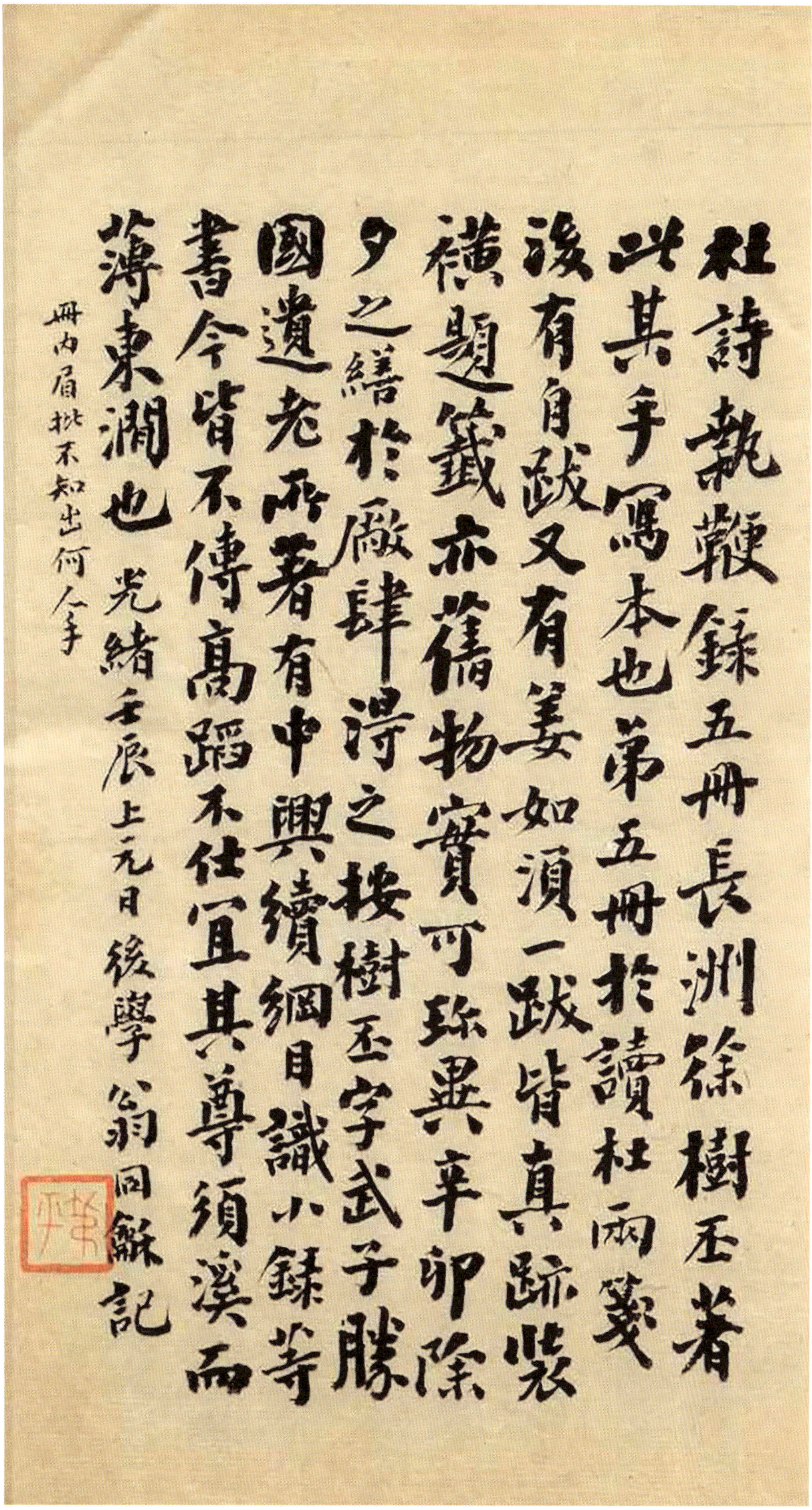

杜詩執鞭錄五冊長洲徐樹玉著
此其手寫本也第五冊於讀杜兩箋
後有自跋又有姜如須一跋皆真跡裝
橫題籤亦舊物實可珍異辛卯除
夕之繕於嚴肆得之搜樹玉字武子勝
國遺老所著有中興續綱目識小錄等
書今皆不傳高蹈不仕其尊須溪而
薄東澗也 光緒壬辰上元日後學翁同龢記

冊內眉批不知出何人手

天下郡國利病書不分卷

（清）顧炎武撰　稿本　錢大昕、黃丕烈（倩沈書山書）跋

顧炎武（1613—1682），原名絳，字忠清，明亡改名炎武，字寧人，號亭林，昆山（今屬江蘇蘇州）人。明末清初著名學者，以明遺民自居不仕，清考據學先驅，有《音學五書》《日知錄》等。

　　顧氏於明末存亡之際，感經生之寡術，故欲爲經世致用之學。顧氏歷覽廿一史、天下郡縣志書及文集章奏，彙録爲輿地之書與利病之書。輿地書爲《肇域志》，利病書即此書。此書曾遭兵燹有所散佚，後又經顧氏增補，然終未全部完成。顧氏自序云此書"不曾先定義例"，但是從整體結構來看，此書先總論，後分省，有一定的叙述原則。

　　書無板框，各册行款不定。鈐"臣大昕印"等印。國家珍貴古籍名録編號01652。

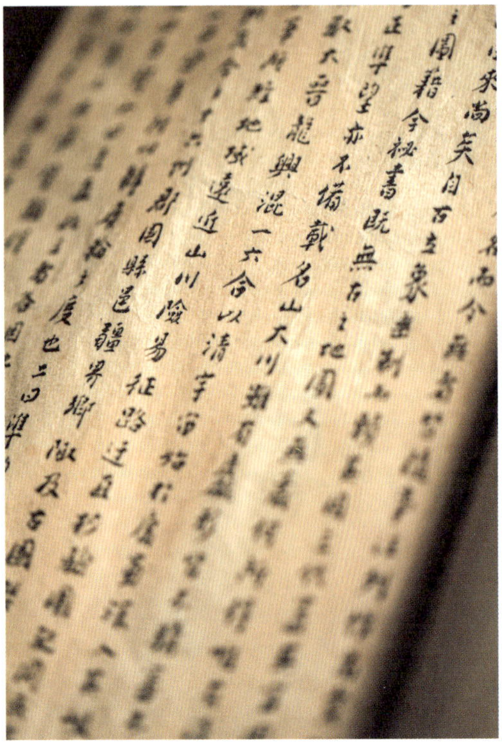

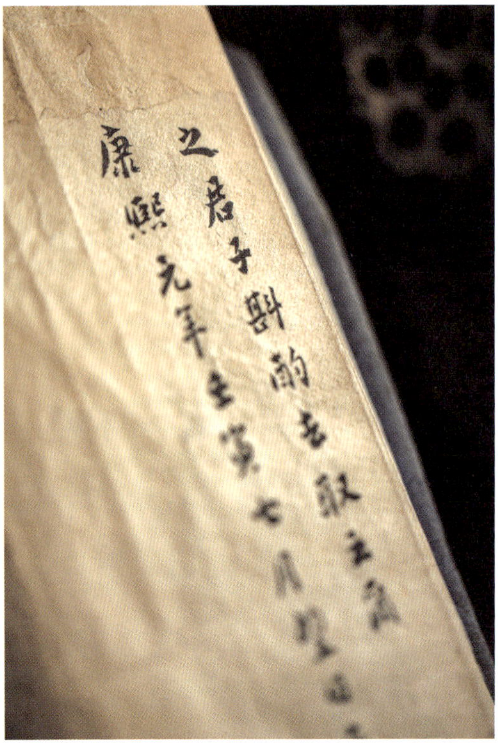
之君子斟酌去取之
康熙元年壬寅七月

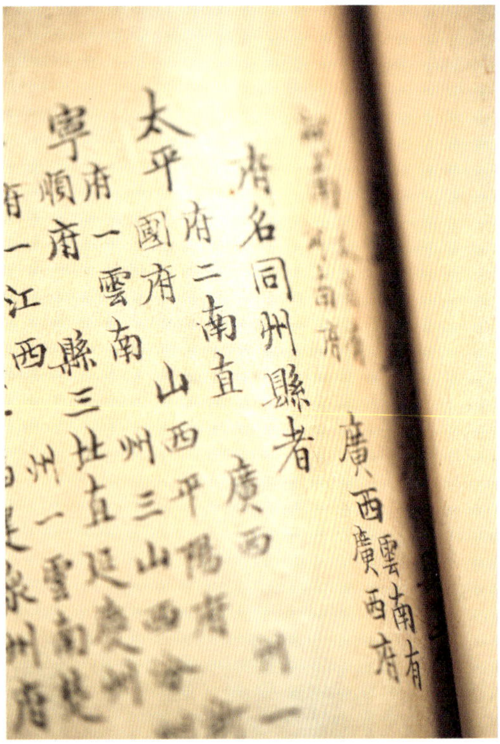

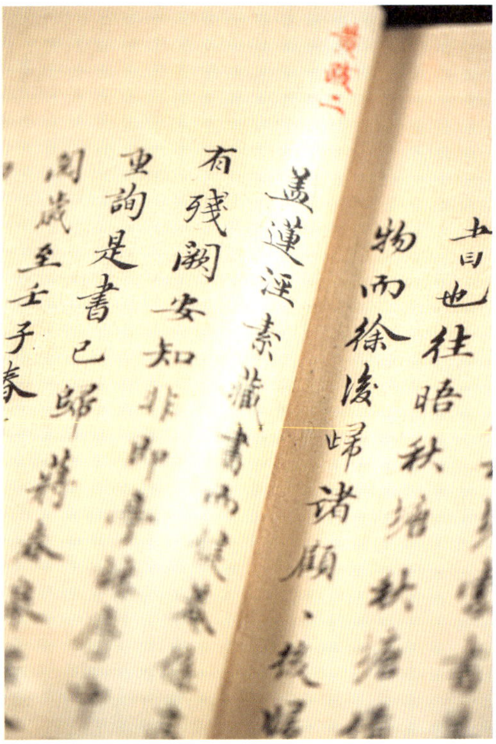
黄跋二

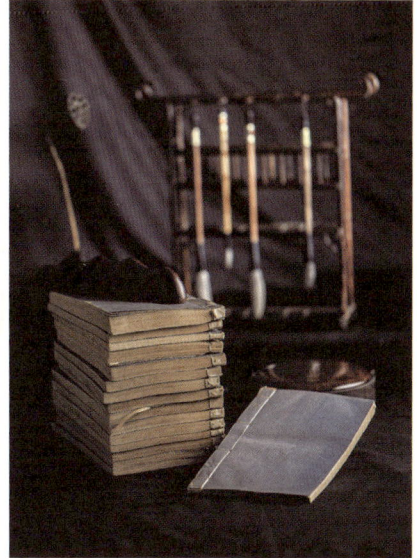

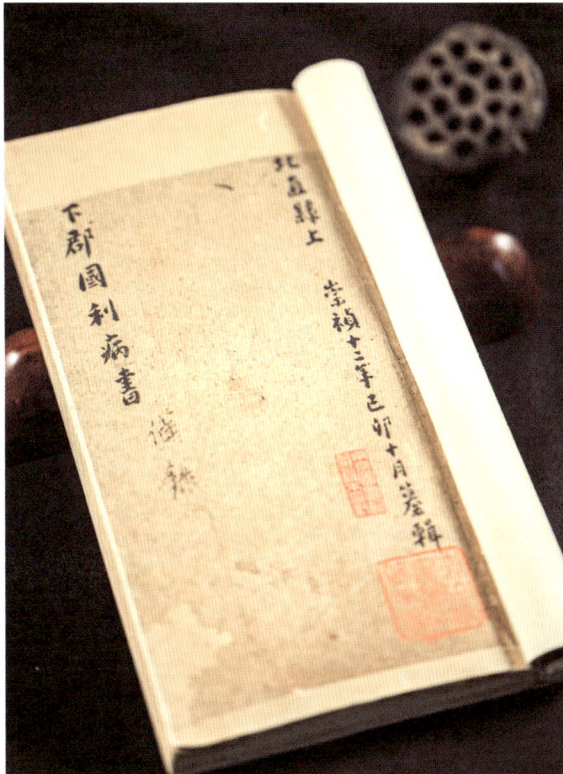

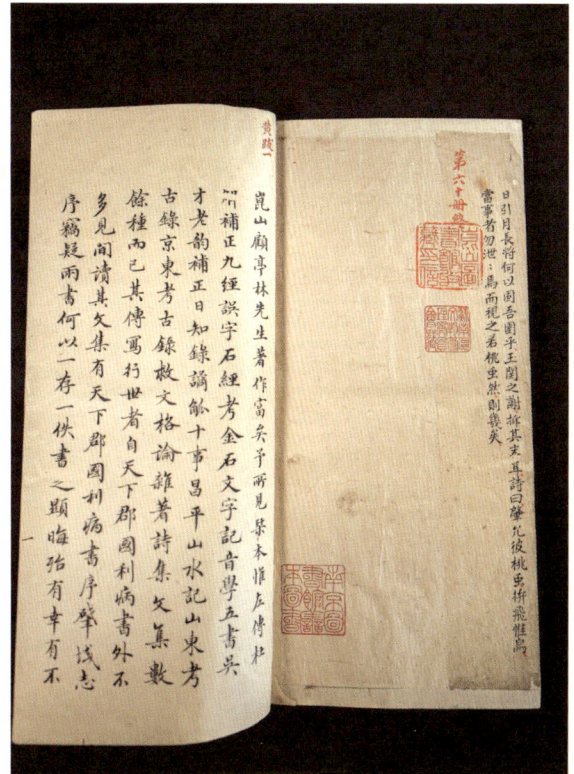

玉琴齋詞不分卷

（清）余懷撰　稿本　吳偉業、尤侗題辭　顧廣圻、孫星衍、魏錫曾、許增、丁丙跋

余懷（1616—1696），字澹心，一字無懷，號曼翁、廣霞，又號壺山外史、寒鐵道人、衲香居士，晚年自號鬘持老人。莆田（今屬福建）人，僑居金陵（今江蘇南京），自稱江寧余懷、白下余懷、下邳余懷等。

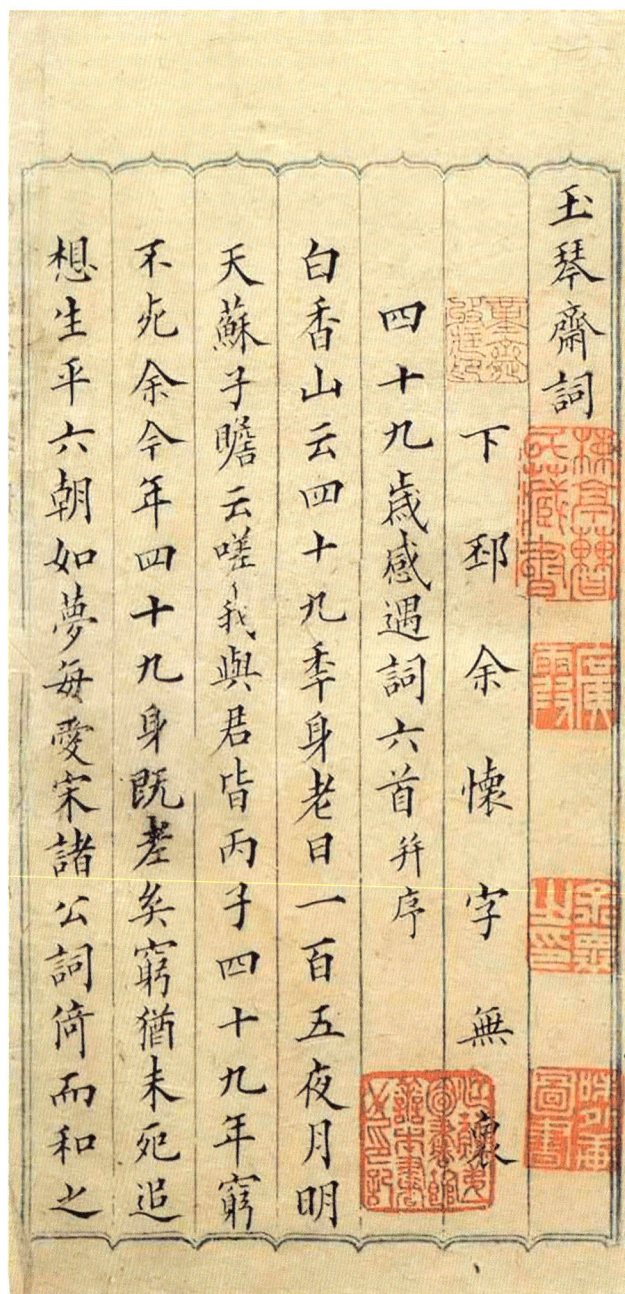

　　正文不分卷，詞共二百餘闋。詞采清麗，意境綿邈。

　　框高20.7厘米，寬12.3厘米。半葉七行，行十八字，藍格，上下花邊，左右雙邊。白口，無魚尾。鈐"余懷之印""廣霞""吳偉業印""梅邨""尤侗之印""棟亭曹氏藏書""長白敷槎氏菫齋昌齡圖書印"等印。國家珍貴古籍名錄編號06533。

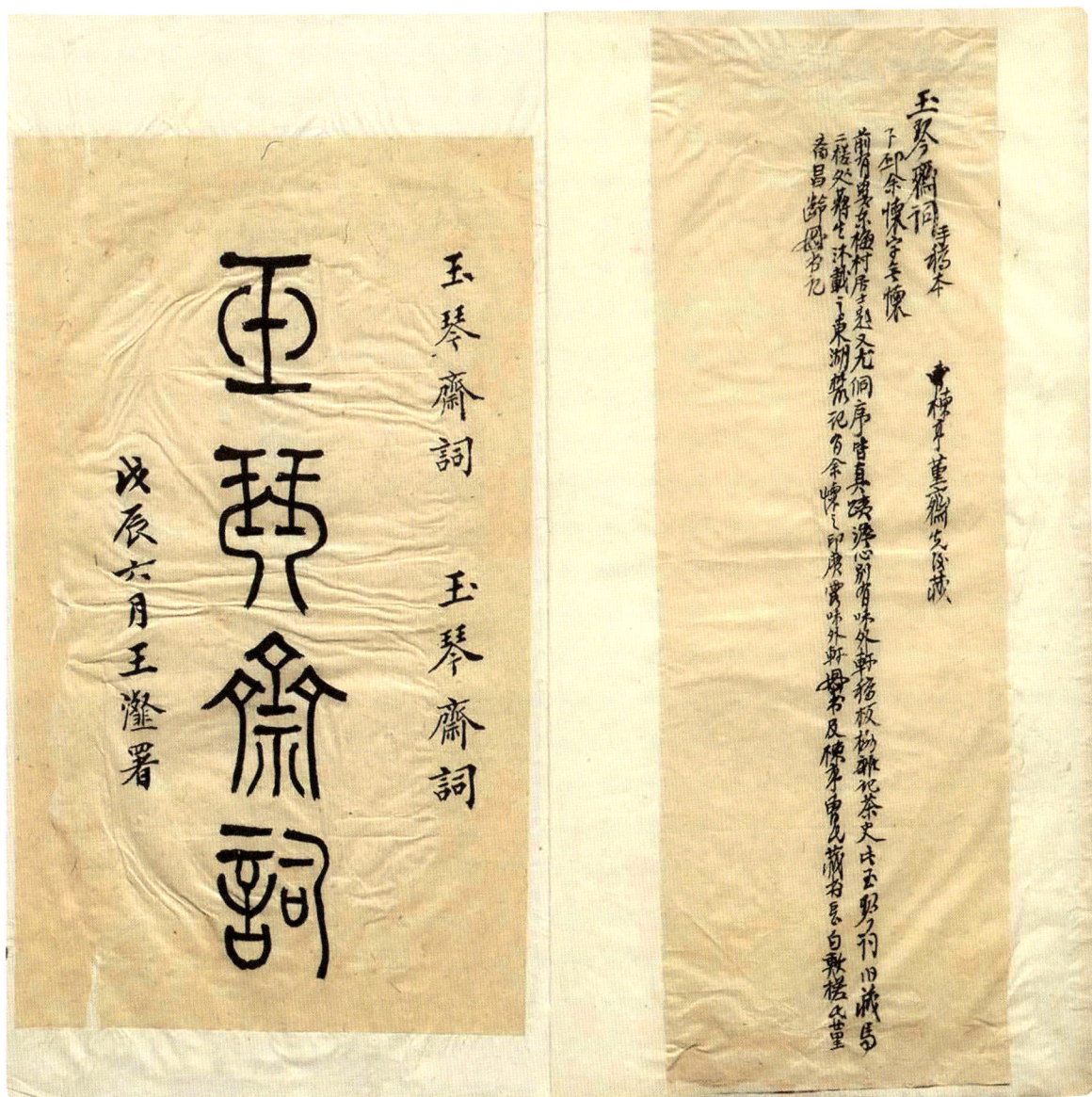

水調歌頭

觀吳白髮村六十

父子夷門、重續

吳梅村六十

青門當年文章太史聲價

變幻庭花落憔悴綠珠紅豆芳草

草堂人倦畫屏斜倚

念奴嬌　和蘇子

狂奴故態臥東山白眼

傲骨不學黔婁模

一詞大要存指於

而黔染漆漆艷出脫輕俊

天乃諸金薈清真山谷

學富而才雋無所不

山花子為李雲田侍兒作

美人何處有錦屏翠慎玉蟾高臥細骨輕軀清

念奴嬌

豆散花天女瀟洞庭稊雪

白題稊雪齋

好事近

全仙引

方龍吟

松間明月

懶與病相纏臥看春風蛺蝶只有瑤琴挂壁遍

同碧玉許多愁學字細描或軺帖穿針開補

鵜鵲裳痩到九分還是倩桑溫

抹硯含香上小樓見人無語天嬌羞薄命自惜

祝吳梅村六十

一旦後白髮老憔悴青門當年

落花惟悴綠珠紅豆芳草態

玉樓蕭瑟部居賦花吹苗到梅村

南苑頹駒黃鵑玉燕波前碧瓓窗外屢歡霜竹

我扁舟去後撇三經誰湖柳新曲夢繞西池硯消

想蔼頭初漲禾頭香納荷枝榴豔鴛鴦痩

棚鼠驚燕菜華屋萬柳鷺鷥

朱藤綠篠圖林湘廉畫捲人如玉一軒梅雨半

雨中寄題俠記原明月堂

小斜川眉山父子夷門重續

汨亂坤一旦後白髮老憔悴青門

五船蕭瑟部居賦花吹苗

湖東野戊白頭二

莅政摘要二卷

（清）陸隴其輯　稿本　潘世恩、張廷濟、陸震跋

陸隴其（1630—1692），原名龍其，譜名世穮，字稼書，平湖（今屬浙江嘉興）人。學者稱當湖先生。
康熙九年（1670）進士。歷官江南嘉定知縣、直隸靈壽知縣、四川道監察御史等。時稱循吏。

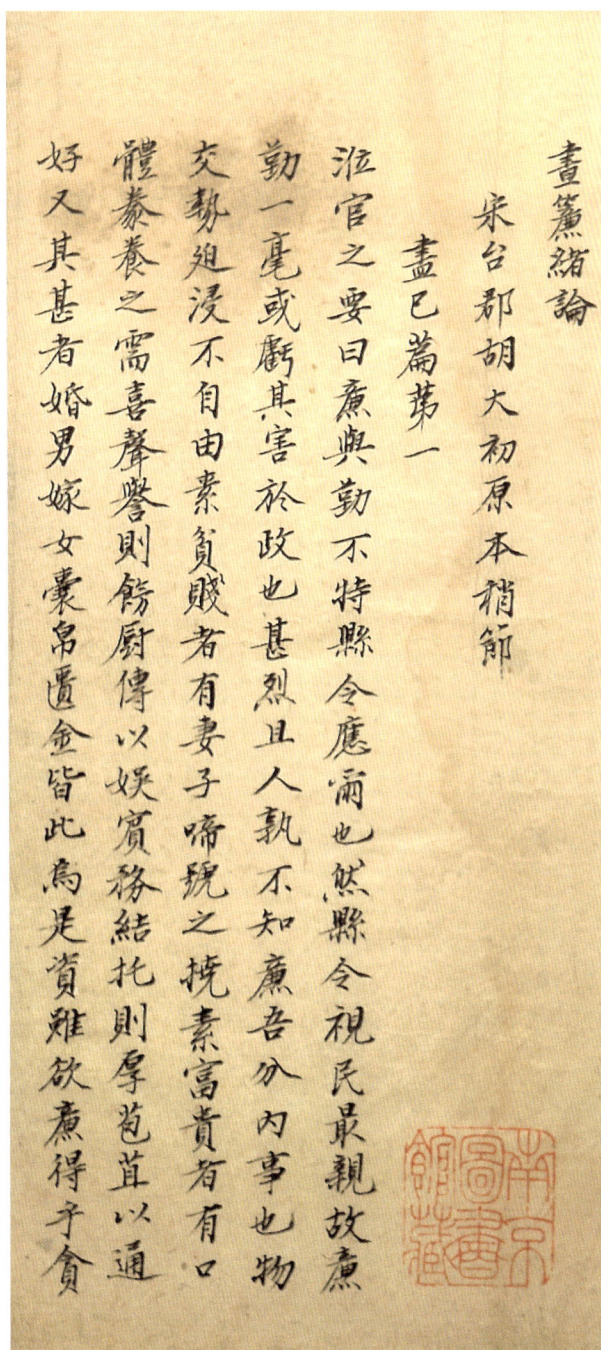

畫簾緒論
采台郡胡大初原本稍節
畫巳篇第一
涖官之要曰廉與勤不特縣令應爾也然縣令視民最親故廉
勤一毫或虧其害於政也甚烈且人執不知廉吾分內事也物
交勢迫浸不自由素貧賤者有妻子啼號之挽素富貴者有口
體豢養之需喜聲譽則筋廚傳以娛賓務結托則厚苞苴以通
好又其甚者婚男嫁女橐帛遺金皆此為是資難欲廉得乎貪

是書述爲官從政之道。開篇云："蒞官之要曰廉與勤不特縣令應爾也。"

半葉八行，行二十四字。無版框。鈐"陸震""臣陸震印""嘉興張廷濟叔未父槀書"等印。國家珍貴古籍名録編號 04237。

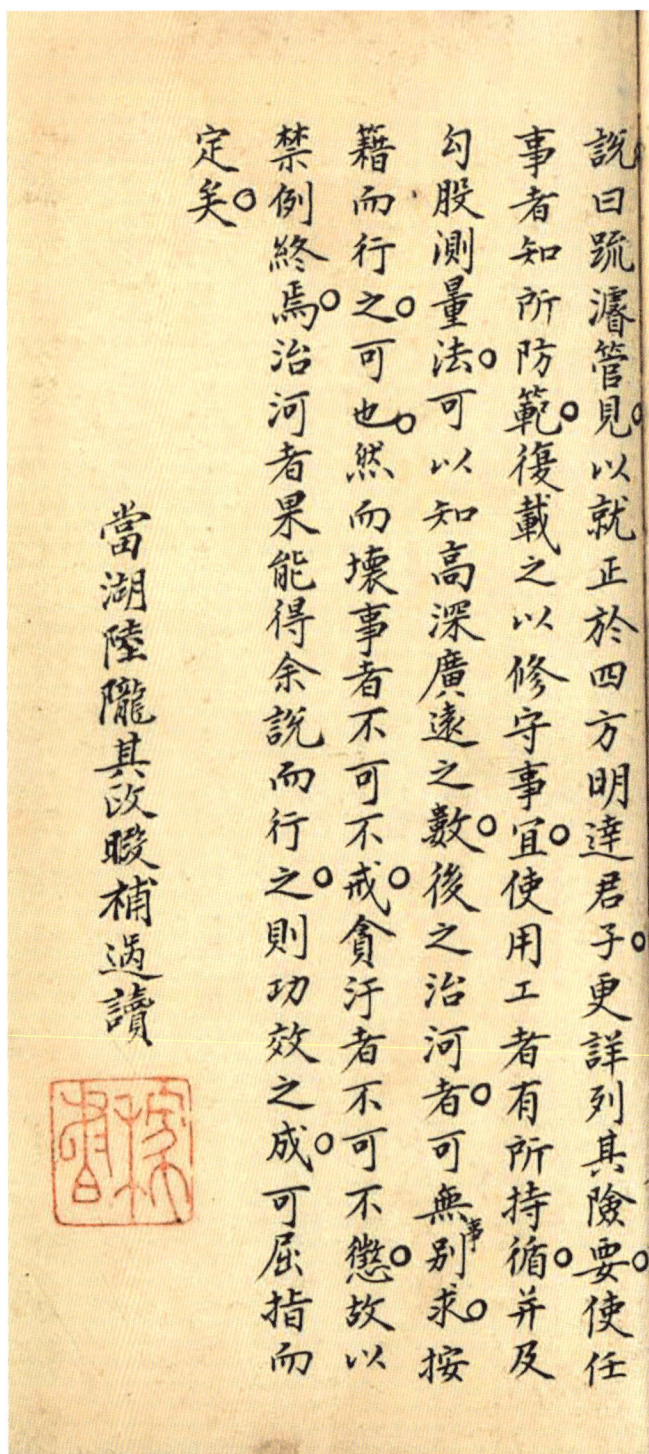

定矣。

當湖陸隴其改瑕補過讀

禁例終焉治河者果能得余說而行之則功效之成可屈指而

籍而行之可也然而壞事者不可不戒貪汙者不可不懲故以

勾股測量法可以知高深廣遠之數後之治河者可無別求按

事者知所防範復載之以修守事宜使用工者有所持循并及

說曰踈濬管見以就正於四方明達君子更詳列其險要使任

當湖陸隴其改瑕補過讀

東城雜記二卷

（清）厲鶚撰　稿本　丁丙跋

厲鶚（1692—1752），字太鴻，又字雄飛，號樊榭，錢塘（今屬浙江杭州）人。

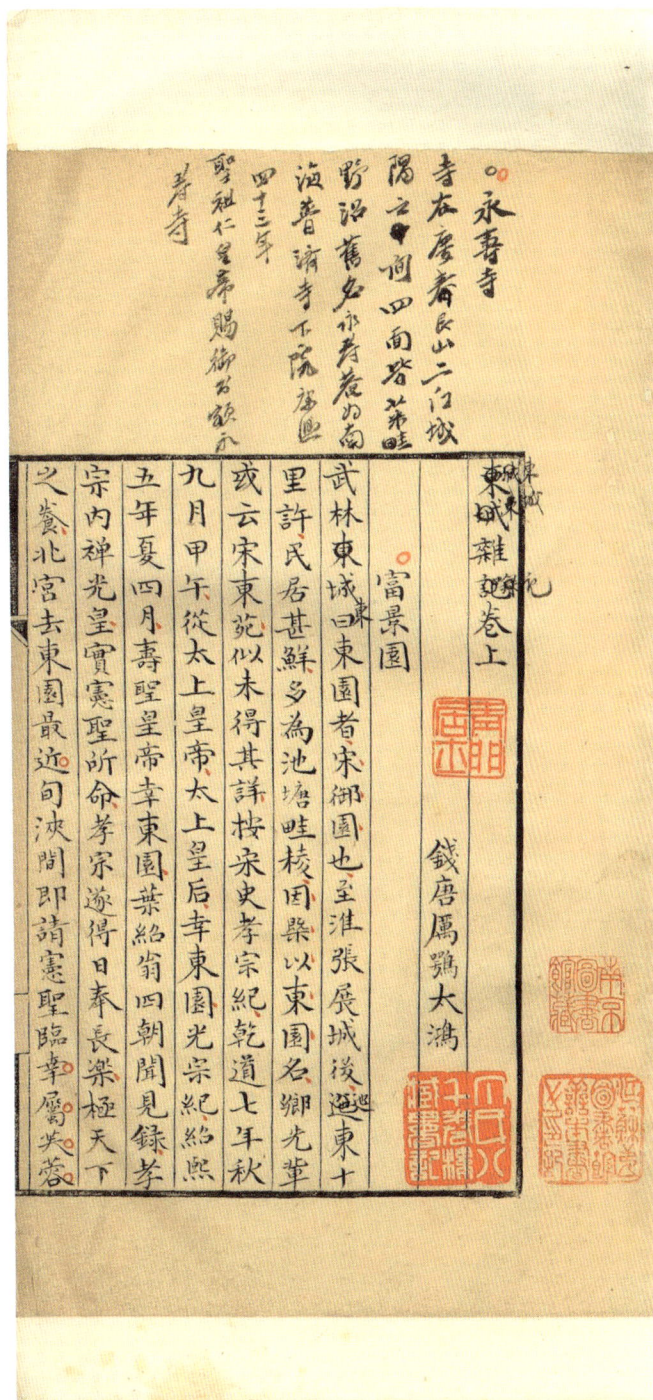

　　書前爲雍正六年（1728）作者自序。正文記録杭州東城舊聞遺事、名勝古迹、風土人情，偶涉詩文題咏。敘事略古而詳今，可補武林舊志之所未詳。

　　框高 18.2 厘米，寬 12.7 厘米。半葉十行，行二十一字，四周單邊，上下黑口，單黑魚尾。鈐"八千卷樓珍藏善本""錢唐丁氏藏書""疆園柔兆""疆園涒灘""四庫著録""辛卯劫後所得"等印。國家珍貴古籍名録編號 01682。

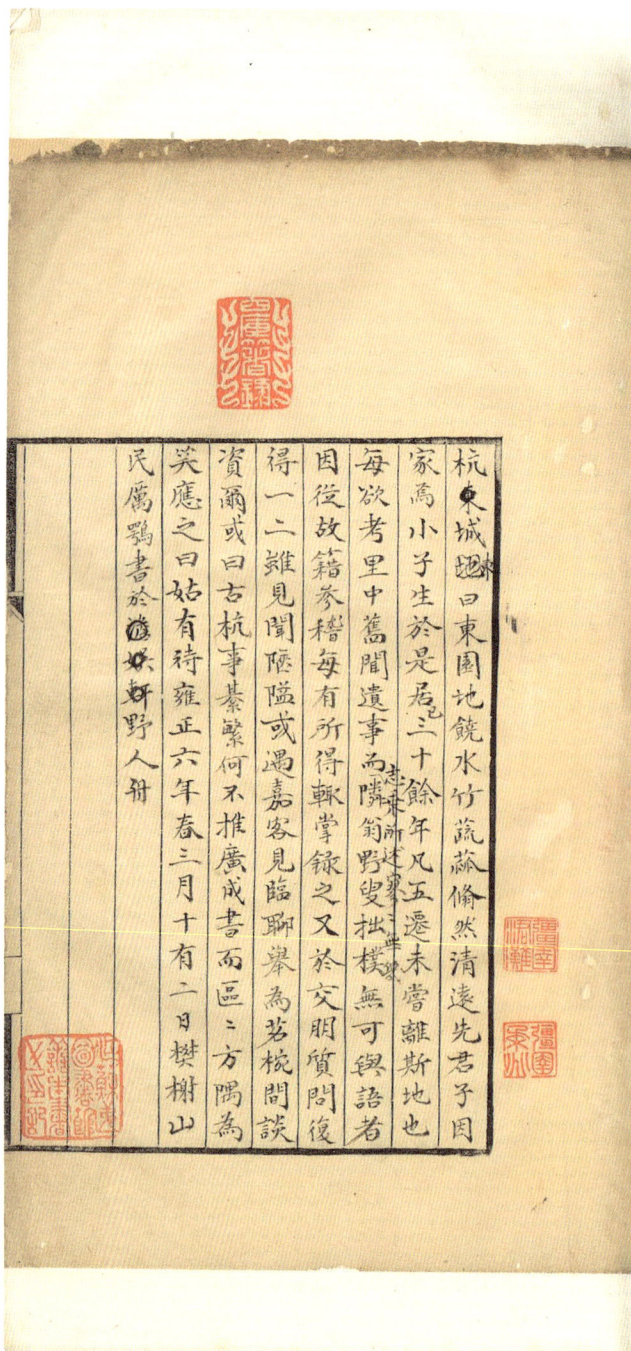

山海經補註五卷

（清）惠棟撰　稿本

惠棟（1697—1758），字定宇，一字松崖，吳縣（今屬江蘇蘇州）人。時人稱"小紅豆先生"，乾嘉學者，專治經學。

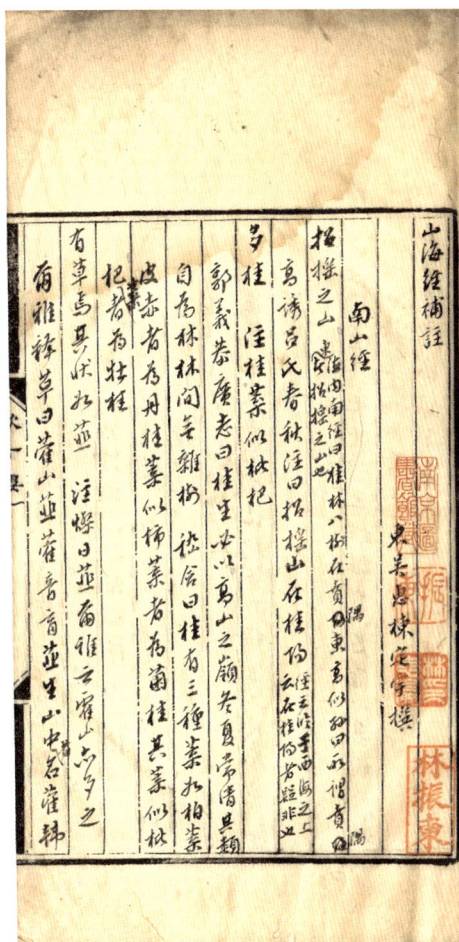

　　正文分五卷。卷一《南山經》《西山經》，卷二《北山經》《東山經》，卷三《中山經》，卷四《海外南經》《海外西經》《海外北經》《海外東經》《海内南經》《海内西經》，卷五《海内北經》《海内東經》《大荒東經》《大荒南經》《大荒西經》《大荒北經》。正文後有惠棟撰跋，撰寫時間爲雍正庚戌年（1730）。

　　框高 21.4 厘米，寬 15.2 厘米。半葉十二行，行字不等，四周雙邊，上下粗黑口，雙對黑魚尾。國家珍貴古籍名録編號 04817。

三國志注補六十五卷

（清）趙一清撰　稿本　陶濬宣校并跋

趙一清（1709—1764），字誠夫，號東潛，浙江仁和（今杭州餘杭）人。

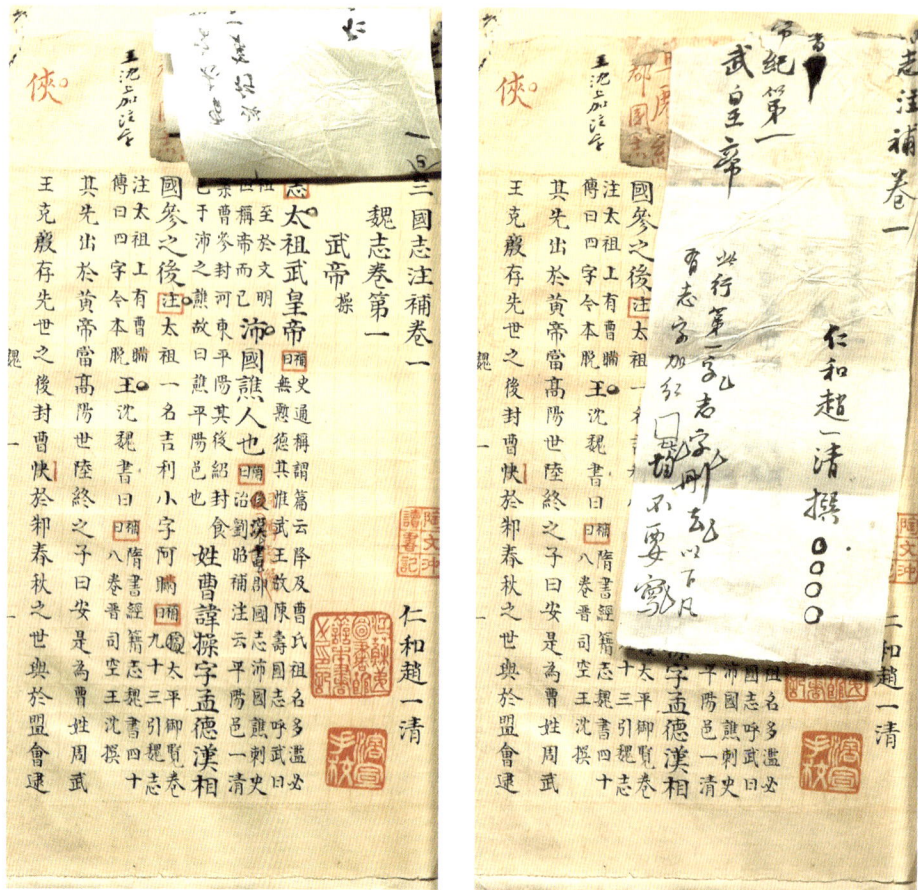

　　正文前有清光緒二十二年（1896）陶濬宣撰跋，佚名抄録康熙、雍正、乾隆、嘉慶四朝關於避諱帝名的聖旨，《晋書·陳壽傳》，《宋書·裴松之傳》，南朝宋元嘉六年（429）裴松之《上三國志注表》。正文六十五卷，《三國志注補目録》上，卷一至卷三十《魏志》；《三國志注補目録》中，卷三十一至卷四十五《蜀志》；《三國志注補目録》下，卷四十六至卷六十五《吳志》。

　　框高 20.2 厘米，寬 14.8 厘米。半葉十行，行二十二字，小字雙行同，左右雙邊，白口，單魚尾。鈐"濬宣手校""陶文冲讀書記""八千卷樓珍藏善本""丁氏八千卷樓藏書記"等印。國家珍貴古籍名録編號 10171。

巾箱集四卷

（清）吳騫輯　稿本　吳騫題識

吳騫（1733—1813），字槎客，一字葵里，自號兔牀山人，海寧（今屬浙江嘉興）人。藏書家，築藏書樓名拜經樓。其中精善之本多有吳氏所作校勘并跋文，后被録入《拜經樓藏書題跋記》。時黃丕烈擁有宋版書百種，自題藏書室名爲"百宋一廛"，吳騫多元版珍本，便自題其室名曰"千元十駕"，以相匹敵，學林傳爲佳話。

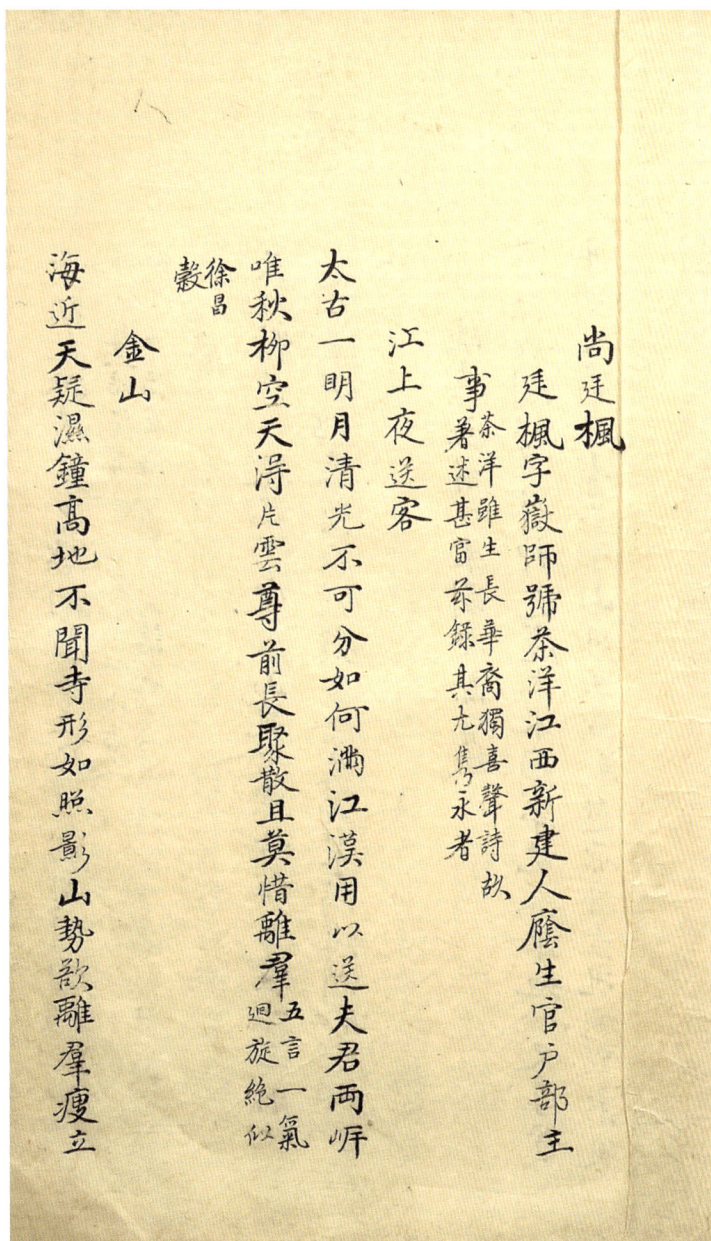

尚廷楓
廷楓字藏師號茶洋江西新建人廩生官戶郡主
事茶洋雖生長華裔獨喜聲詩故
著述甚富哥錄其尤雋永者

江上夜送客

太古一明月清光不可分如何瀟江漢用以送夫君兩岇
唯秋柳空天浮片雲尊前長聚散且莫惜離羣五言一氣廻旋絕似

徐昌穀

金山

海近天疑濕鐘高地不聞寺形如照影山勢欲離羣瘦立

　　每册封面原題名"湖海詩存"，後圈塗改爲"巾箱集"。正文四卷，收録清人一百二十餘家詩作四百餘首，各家之下附作者小傳，次爲詩作正文，行文間有吳騫評注，多爲其讀詩感受，也表明了編輯者的遴選標準。某些詩作僅凭此書得以保留。此手稿一直不曾刊刻，亦未見於各家書目著録，極爲珍貴。

　　開本高 26.8 厘米，寬 18.4 厘米。行款不一，無行格。國家珍貴古籍名録編號 12030。

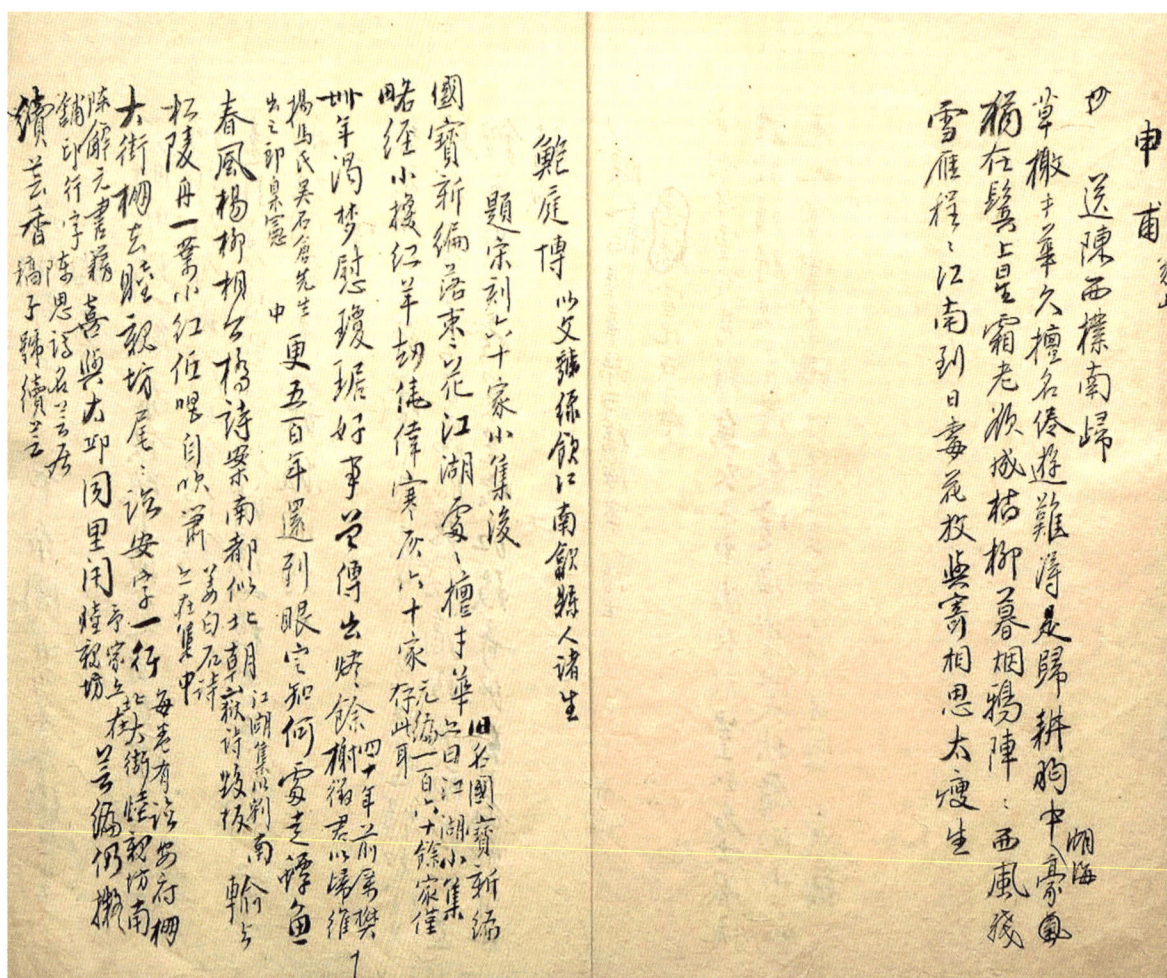

帅創此書原曰潮海詩存頃王子远季少司冦

肯潮海詩傭兄之輯予故更其名曰巾箱集

巾箱者兑猶唐人選詩曰篋中云尔

石洲詩話五卷

（清）翁方綱撰　稿本　翁方綱、葉繼雯跋

翁方綱（1738—1818），字正三，號覃溪，晚號蘇齋，直隸大興（今屬北京）人，乾隆進士。歷典江西、湖北、江南、順天鄉試，纍官廣東、江西、山東三省學政。博學宏覽，精研經術，參與《四庫全書》編纂。於金石、譜録、書畫、詞章皆有所長，尤以詩名著稱，爲嘉慶中期詩壇領袖。著《兩漢金石記》《蘇詩補注》《復初齋全集》等。

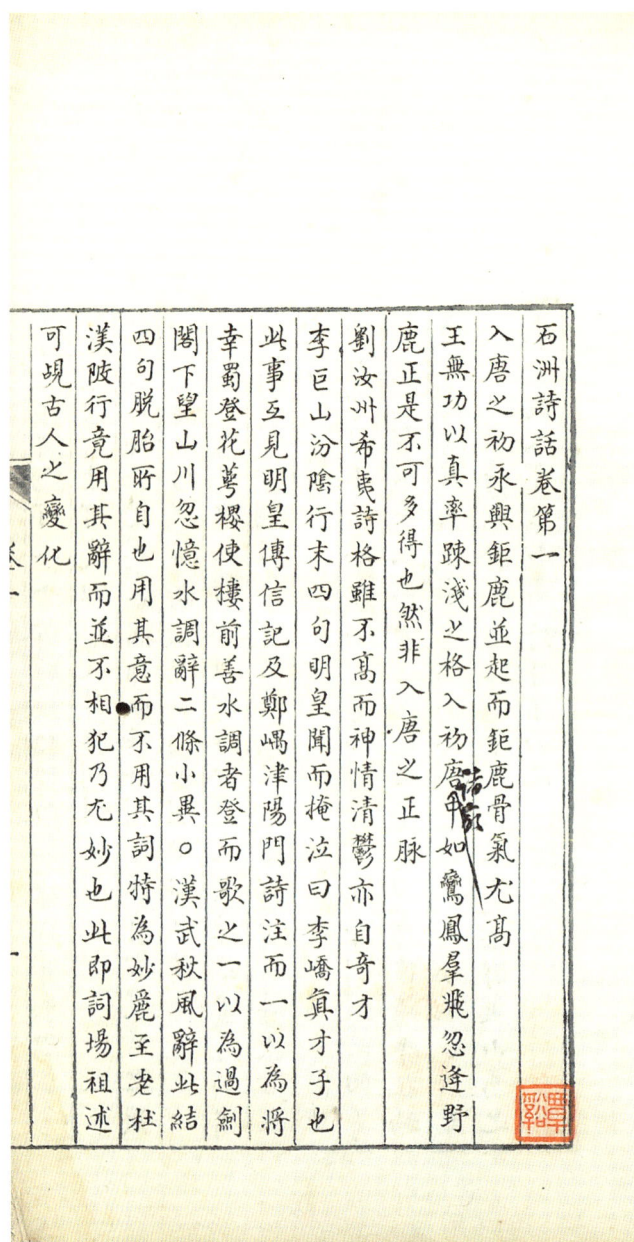

石洲詩話卷第一

入唐之初永興鉅鹿並起而鉅鹿骨氣尤高

王無功以真率踈淺之格入初唐……如鸞鳳羣飛忽逢野

鹿正是不可多得也然非入唐之正脉

劉汝州希裛詩格雖不高而神情清鬱亦自奇才

李巨山汾陰行末四句明皇聞而掩泣曰李嶠真才子也

此事互見明皇傳信記及鄭嵎津陽門詩注而一以為過一以為將

幸蜀登花蕚樓前善水調者登而歌之一以為一以劇

閣下望山川忽憶水調辭二條小異。漢武秋風辭此結

四句脱胎盱眙用其意而不用其詞將為妙麗至老杜

漢陂行竟用其辭而並不相犯乃尤妙也此即詞場祖述

可覘古人之變化

尤其用意鍊筆處也然津則有舟四句尚是帮觀帮觀固

不碍而人之材力厚薄見爲矣如昌黎龜山猗蘭諸撰是

何等魄力

玉山諸客一時多爲鐵厓和花游之曲然獨玉山一篇爲佳

蓋諸公和作與鐵厓原唱縱極妍麗皆不免儈俗氣耳

此本余視學粤中歸而手縷也運電回病鐵弱

而前後四萬餘字不旬日而成洵非今日听躰事

已憶吾老矣與躰爲也巳

方綱又記

嘉慶九年歲在甲子秋八月朔日瀛陽葉繼雯得於廠市借書舫謀藏

此足廣東雇人膳

寫祧字尚未全核

及看不多行人強去

雲峯先生偶覺得

之今浮假末重

抄二章矢冊屡凫有人仍作扪掀業庚巳趣可笑之壬申十一月朔

　　是書乃翁方綱視學粵東時與學生論詩所記，作於乾隆三十至三十三年（1765—1768）。書在翁氏改定時，前五卷草稿曾被人竊去，五年後友人葉繼雯從書肆購得，告知并返還翁氏。翁氏發現書尾竟已被人冒用自己名義作跋，無奈將偽跋圈去，於旁另作一跋述其經過，此二跋并列書尾，字迹懸殊，令人莞爾。葉繼雯，字桐封，乾嘉時湖北漢陽人，進士，官至刑科給事中。富藏書。

　　框高 19 厘米，寬 13.2 厘米。半葉十二行，行二十二字，左右雙邊，白口，單魚尾。鈐"覃谿""葉氏珍藏秘笈""翁方綱"（偽）"正三一字忠叙"（偽）等印。國家珍貴古籍名錄編號 12070。

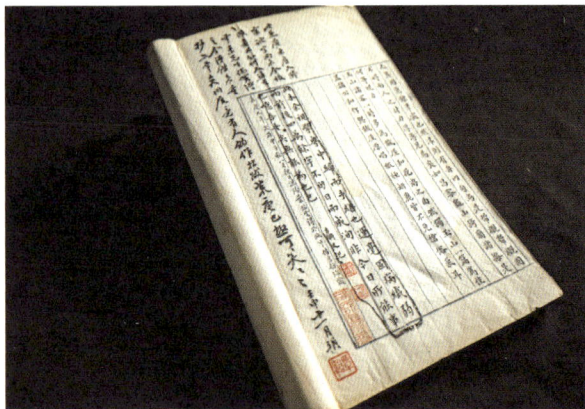

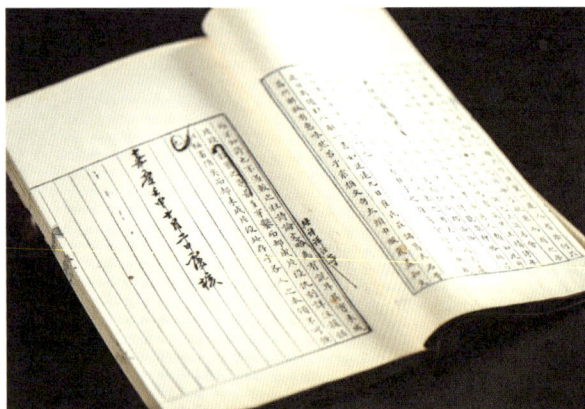

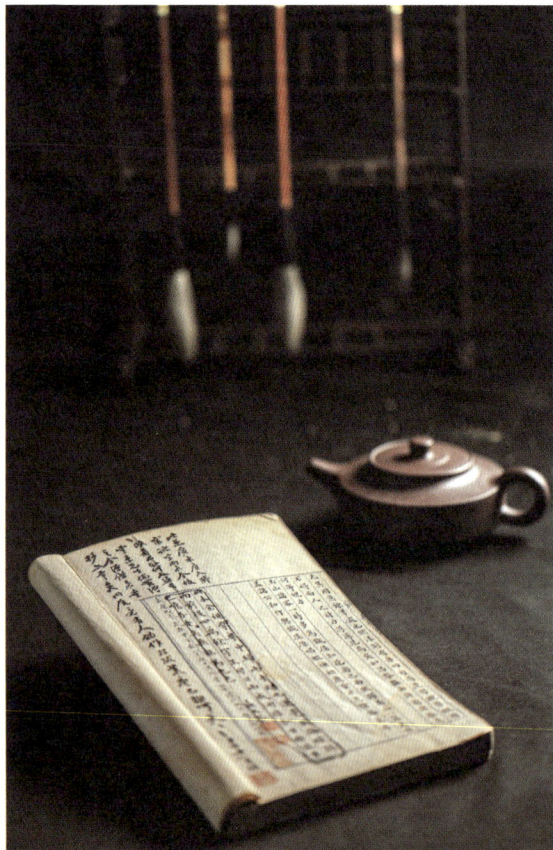

古歡堂經籍舉要一卷

（清）吳翌鳳撰　稿本　章鈺題跋

吳翌鳳（1742—1819），初名鳳鳴，字伊仲，號枚庵、一作眉庵，別號古歡堂主人，祖籍安徽休寧，僑居吳縣（今屬江蘇蘇州）。

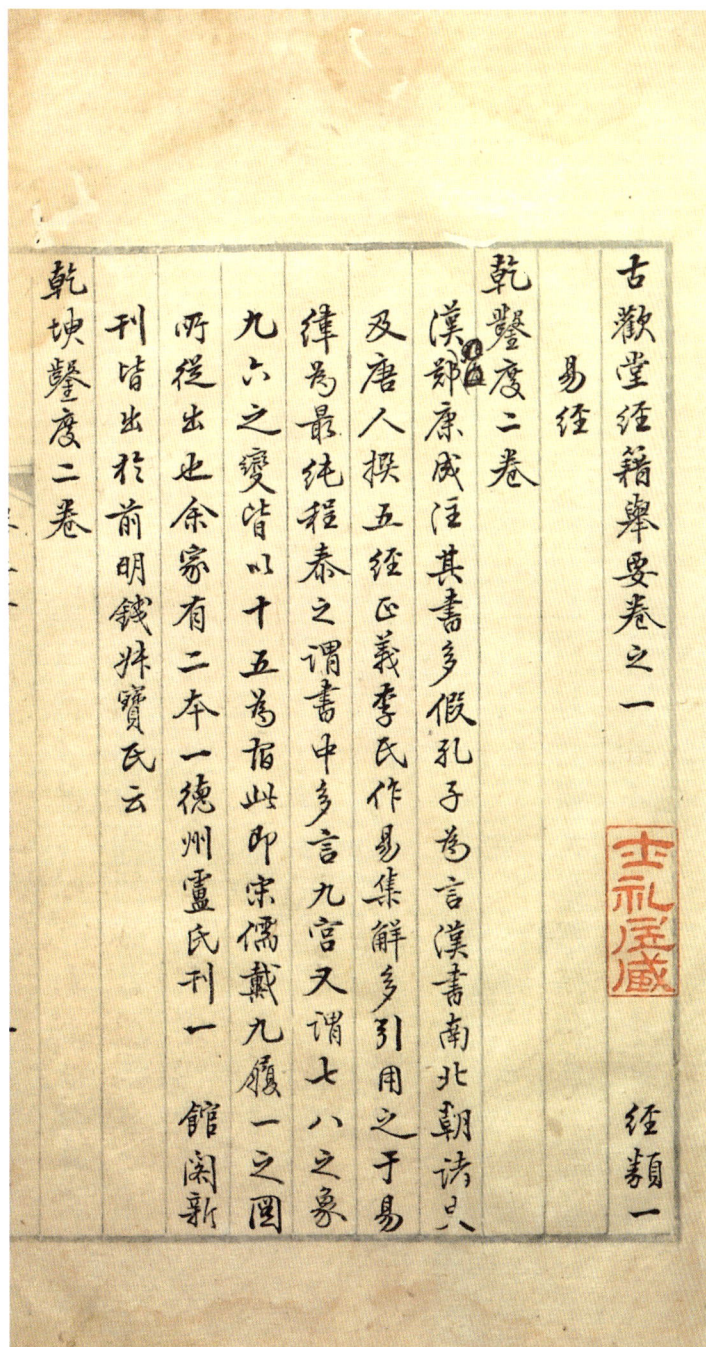

全書僅一卷，據卷端"古歡堂經籍舉要卷之一經類一"，可知此書非全本。

框高 19.3 厘米，寬 13.5 厘米。藍格。半葉十行，行二十一字。四周單邊，白口，單魚尾。鈐"士禮居藏"等印。國家珍貴古籍名錄編號 11707。

右吳枚菴先生望鳳經籍舉要手稿二卷之一府志作經籍略士禮居藏本書承題作經類則菴圖所見本非全稿也枚翁所著作甚多其已刻者就余所見有嶼稽齋叢稿梅村詩注懷舊集印須集刻的自國朝文徵沈刻遜志堂雜鈔六種餘則不知在已矣此編雖不完之書然解題詳慎不苟大可付之剞人為吳中先招遺書之一從鶴廬主人偁讀田逸寫一分藏之先生潭於校讐之學當時如盧抱經王西莊朱文游乾以文吳搓容揚列歐諸家的有通書之約丹黃點勘積至萬餘叁前浮奇晉齋業書殘帙中炙抹錄雲煙溪錄兩種尝為先生字按之本干將故里菴不可閱讀潤雅堂校菴借書圖詩不自勝生晚之嗟已光緒甲辰五月中旬長洲後學章鈺謹跋

孟子正義三十卷

（清）焦循撰　稿本　汪鋆題跋

焦循（1763—1820），字理堂，揚州人。博聞強記，於經史、曆算、聲韵、訓詁之學皆有研究。

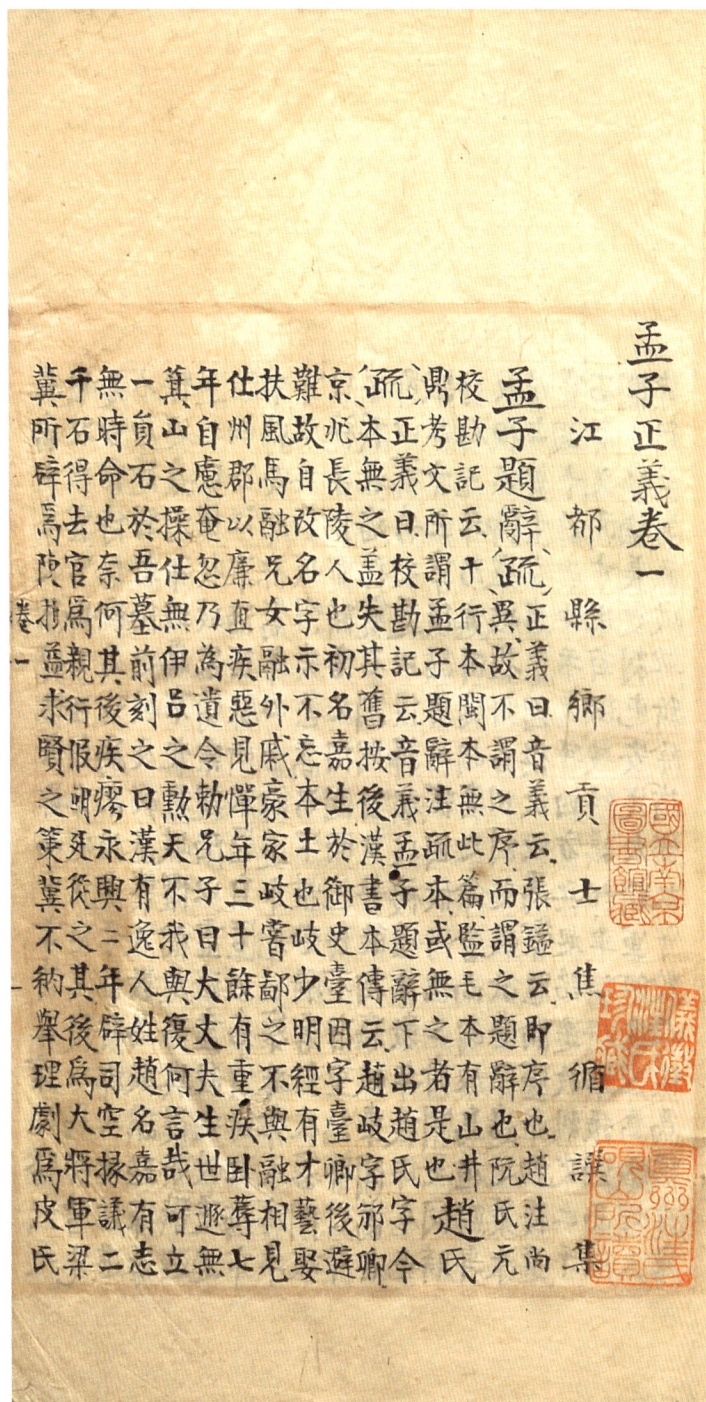

今存最早的《孟子》注解爲東漢趙岐所作《孟子章句》，焦循此本即爲對漢趙岐注所做的正義，也可看作是對趙注的完善。此書采擇歷代經史傳注及清初以後六十五家學人著述中有關《孟子》與趙注的詮釋與論見，對原書涉及的名物典制幾乎無所不考，乾嘉時期《孟子》的研究成果大備於此書。

框高 18.2 厘米，寬 13.4 厘米。紅格。半葉十行，行二十一字，小字雙行同。紅口，左右雙邊。鈐"真州汪氏硯山所讀""儀徵汪氏珍藏"等印。國家珍貴古籍名錄編號 11518。

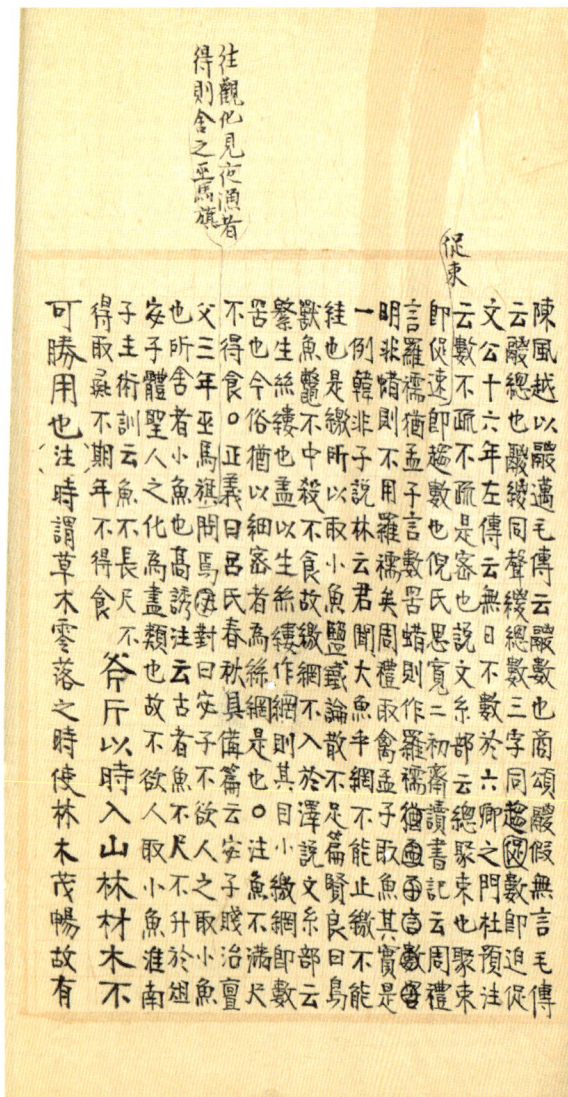

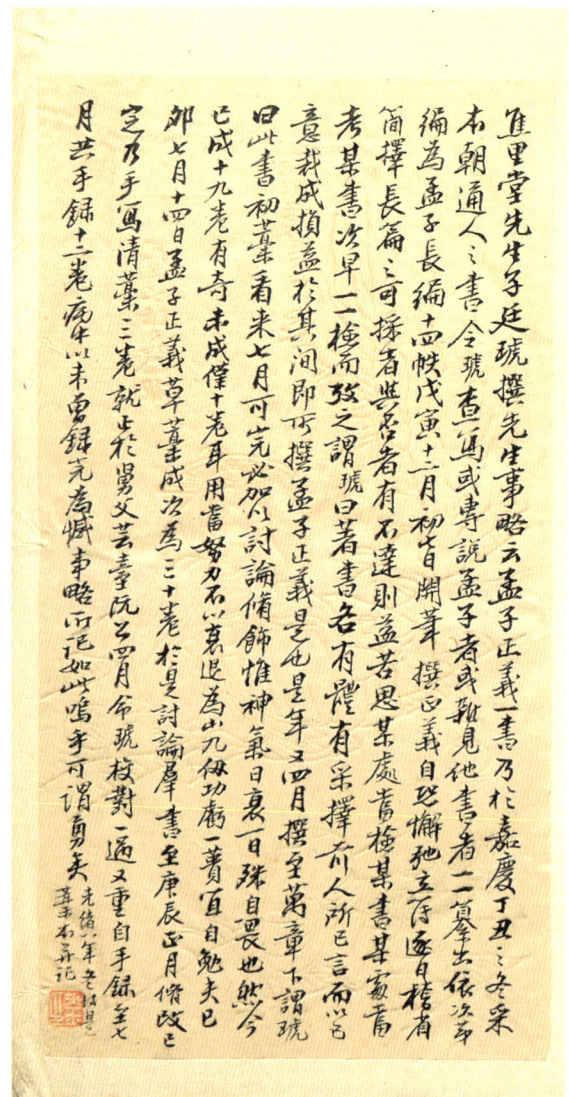

水經注疏證四十卷

（清）沈欽韓撰　稿本

沈欽韓（1775—1831），字文起，號小宛，別號織簾居士，吳縣（今屬江蘇蘇州）人，嘉慶舉人。學問淵博，精史地之學，長於訓詁考證，尤擅地理方面疏證。著有《兩漢書疏証》《左傳補注》等。

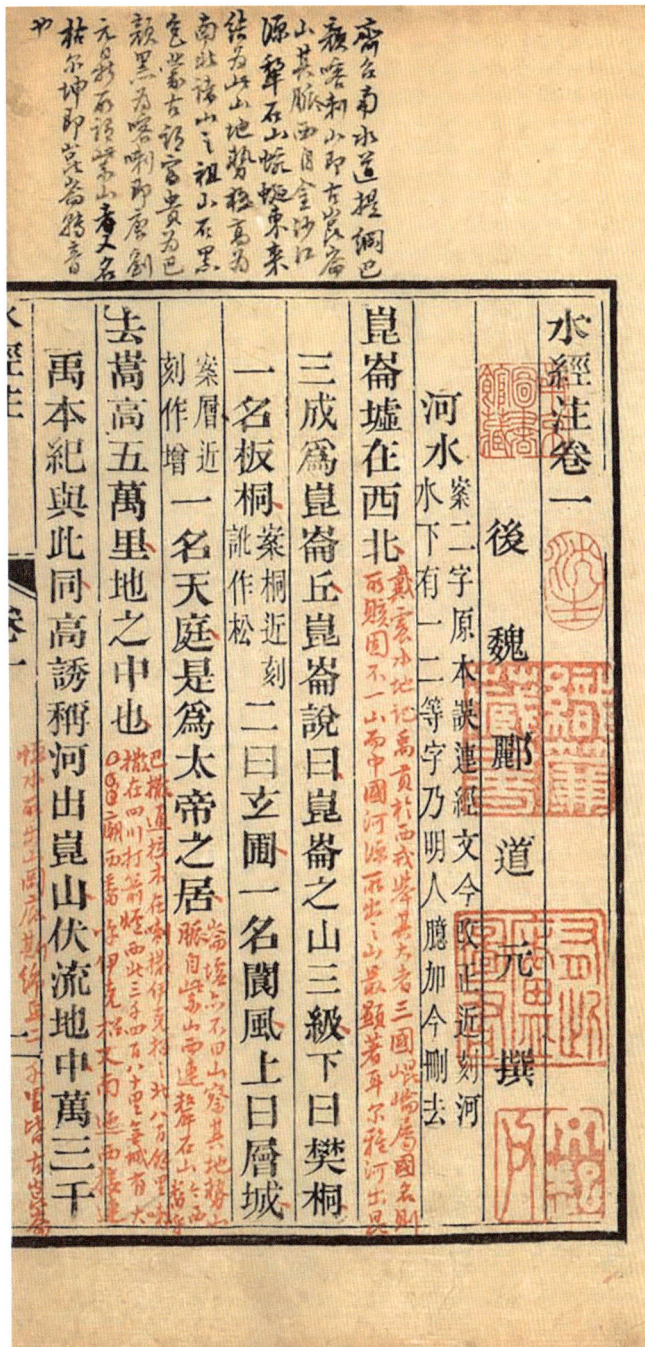

　　此稿本以武英殿活字印本《水經注》四十卷爲底本，於原書天頭地脚及行間批注細加箋注。此書經沈氏以朱墨二筆多次校對，卷後多記校刊時間。

　　書名據卷末朱筆“沈欽韓定本并疏證”而定。每册內封大字行書題寫水名。書根以司空圖《詩品·典雅篇》語“眠琴綠陰，上有飛瀑。落花無言，人澹如菊”爲序次。

　　框高 24.4 厘米，寬 15.3 厘米。半葉九行，行二十一字，小字雙行同，四周雙邊，白口，單魚尾。鈐“沈生”“欽韓曾讀”“小宛心賞”“織簾勘書之室”等印。國家珍貴古籍名錄編號 01689。

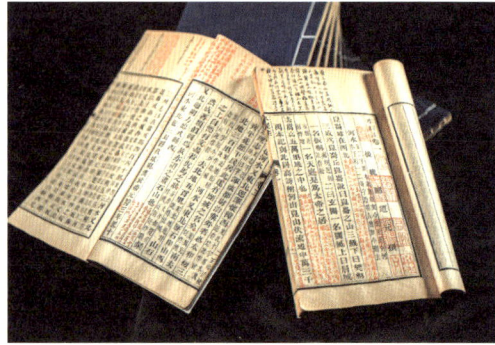

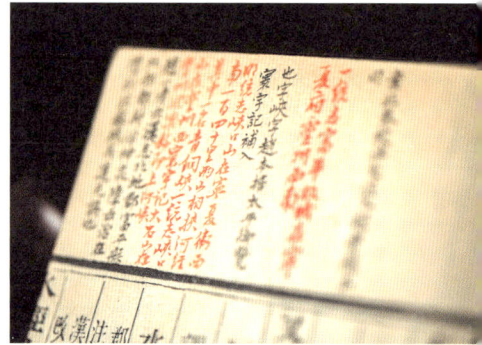

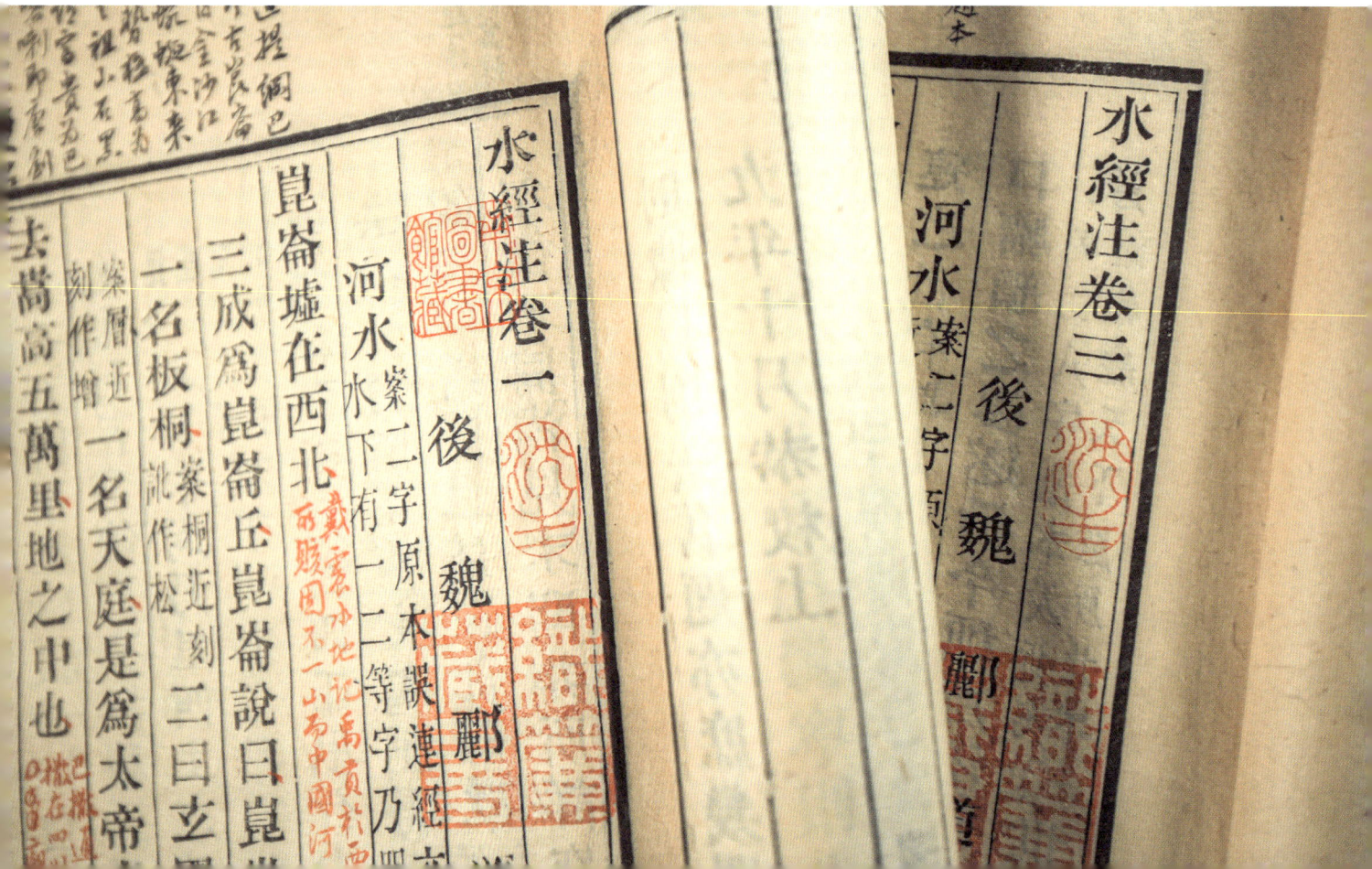

春秋比類觀例二卷

（清）王銘西撰　稿本　夏燁如跋　戴望、駱粲、陳鼎、許棫、湯成烈、陸鼎翰、吳康壽題款

王銘西（1822—1893），字愚溪，自號大癡，陽湖（今屬江蘇常州）人。精《十三經注疏》，有《春秋》學著作三種。對天文地理亦有研究，尤其熟習吳中水利，著有《常州武陽水利書》。

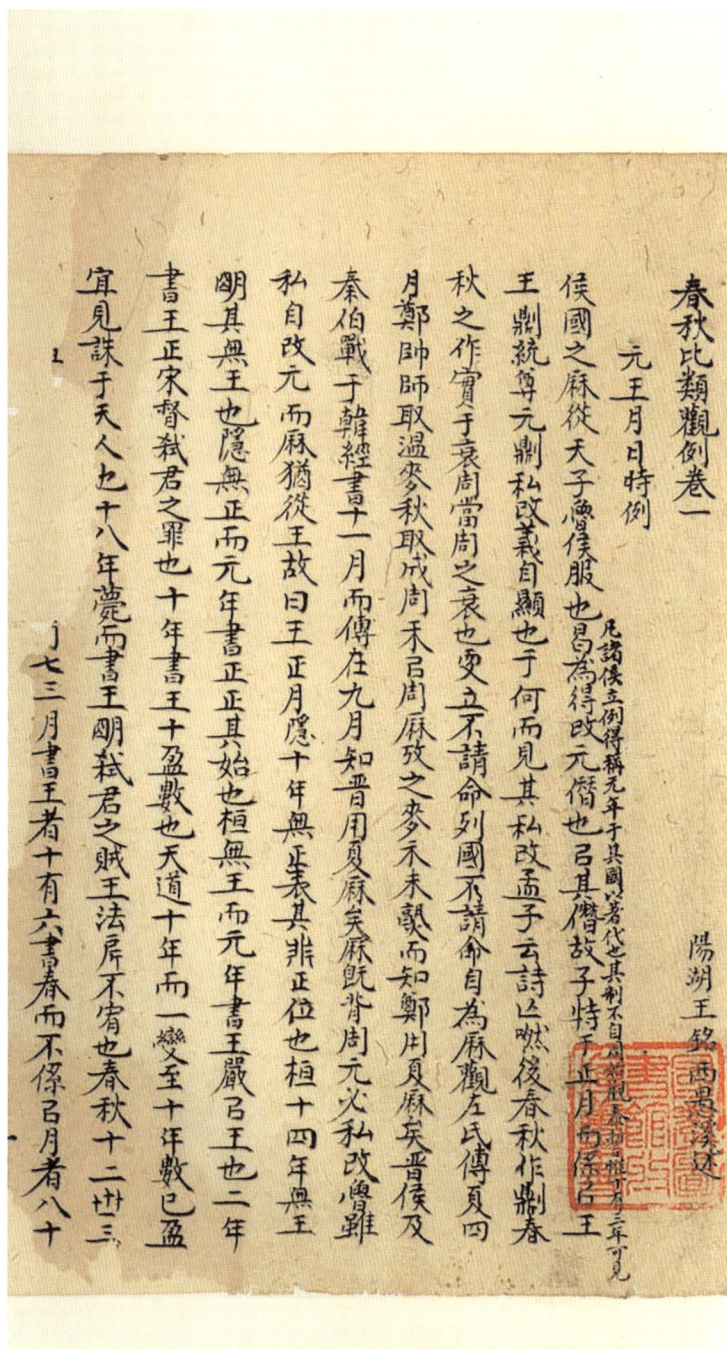

正文凡二卷，卷一元王月日時例等十四條，卷二平廛及輸例等三十七條。

開本高 27.9 厘米，寬 18 厘米。半葉十二行，行三十一字，小字雙行同。鈐"夏印煒如""永曦"印。國家珍貴古籍名録編號 10112。

出使英法義比四國日記六卷續十卷

（清）薛福成撰　稿本　存十一卷（一、續全）

薛福成（1838—1894），字叔耘，號庸盦，江蘇無錫人。曾任出使英、法、意、比四國公使，近代洋務運動主要領導者之一。

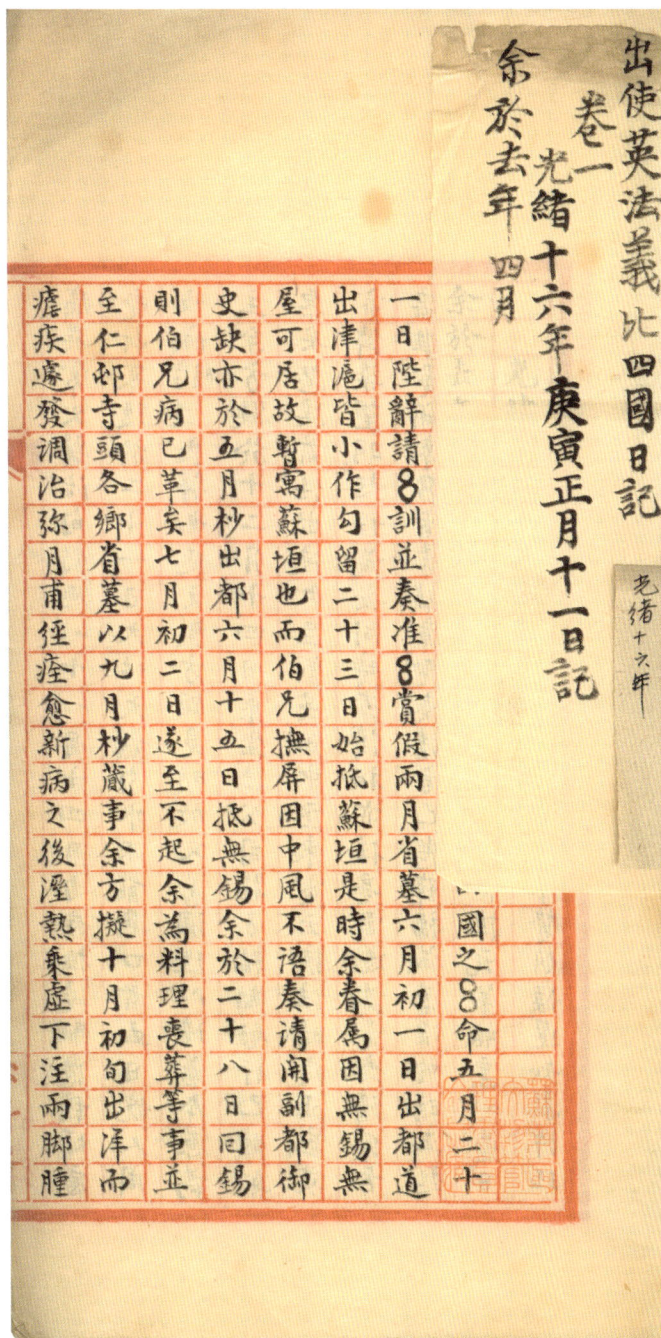

此日記六卷今存卷一，起迄時間爲光緒十六年正月十一日至二月十七日；續卷十卷，起迄時間爲光緒十七年三月初一至光緒二十年五月二十八日。

前卷：框高 18.6 厘米，寬 11.4 厘米。半葉九行，行二十五字，四周雙邊，白口，單魚尾。版心下鐫"松竹齋"。續卷：框高 17.1 厘米，寬 12.6 厘米。半葉十行，行二十一字，左右雙邊，黑口，單魚尾。版心下鐫"無錫薛氏私稿"。有清薛瑩中校。國家珍貴古籍名錄編號 01600。

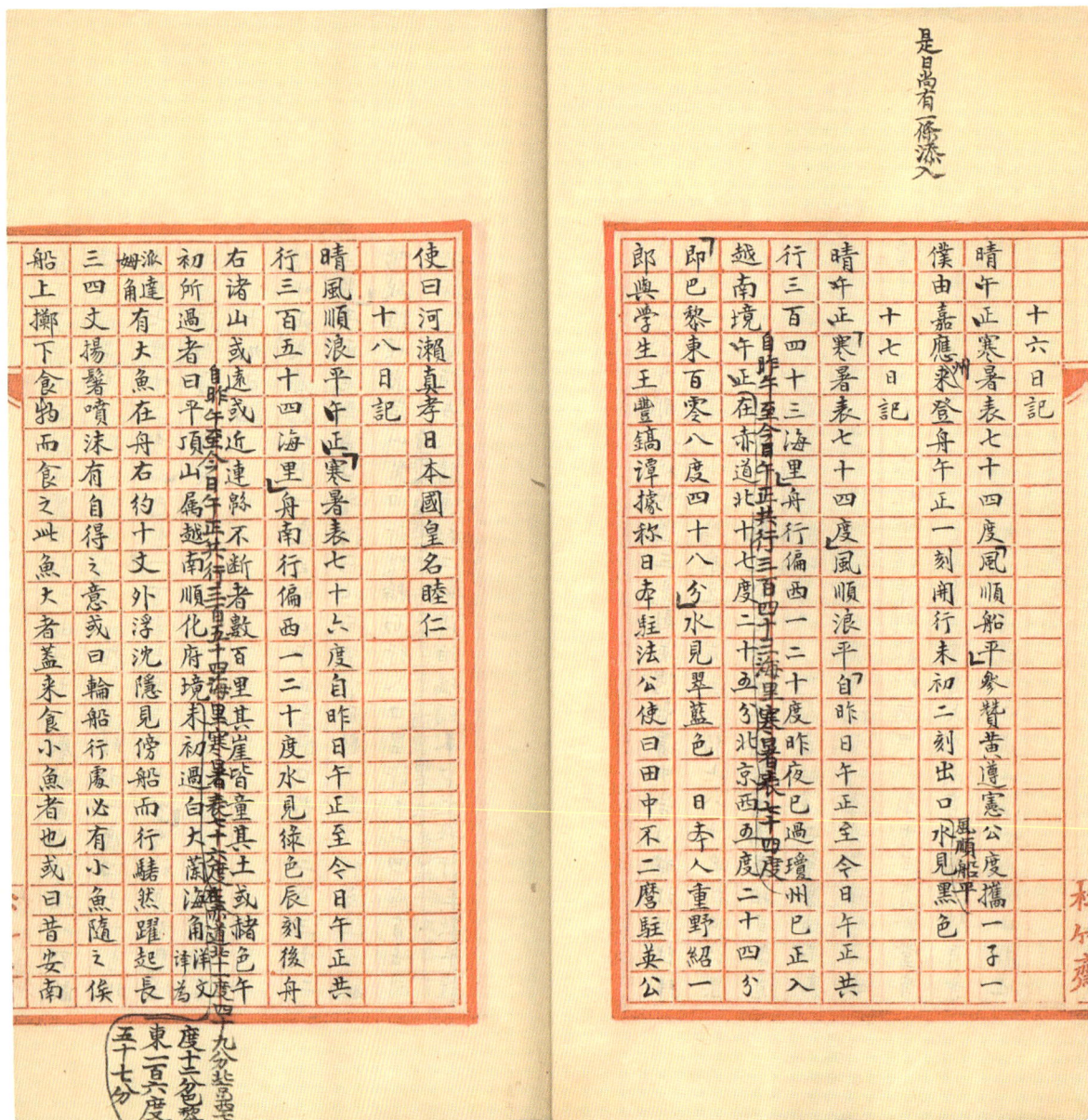

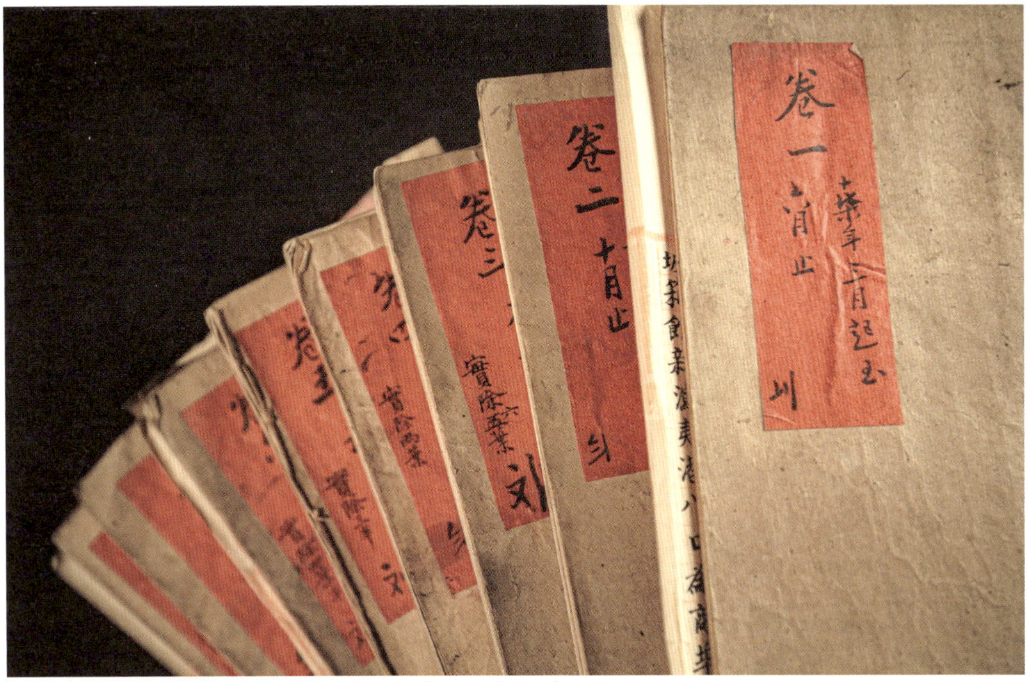
卷一
卷二
卷三

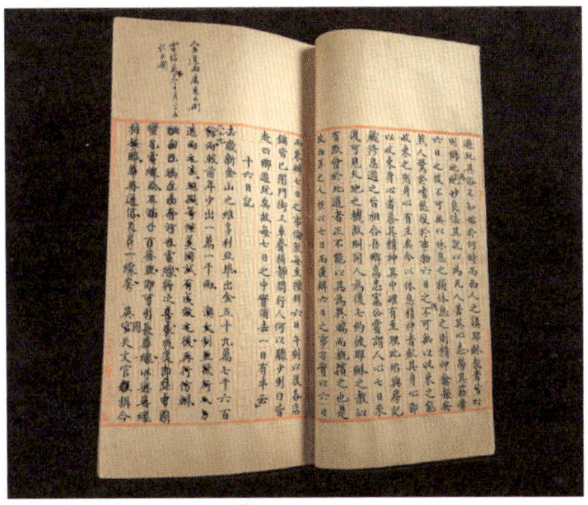

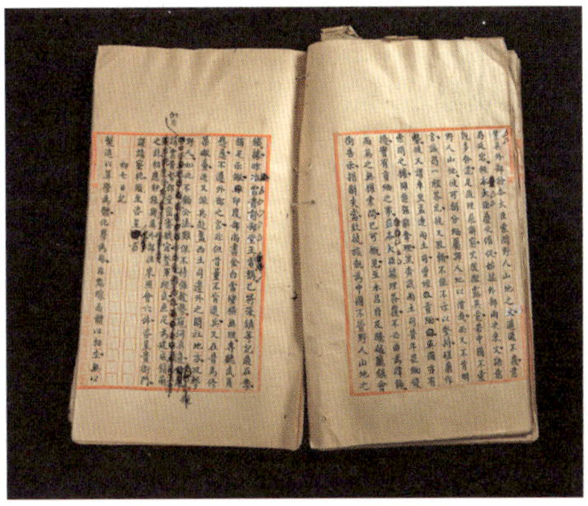

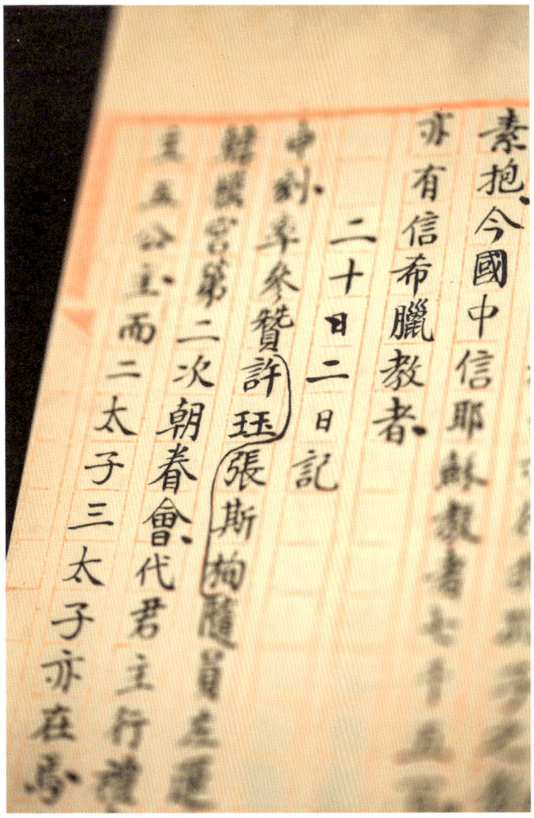
亦有信希臘教者、
二十日二日記

周禮政要二卷

（清）孫詒讓撰　稿本

孫詒讓（1848—1908），字仲容，別號籀廎，瑞安（今屬浙江溫州）人。於經學、諸子學、文字學、考據學、校勘學及地方文獻整理方面頗有成就。有"晚清經學後殿""樸學大師"之譽。

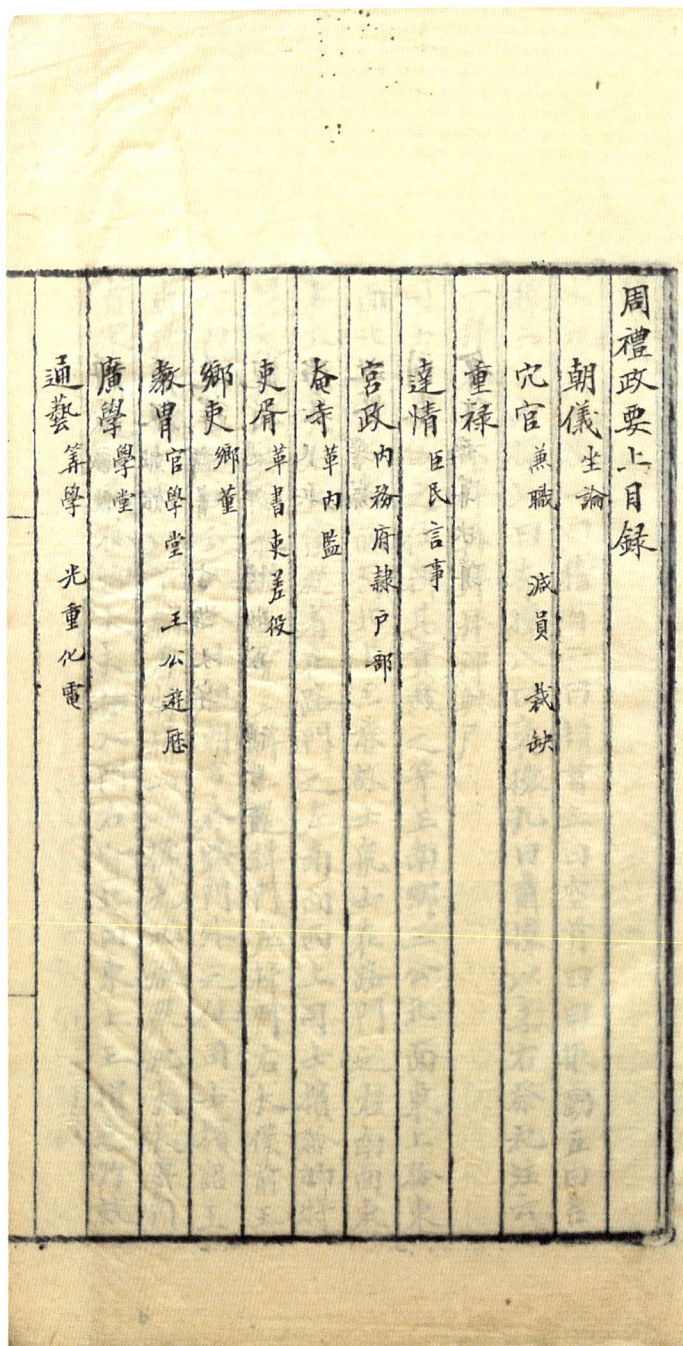

　　是書封面題"孫籀廎先生周禮政要稿本"及冊次。正文無卷端題名。上冊二十篇：朝儀、冗官、重禄、達情、宮政、奄寺、吏胥、鄉吏、教胄、廣學、通藝、選舉、博議、廣報、通譯、觀新、治兵、巡察、圖表、會計。下冊二十篇：户版、口稅、廛布、券稅、金布、券幣、漁徵、度量、礦政、冶金、水利、教農、樹藝、保商、同貨、考工、考醫、獄訟、諭刑、收教。

　　框高 16.9 厘米，寬 11.8 厘米。藍格。半葉十二行，行二十四字。白口，左右雙邊。國家珍貴古籍名録編號 01338。

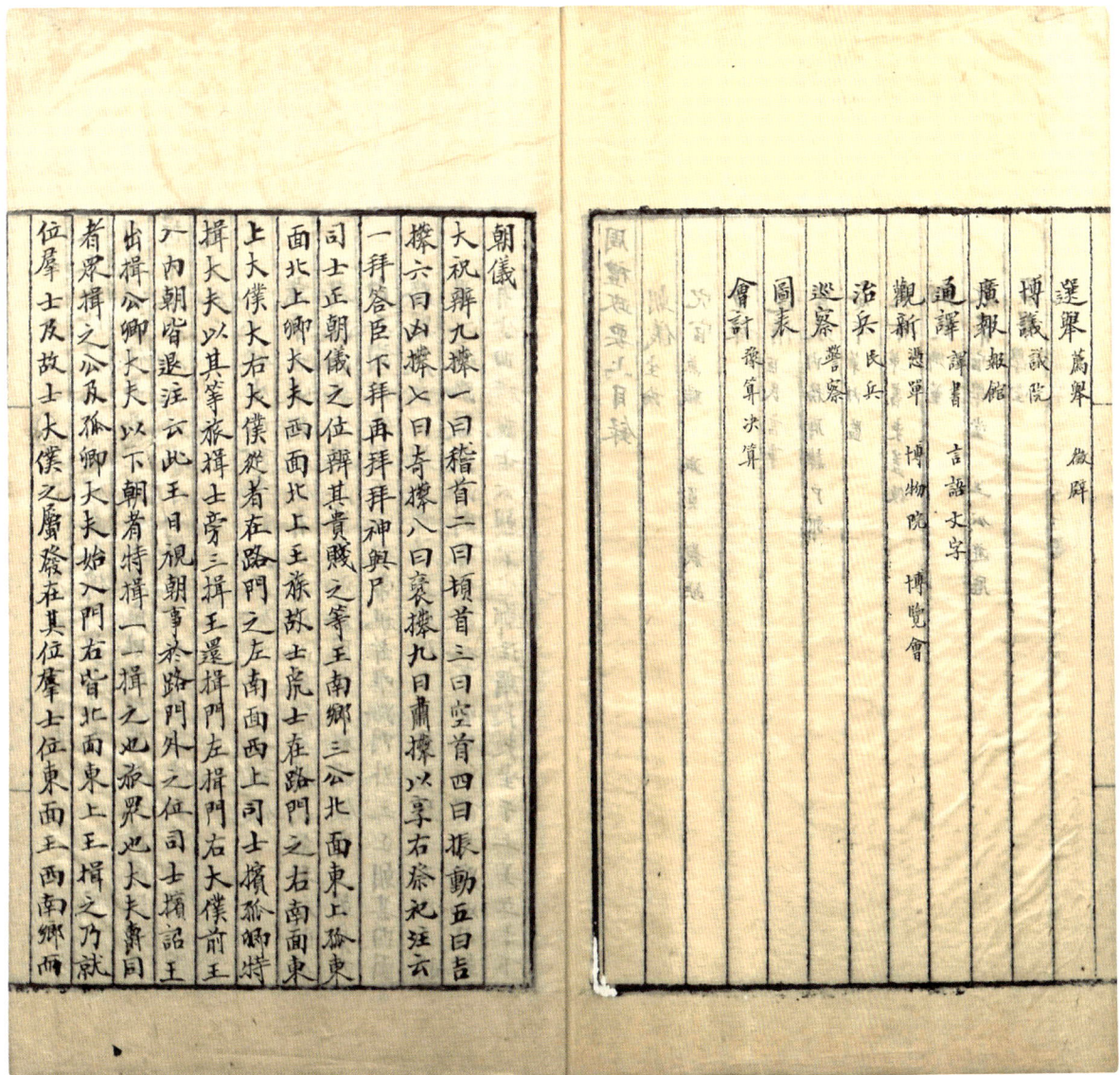

白雨齋詞話十卷

（清）陳廷焯撰　稿本

陳廷焯（1853—1892），字亦峰，又字伯與，原名世琨，丹徒（今屬江蘇鎮江）人，光緒
十四年（1888）舉人。晚清常州詞派詞家。

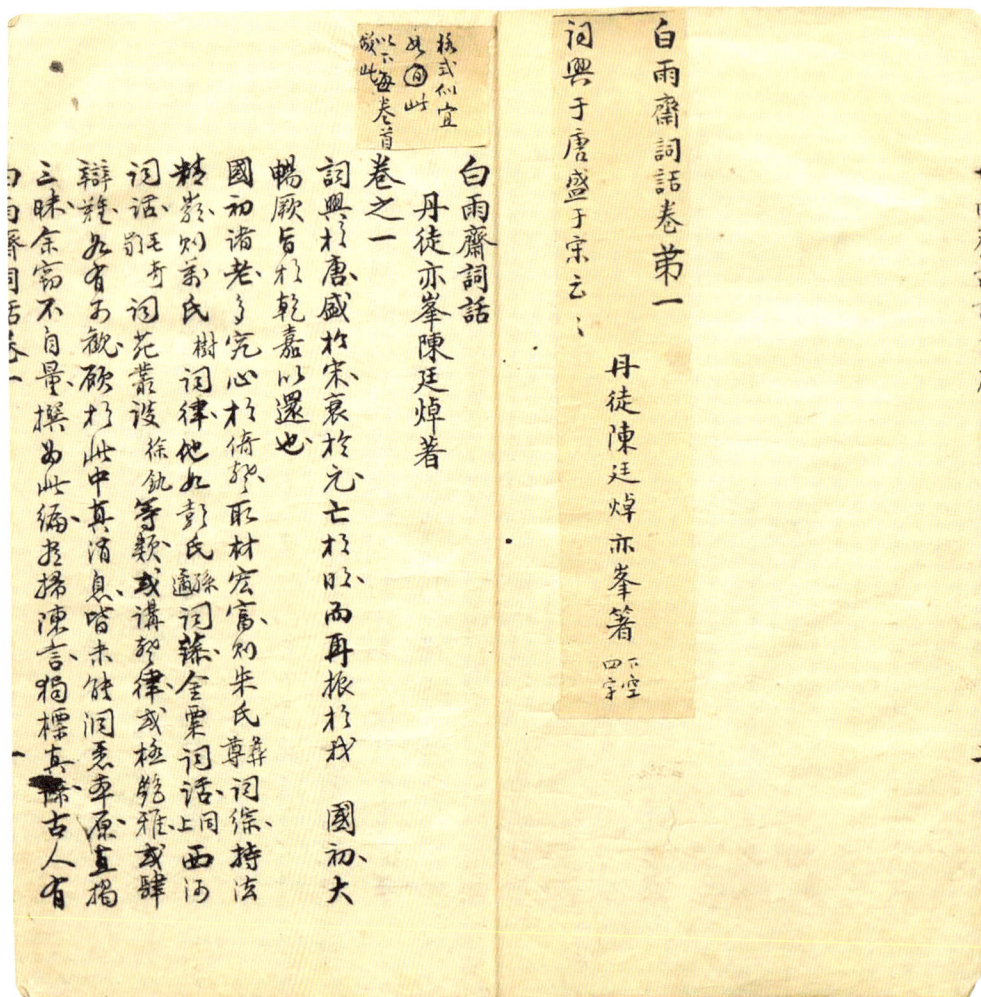

　　正文前有清光緒十七年著者自序。全書共十卷，未題卷名、篇名。文中時有墨筆或朱筆
改動，間或粘有浮簽。此書曾五易其稿，後由其父審定刪成八卷，光緒二十年由其門人刊行。
　　開本高 18 厘米，寬 13 厘米。書無欄格。半葉十行，行二十二字。原爲陳氏後人收藏，
由陳昌、陳光遠申報國家珍貴古籍名録，2014 年贈予南京圖書館。國家珍貴古籍名録編號
06588。

永樂大典二萬二千八百七十七卷

（明）解縉等輯　明內府抄本　存一葉（卷一千一百九十一第五葉）

解縉（1369—1415），字大紳，一字縉紳，吉水（今屬江西吉安）人。官至內閣首輔、右春坊大學士。

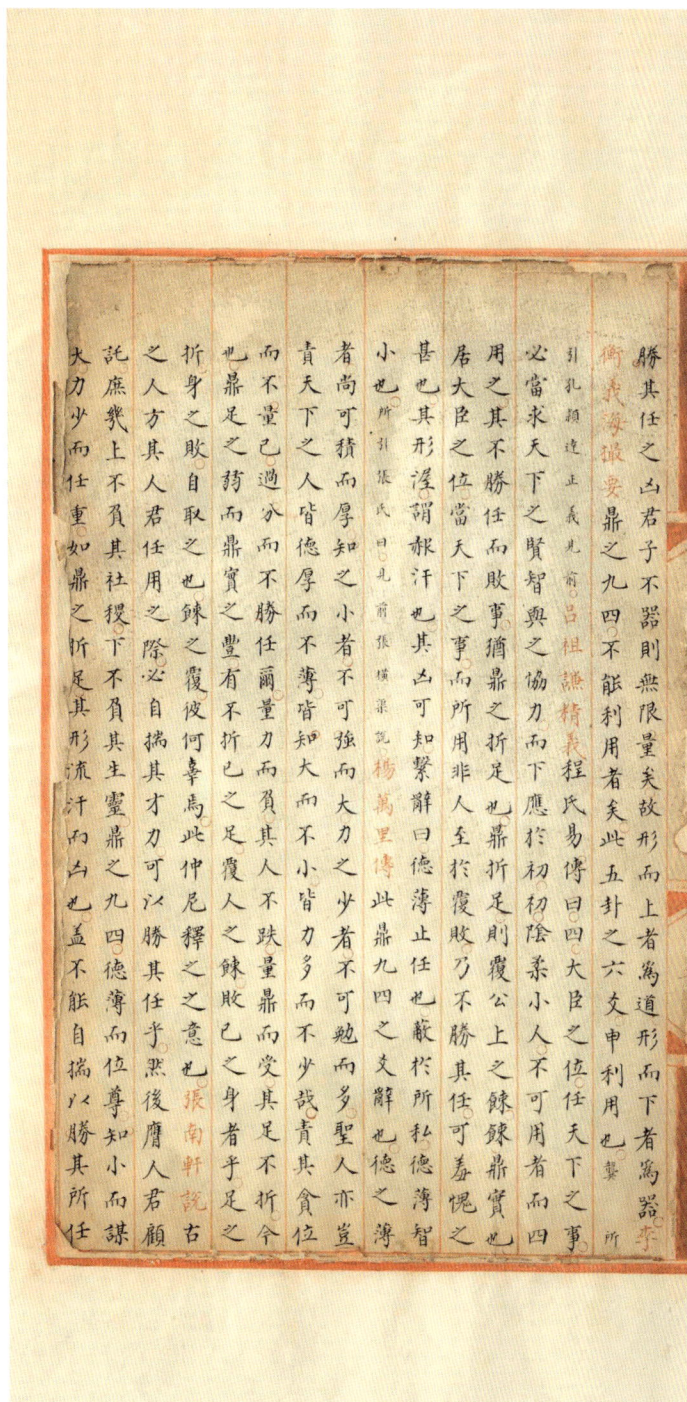

勝其任之凶君子不器則無限量矣故形而上者為道形而下者為器亦

衛氏海城安鼎之九四不能利用者矣此五卦之六爻申利用也妻　所

吕祖謙精義程氏易傳曰四大臣之位當天下之事

用之其不勝任而敗事猶鼎之折足也應於初初陰柔小人不可用者而四

必當永天下之賢智與之協力而下所用非人至於覆敗乃不勝其任可羞愧之

居大臣之位當天下之事

甚也其形渥蒯靦汗也其凶可知繫辭曰德薄止任也載於所私德薄智

小也所引張氏曰孔子張横渠筮　楊萬里傳此鼎九四之支觧也德之薄

者尚可積而厚知之小者不可強而大力之少者不可勉而多聖人亦豈

責天下之人皆德厚而不薄皆知大而不小皆力多而不少哉責其食位

而不量己過分而不勝任者也鼎折足爾量力而責其人不跋量鼎而受其足不折今

也鼎足之覆彼何羞為此仲尼釋之意也覆人之錬敗己之身者于足之

折身之敗自取之也錬之霞　見　張南軒說古

之人方其人君任用之際必自揣其才力可以勝其任乎然後膺人君顧

託庶幾上不負其社稷下不負其生靈鼎之九四德薄而位尊知小而謀

大力少而任重如鼎之折足其形流汗而凶也盖不能自揣以勝其所任

　　此爲永樂大典殘葉，邊框（後人所描畫）及版心之字均殘缺，内容爲《周易·繫辭下》“子曰：‘德薄而位尊，知小而謀大，力小而任重，鮮不及矣。’《易》曰：‘鼎折足，覆公餗，其形渥，凶。’言不勝其任也”的諸家（李鼎祚、張載、司馬光、張浚、郭雍等）集解。可知所存爲卷一千一百九十一第五葉。

　　開本高 36.2 厘米，寬 23.4 厘米。半葉八行，行字不等，小字雙行，行二十八字，四周雙邊，朱口，三朱魚尾。國家珍貴古籍名録編號 08612。

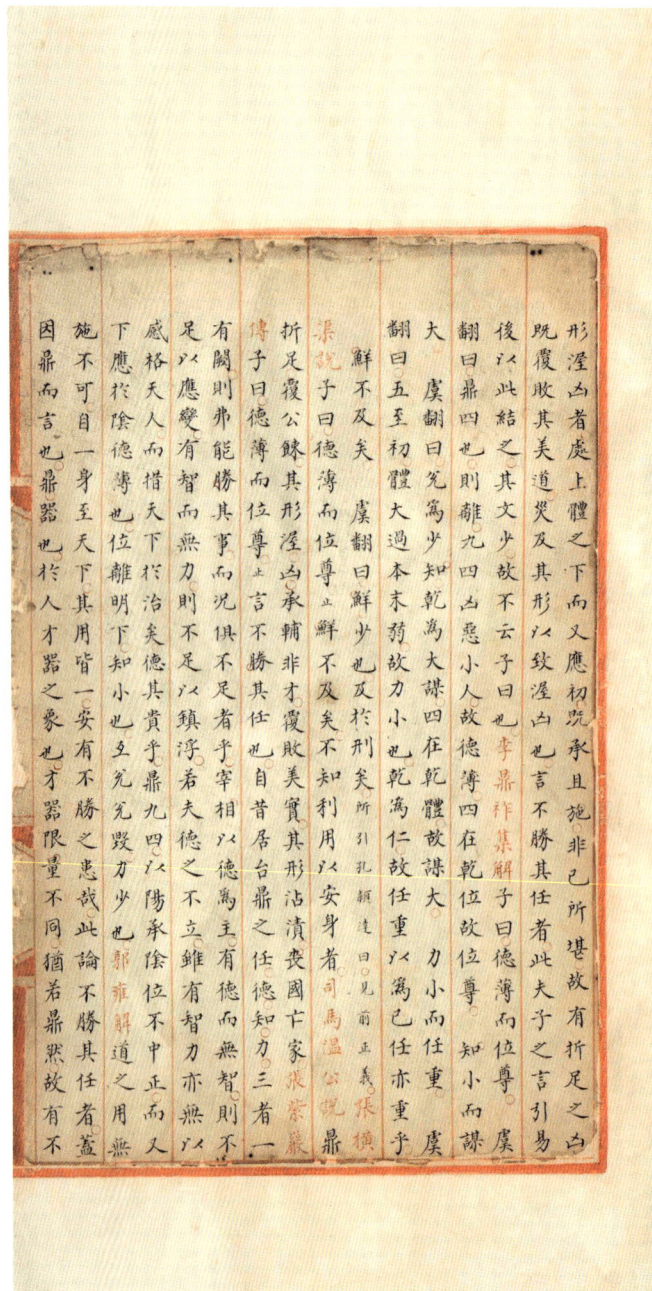

吴中旧事一卷

（元）陸友仁撰　明隆慶元年（1567）居節抄本　居節跋

陸友仁，生卒年不詳，名友，字友仁，一字宅之，號研北生，平江（今屬江蘇蘇州）人。工書法，精鑒賞。著有《墨史》《研北雜志》等。

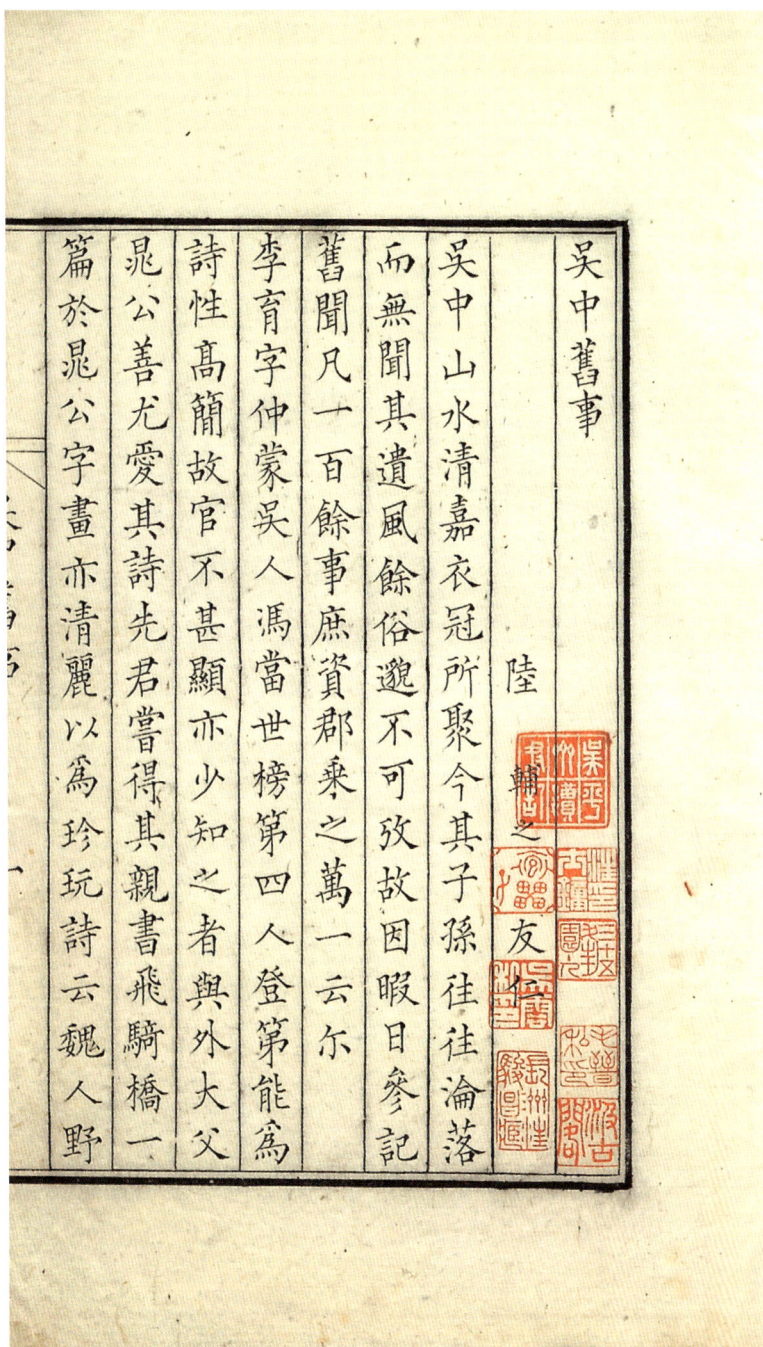

吳中舊事

　　　　　　　　　陸輔之　友仁

吳中山水清嘉衣冠所聚今其子孫往往淪落
而無聞其遺風餘俗邈不可致故因暇日參記
舊聞凡一百餘事庶資郡乘之萬一云尔
李育字仲蒙吳人馮當世榜第四人登第能爲
詩性高簡故官不甚顯亦少知之者與外大父
晁公善尤愛其詩先君嘗得其親書飛騎橋一
篇於晁公字畫亦清麗以爲珍玩詩云魏人野

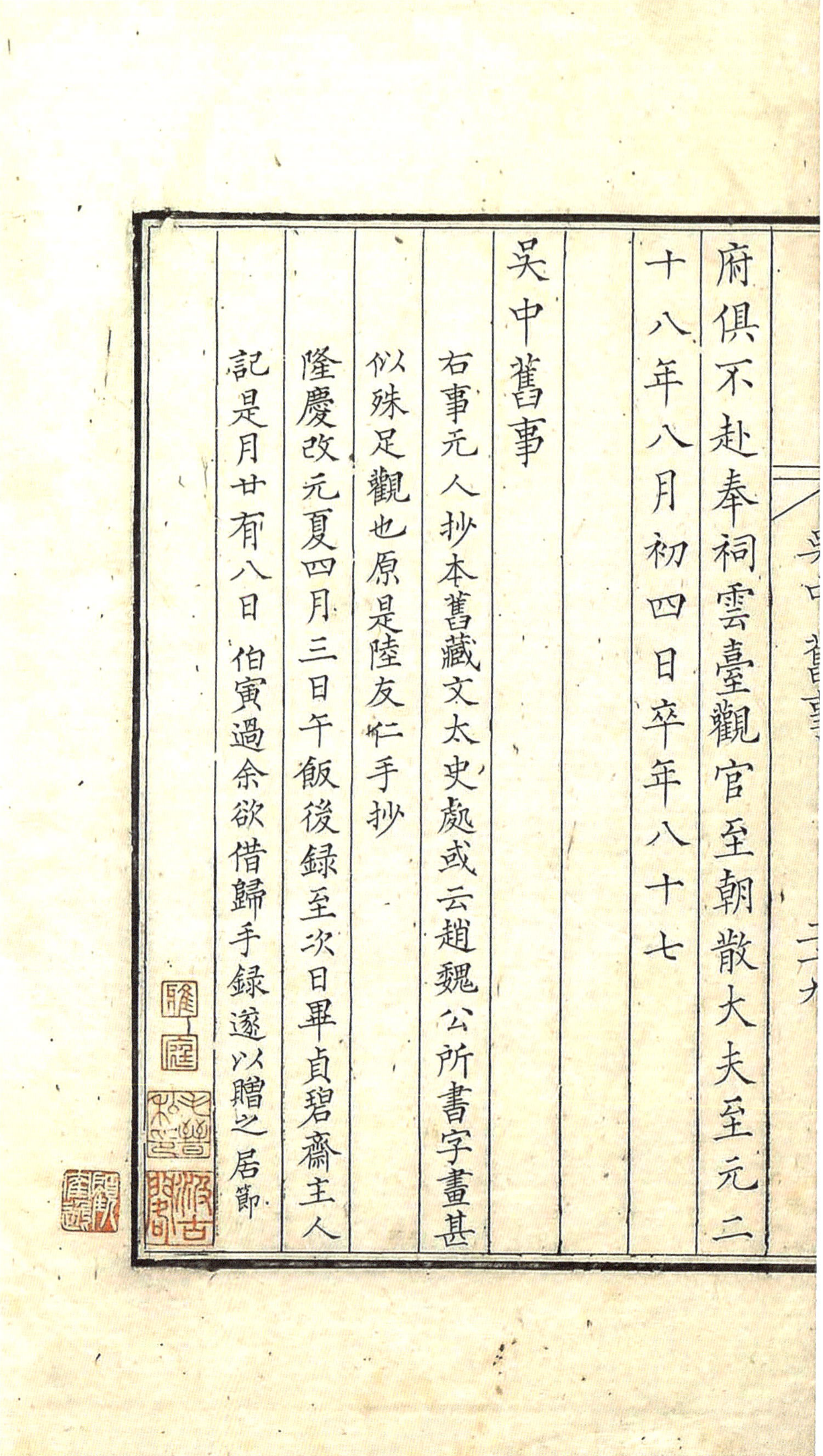

吳中舊事　二十九

府俱不赴奉祠雲臺觀官至朝散大夫至元二

十八年八月初四日卒年八十七

吳中舊事

右事元人抄本舊藏文太史處或云趙魏公所書字畫甚

似殊足觀也原是陸友仁手抄

隆慶改元夏四月三日午飯後録至次日畢貞碧齋主人

記是月廿有八日　伯寅過余欲借歸手録遂以贈之居節

　　是書記吳地舊聞凡一百餘事，可補方志之缺，體例近小説家，多街談之流。此本末有明代書畫家居節題跋，稱於隆慶元年（1567）四月三日午飯後録，至次日畢。跋文字體與正文一致，字迹清雅秀逸，故知此抄本爲居節手筆。

　　框高 20.5 厘米，寬 13.7 厘米。半葉九行，行十八字，小字雙行同，四周雙邊，白口，單白魚尾。鈐"汲古閣""毛晉私印""三十五峰園主人""汪印士鐘""長洲汪駿昌藏""吳雲私印""吳平齋讀書記""顧鶴逸"等印。國家珍貴古籍名録編號 11677。

三朝北盟會編二百五十卷

（宋）徐夢莘撰　明抄本　丁丙跋

徐夢莘（1126—1207），字商老，臨江軍清江（今屬江西樟樹）人，紹興進士。嗜學博聞。

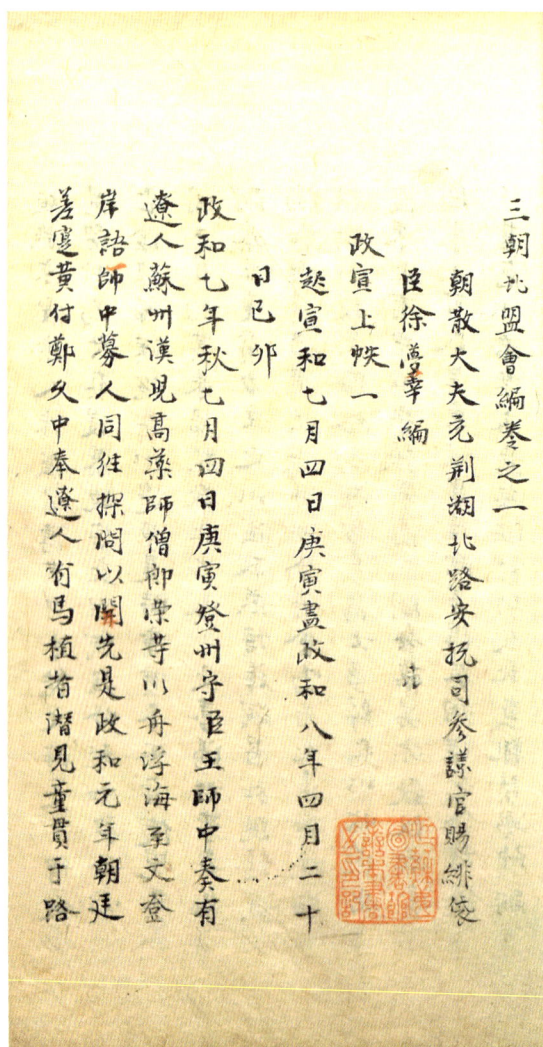

作者彙輯宋徽宗、欽宗、高宗三朝有關宋金和戰的 200 多種文獻史料加以編排，諸多史料原文已佚，藉此書方得以保存。故該書有重要的史料價值，是編年體當代史名著。

半葉十行，行二十字，小字雙行，字無定數。無格。鈐"竹泉珍秘圖籍""敦復珍藏顧氏""錢唐丁氏藏書""八千卷樓珍藏善本""綸音嘉惠藝林"等印。國家珍貴古籍名録編號 10209。

尚書譜不分卷

（明）梅鷟撰　明抄本

梅鷟（約 1483—1553），字致齋，旌德（今屬安徽宣城）人。正德八年（1513）舉人，官南京國子監助教、鹽課司提舉。

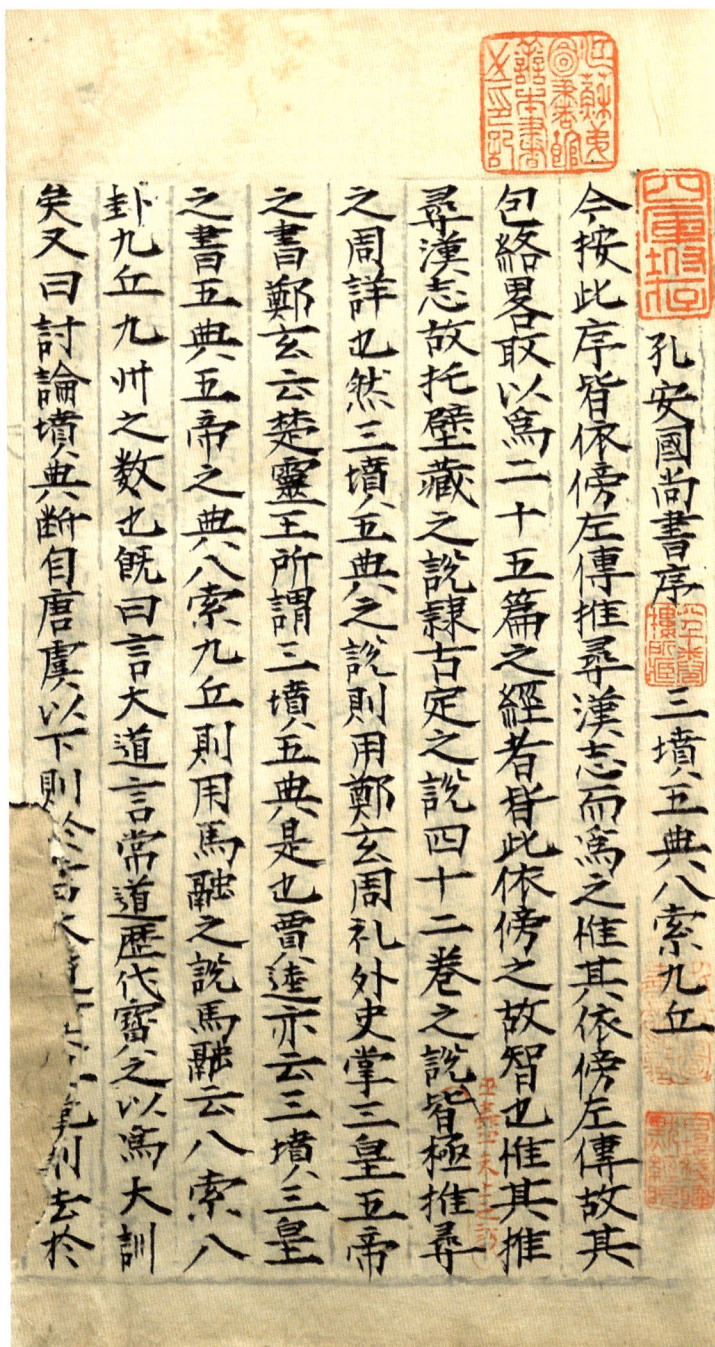

是書隨文講解、考辨《尚書》之僞。文中多處有顧廣圻嘉慶十七年（1812）、十九年朱、墨筆跋。

框高 20.9 厘米，寬 14.1 厘米。藍格。半葉九行，行二十二至二十四字不等。四周單邊，白口，單魚尾。鈐"白堤錢聽默經眼""錢唐丁氏正修堂藏書""八千卷樓所藏""四庫附存"等印。國家珍貴古籍名録編號 07285。

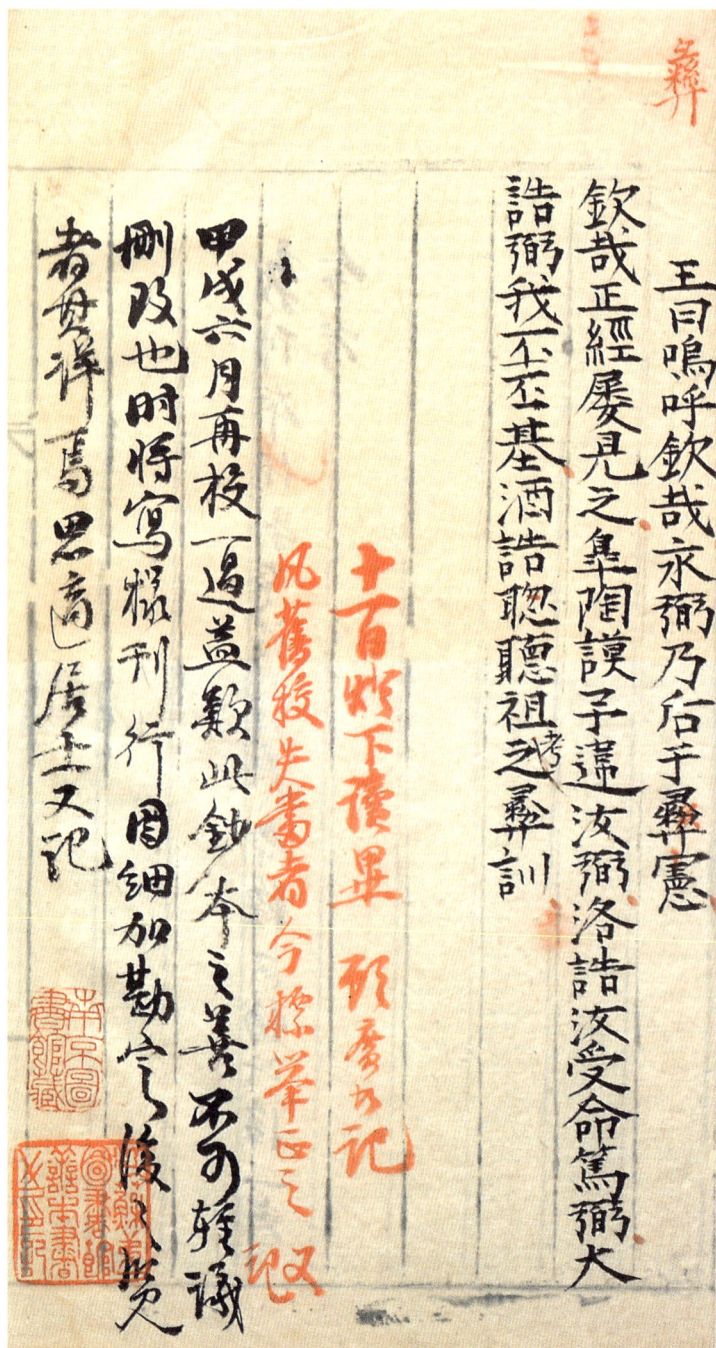

國初禮賢録二卷

明抄本　丁丙跋

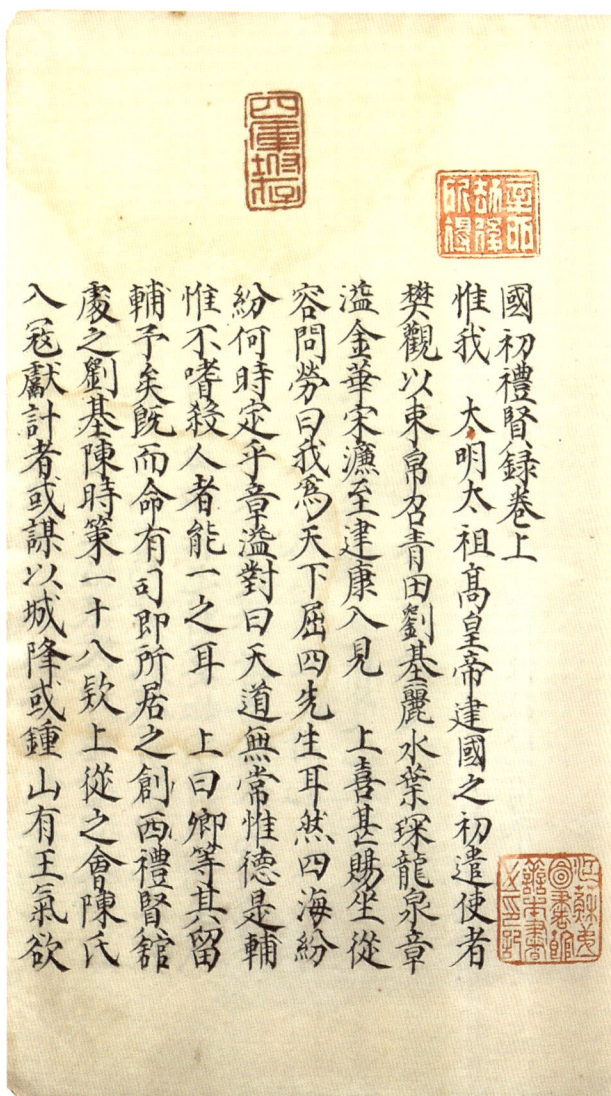

　　是書所録爲明太祖朱元璋聘用劉基、葉琛、章溢及宋濂四人入禮賢館，參預機密之事。書中記載了劉基、章溢卒時事迹，則非劉基所撰，當爲後人雜采衆書而成。《明史·藝文志》《千頃堂書目》皆作明劉基撰，誤。

　　開本高 26.6 厘米，寬 17.8 厘米。半葉十行，行十七字。無格。鈐“錢唐丁氏正修堂藏書”“辛卯劫後所得”“四庫坿存”印。國家珍貴古籍名録編號 03847。

銀海精微二卷

題（唐）孫思邈撰　清乾隆內府寫南三閣四庫全書本

孫思邈（581—682），京兆華原（今屬陝西銅川）人。隋唐時期醫藥學家，後人尊稱"藥王"。

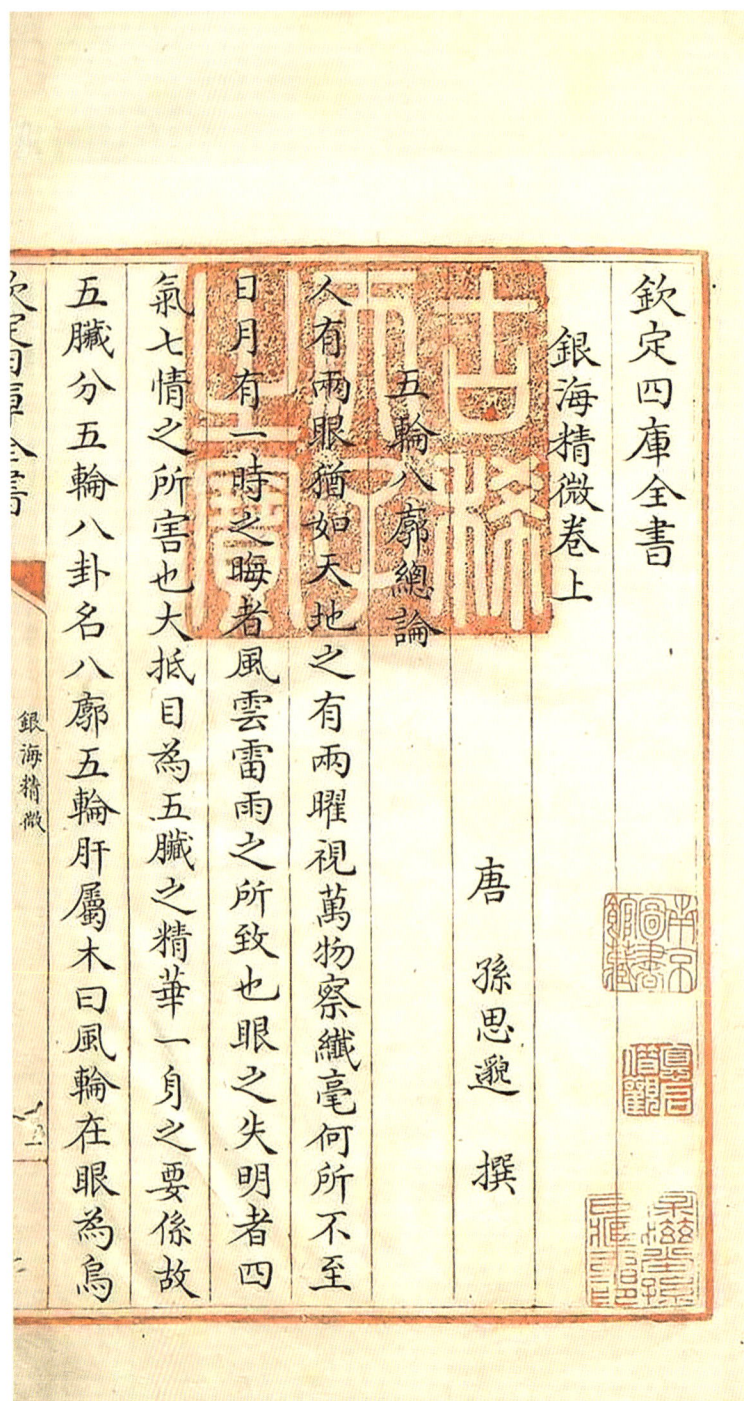

　　道家稱"目"爲"銀海"，是書爲眼科專著，論眼科諸症甚爲明晰，所述眼科理法方藥亦含精華微妙之意，托名唐孫思邈撰。各册護葉浮籤上均墨筆詳書校官姓名。正文前有《四庫》之《銀海精微》提要，末有《銀海精微序》。正文分二卷，卷上首爲"五輪八廓總論"，其後至卷下上半，配圖列各種眼病及診治之法約八十種，卷下後半，記錄各種治眼藥方約百種，末爲"五臟要論""審症應驗口訣""審症秘論""辨眼經脉交傳病症論""用夾法""開金針法""觀音咒""眼科用藥次第法""金針眼科經驗方藥詩括""丹藥和論""藥性論"。

　　框高21.8厘米，寬14厘米。半葉八行，行字不等，小字雙行，行字不等。紅格，白口，四周雙邊，單魚尾。鈐"古稀天子之寶""乾隆御覽之寶"等印。國家珍貴古籍名錄編號04620。

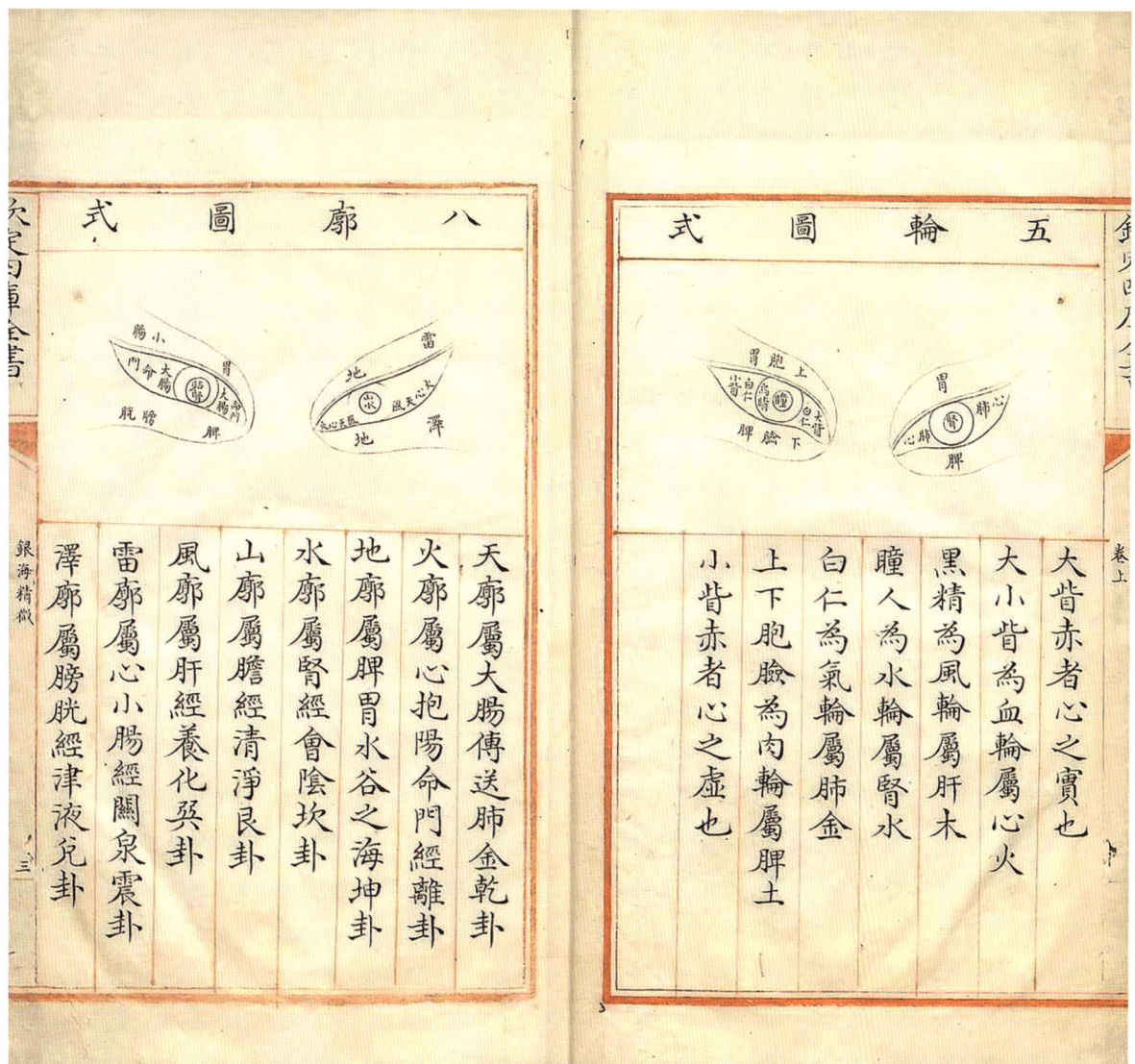

五輪圖式

卷上
大眥赤者心之實也
大小眥為血輪屬心火
黑精為風輪屬肝木
瞳人為水輪屬腎水
白仁為氣輪屬肺金
上下胞臉為肉輪屬脾土
小眥赤者心之虛也

八廓圖式

銀海精微
天廓屬大腸傳送肺金乾卦
火廓屬心抱陽命門經離卦
地廓屬脾胃水穀之海坤卦
水廓屬腎經會陰坎卦
山廓屬膽經清淨艮卦
風廓屬肝經養化巽卦
雷廓屬心小腸經關泉震卦
澤廓屬膀胱經津液兌卦

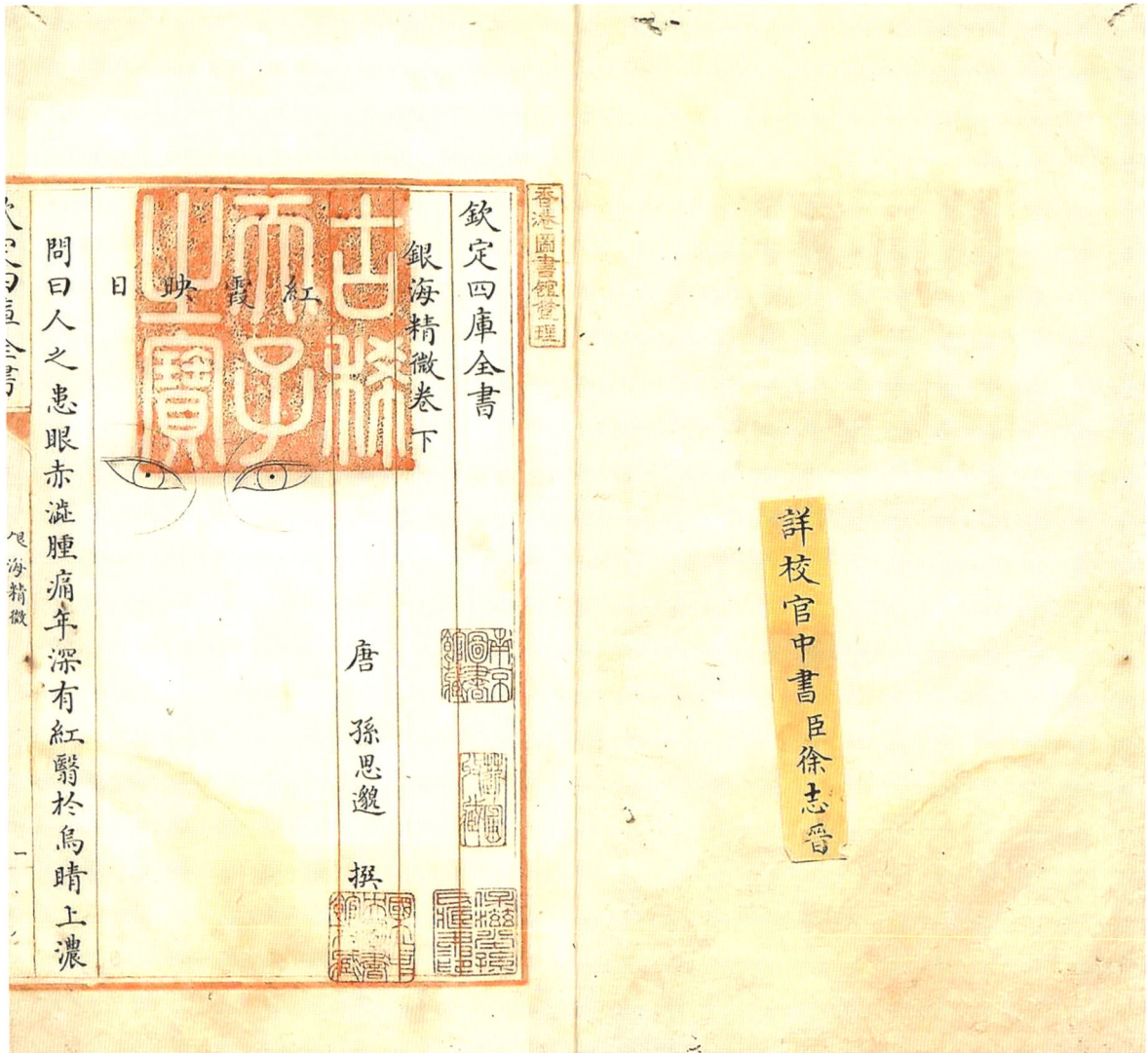

欽定四庫全書

銀海精微卷下

唐 孫思邈 撰

紅霞映日

問曰人之患眼赤澀腫痛年深有紅翳於烏睛上濃

西漢年紀三十卷

（宋）王益之撰　清乾隆翰林院抄本［四庫底本］　邵晉涵校

王益之，生卒年不詳，字行甫，南宋婺州金華（今屬浙江）人。官大理司直。

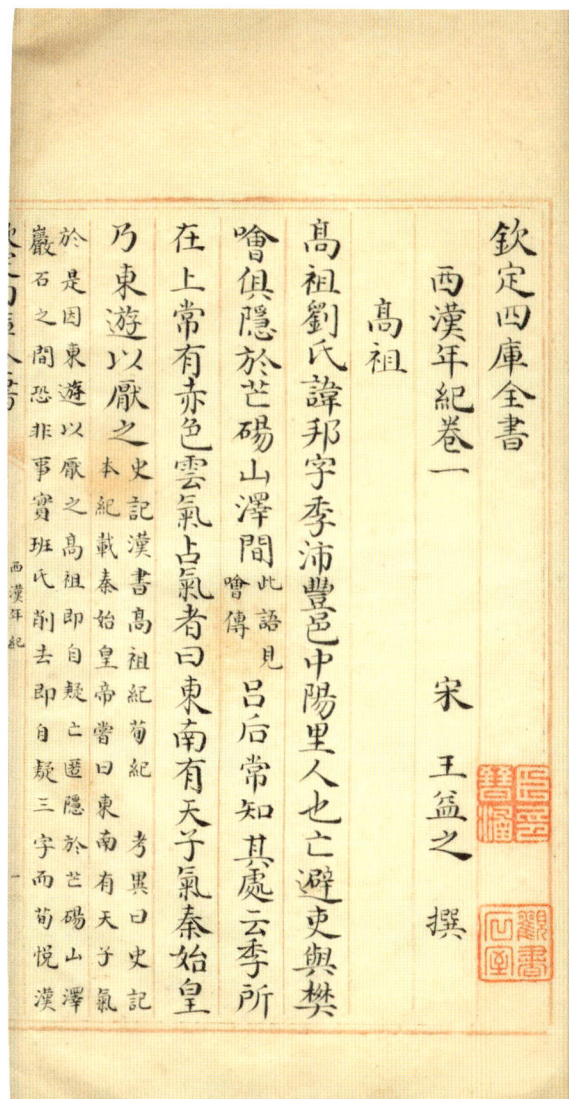

是書爲編年體斷代史書。正文三十卷，以西漢帝王年號先後爲序，記述西漢歷史。史料詳實，條理清楚，於史實多有補正。

框高 23.7 厘米，寬 15.3 厘米。半葉八行，行二十一字，小字雙行同。紅格，白口，四周雙邊，單魚尾。鈐“臣印晉涵”等印。國家珍貴古籍名録編號 03771。

中興館閣錄十卷

（宋）陳騤等撰　清乾隆盧文弨抄本　盧文弨校并跋　存三卷（七至八、十）

陳騤（1128—1203），字叔進，臨海（今屬浙江台州）人。紹興二十四年（1154）進士。

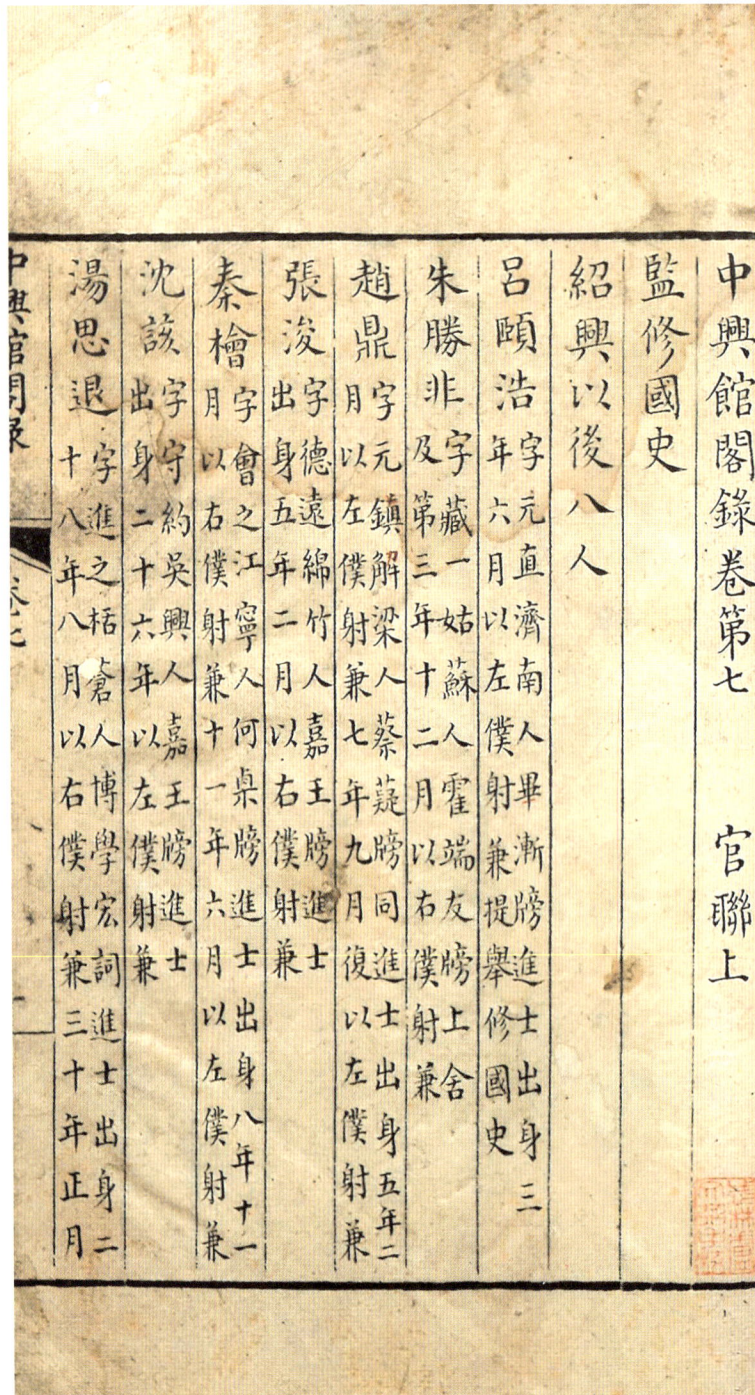

　　中興館爲南宋建立以來的皇家圖書館，是書記錄了圖書館官員的姓名、廩禄、職位及日常活動，并介紹了圖書館的基本功能，包括采編、典藏、編輯、編纂和刊刻等。

　　名録題有丁丙跋，實無。又題乾隆二十九年抄本，誤，實爲乾隆盧文弨抄本。是書歸錢塘丁氏八千卷樓後，丁氏將其配入光緒十二年（1886）丁氏刻武林掌故叢編之《南宋館閣録》全本中，合四册，以使盧抄與丁刻三卷有所比對。

　　框高20.6厘米，寬15.5厘米。半葉十行，行十八字，小字雙行同，左右雙邊，白口，單魚尾。鈐"武林盧文弨手校"印。國家珍貴古籍名録編號10330。

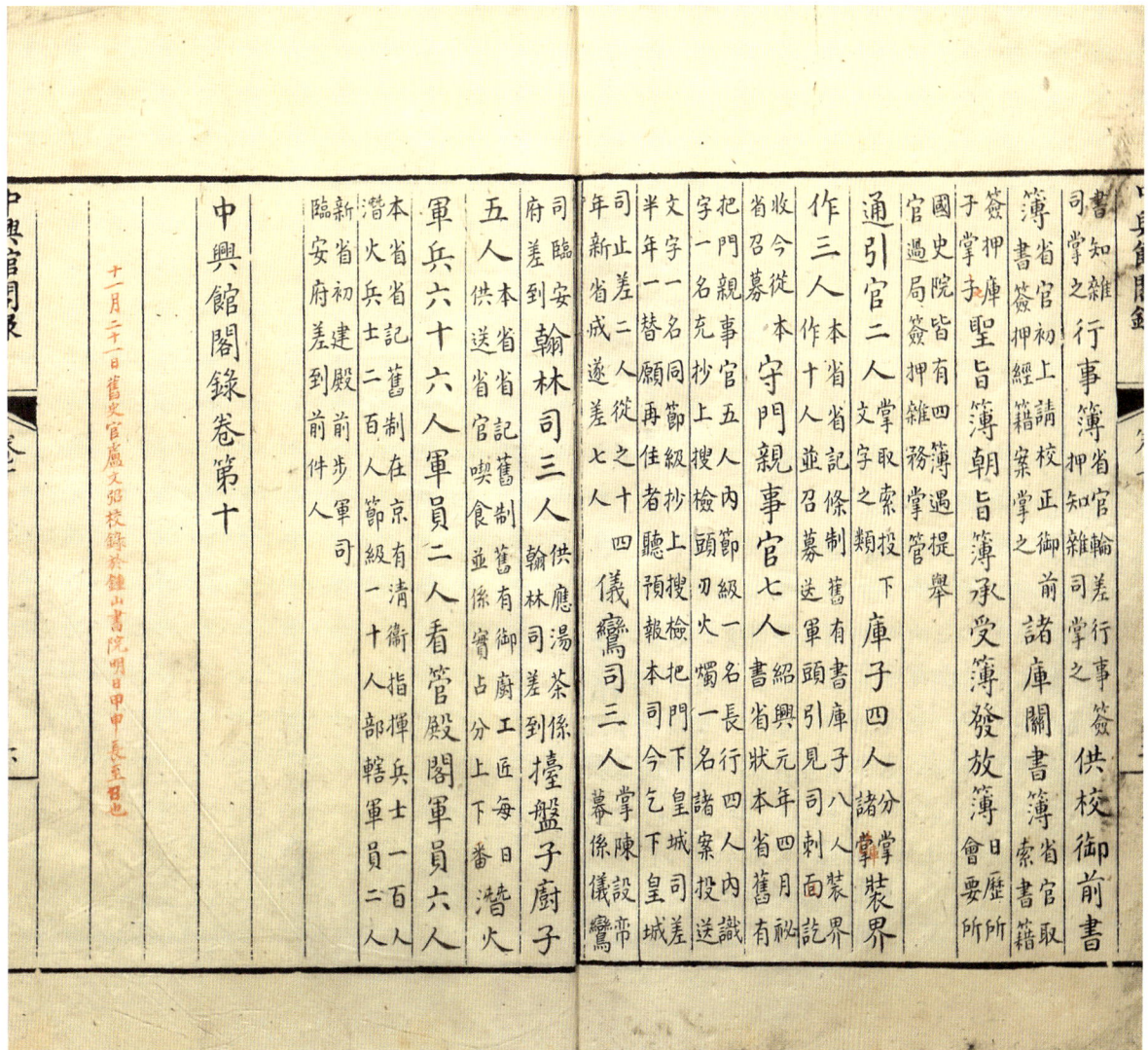

學易慎餘錄四卷

（清）葉佩蓀撰　清抄本　錢大昕批　王鳴盛批并跋

葉佩蓀（1731—1784），字丹穎，號辛麓，歸安（今屬浙江湖州）人。乾隆十九年（1754）進士，改兵部主事。歷官湖南布政使。有《傳經堂詩文集》《易守》等。

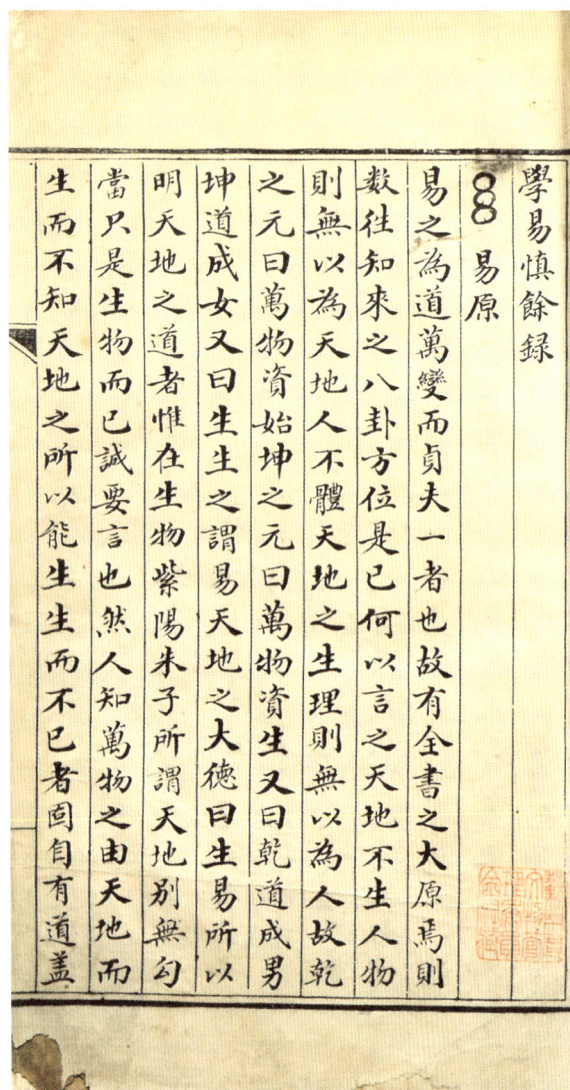

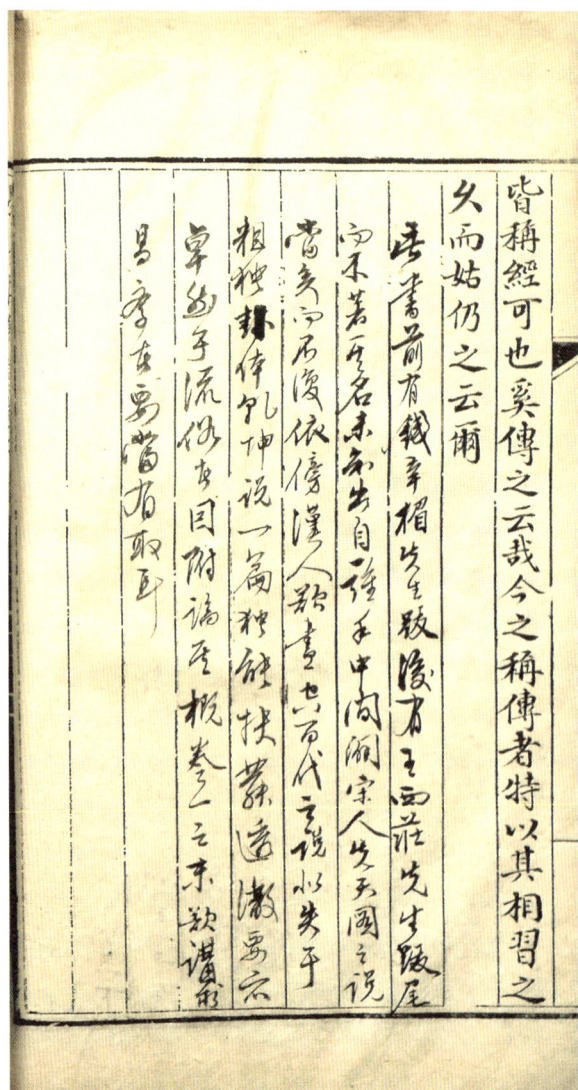

學易慎餘錄

易原

易之為道萬變而貞夫一者也故有全書之大原焉則
數往知來之八卦方位是已何以言之天地不生人物
則無以為天地之生理則無以為人故乾
之元曰萬物資始坤之元曰萬物資生又曰乾道成男
坤道成女又曰生生之謂易天地之大德曰生易所以
明天地之道者惟在生物紫陽朱子所謂天地別無勾
當只是生物而已誠要言也然人知萬物之由天地而
生而不知天地之所以能生生而不已者固自有道蓋

　　正文凡四卷：卷一易原、易名說、周易加代名說、卦字義說、象象字義說、爻字義說、重卦說、周公作爻辭說、十翼說；卷二卦體乾坤說、卦德說、卦象說、卦時說、卦位說、應爻說、近爻說、反復二卦說、六虛說、中四爻成卦說、辭例考；卷三古本周易說、傳辭不當稱象象說、十二月卦說；卷四河圖洛書、先天圖、卦變、立象盡意論。

　　框高 20.5 厘米，寬 14.2 厘米。半頁十行，行二十一字，小字雙行同，白口，四周雙邊，單魚尾。鈐“王鳴盛印”“甲戌榜眼”印。國家珍貴古籍名錄編號 10044。

239

夢粱録二十卷

（宋）吳自牧撰　清抄本　吳騫校補　劉履芬校并跋　曹元忠跋

吳自牧，南宋錢塘（今屬浙江杭州）人。仕履未詳。

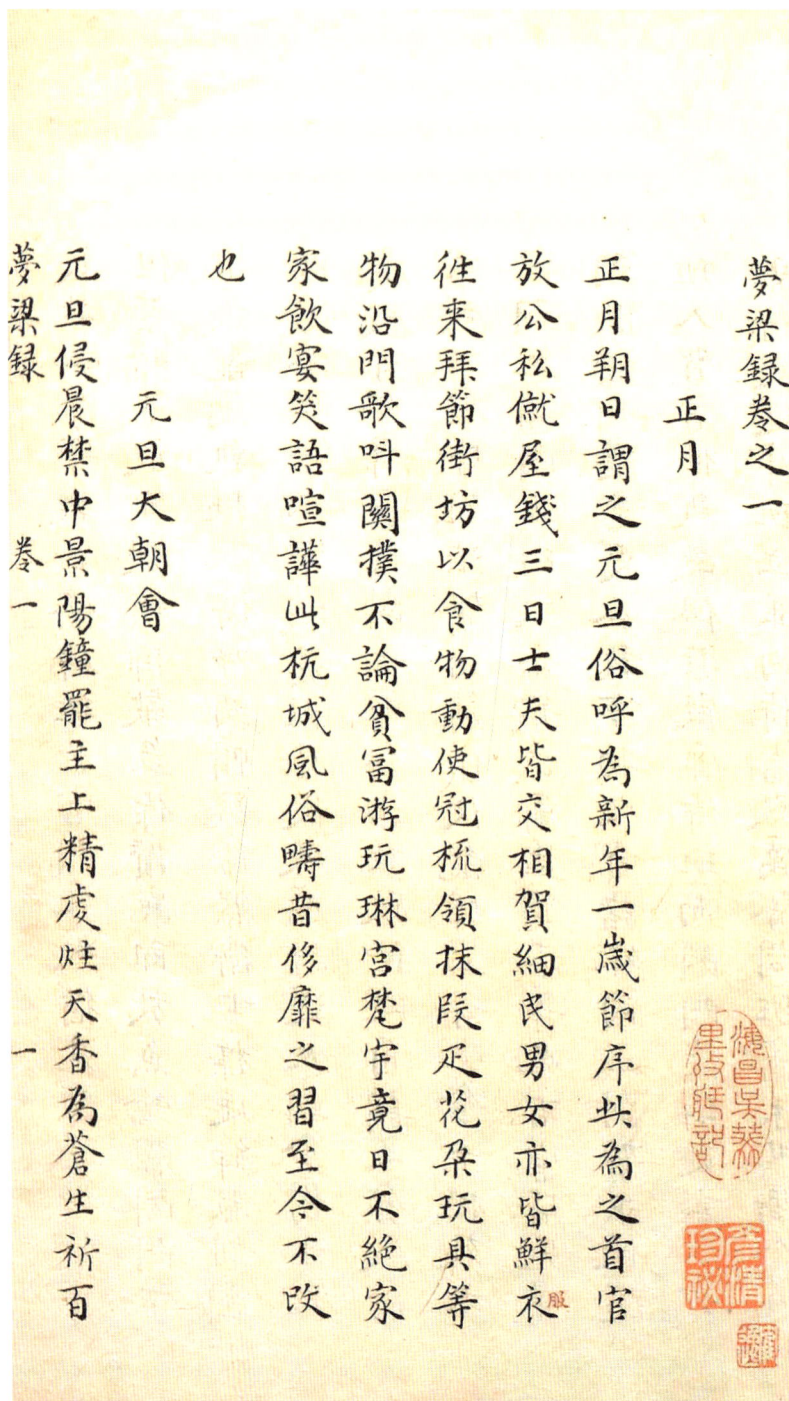

夢粱録卷之一

正月

正月朔日謂之元旦俗呼為新年一歲節序此為之首官
放公私僦屋錢三日士夫皆交相賀細民男女亦皆鮮衣
往來拜節街坊以食物動使冠梳領抹臶足花朵玩具等
物沿門歌叫關撲不論貧富游玩琳宮楚宇竟日不絕家
家飲宴笑語喧譁此杭城風俗疇昔侈靡之習至今不改
也

　　元旦大朝會

元旦侵晨禁中景陽鐘罷主上精虔炷天香為蒼生祈百

夢粱録　卷一　　一

此爲描述南宋時期都城臨安市井風貌之書。舉凡山川地理、四時景物、城市風貌、郊廟殿閣、風俗節序、物産人物、文化娛樂等各方面，記載甚詳。此本目録題"夢梁録"，正文卷端及版心題"夢梁録"，"梁"誤作"梁"。係乾嘉間拜經樓抄本，經吳騫校補，後又經劉履芬以善本再校，并過録其他版本名家明都穆、清錢曾、清張鳳池題跋，備記版刻源流。丹鉛雜陳，雖蠅頭小楷，一絲不苟，體現古人藏書也爲讀書的理念。顧麟士曾請曹元忠共賞此本，曹氏題記卷端，不勝感慨。

開本高28.3厘米，寬18.5厘米。半葉十行，行二十二字，小字雙行同。鈐"拜經樓吳氏藏書""江山劉履芬彥清手收得""曹印元忠""鶴逸"等印。國家珍貴古籍名録編號11678。

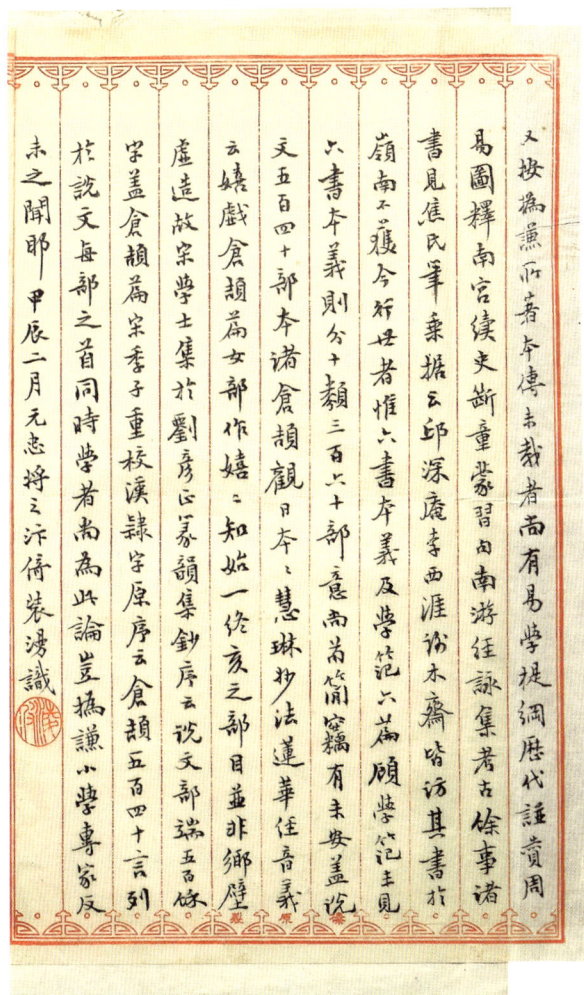

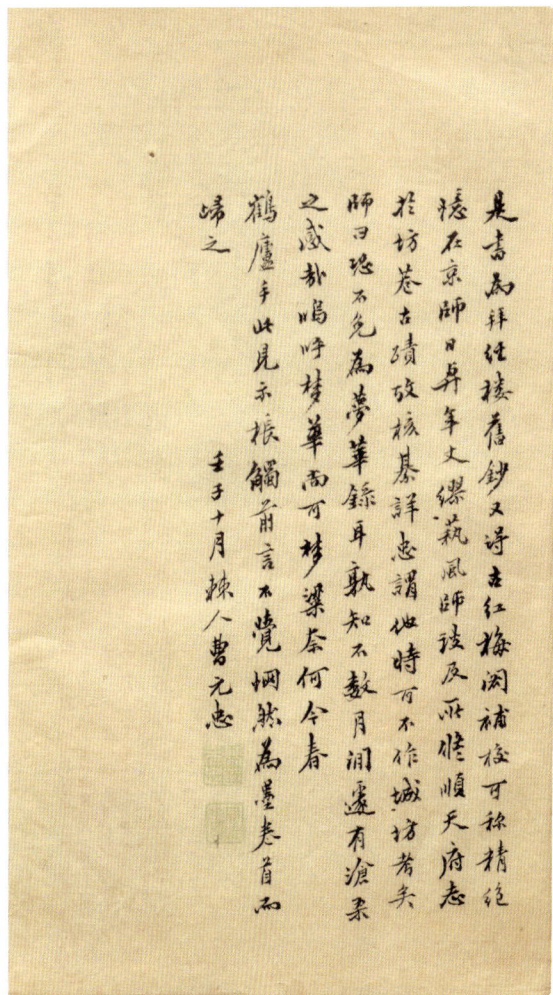

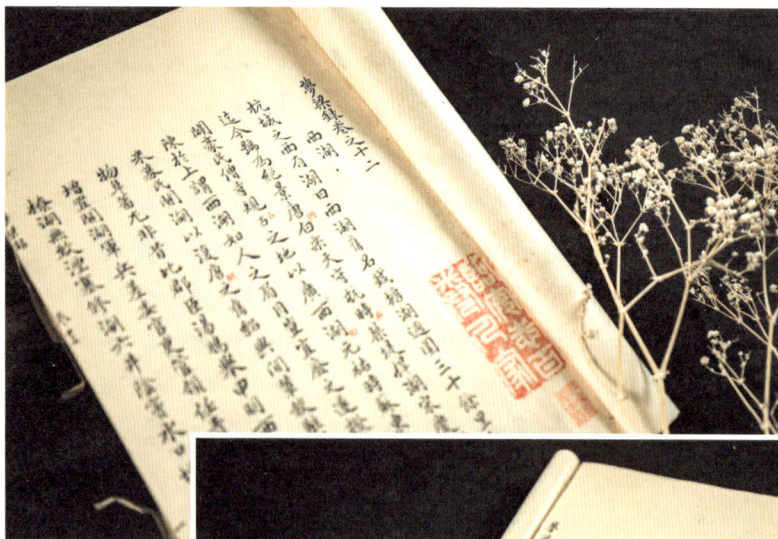

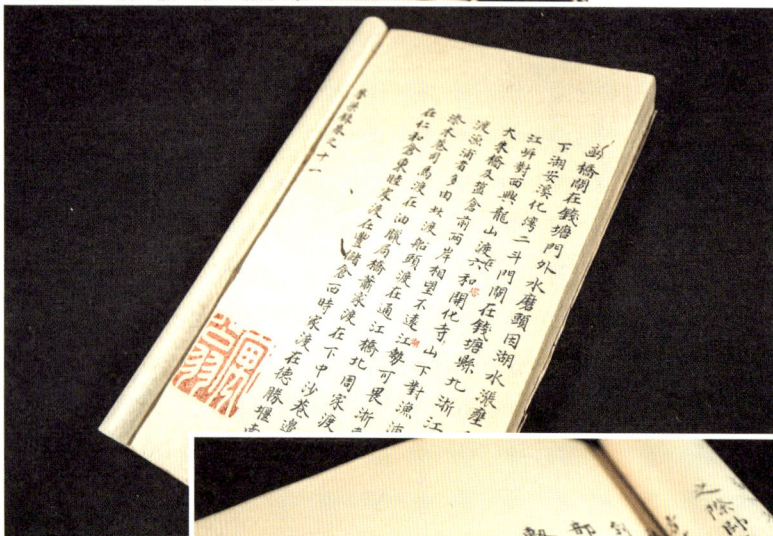

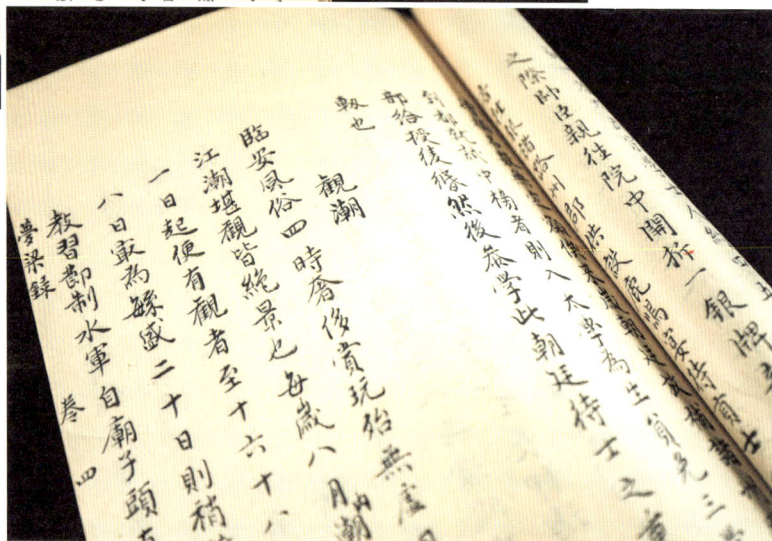

浙江海塘事宜册一卷

清彩繪本

六和塔　江搽嶺　搽村大橋　蜈蜂嶺

此册所繪乃浙江境内自獅子口至烏龍廟的江塘，從烏龍廟至江南金山縣交界處的海塘全圖，約清嘉慶年間繪製。前有《浙省江海塘説》，介紹浙江江塘、海塘歷代修建情況，中爲彩色圖繪《江海塘全圖》，書末有嘉慶年間《海塘丈尺銀數總目》，記載所費工錢。

開本高 31.1 厘米，寬 18.2 厘米。原書高 23.9 厘米，寬 18.2 厘米。半葉八行，行十八字。鈐"光緒壬辰錢塘嘉惠堂丁氏所得"等印。國家珍貴古籍名録編號 04212。

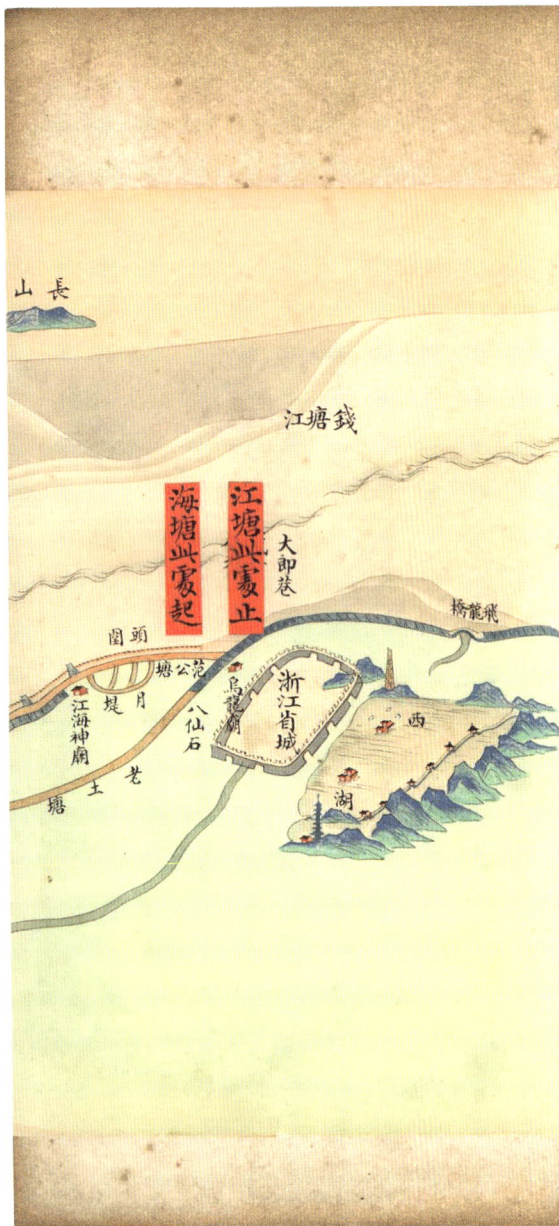

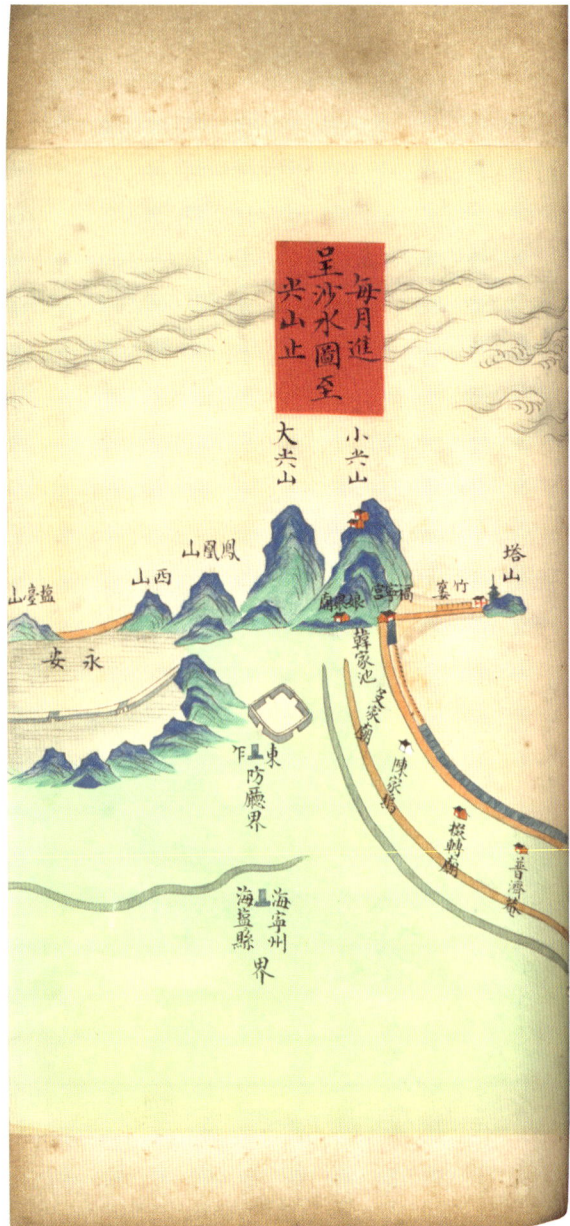

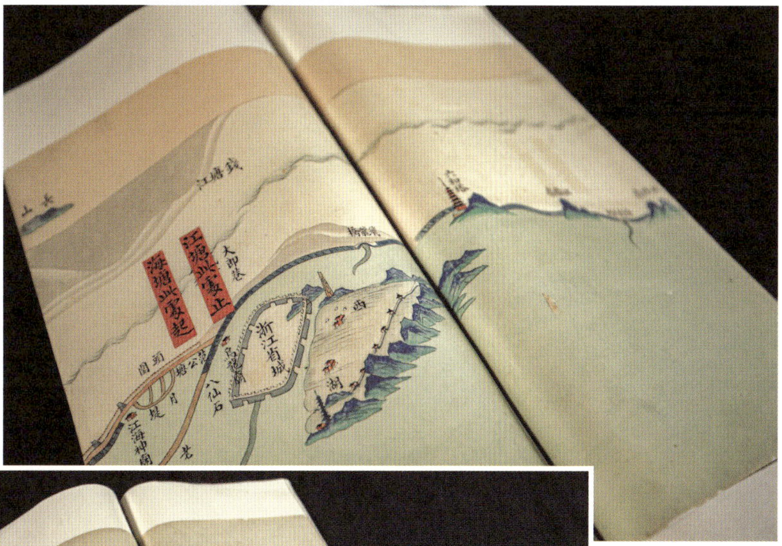

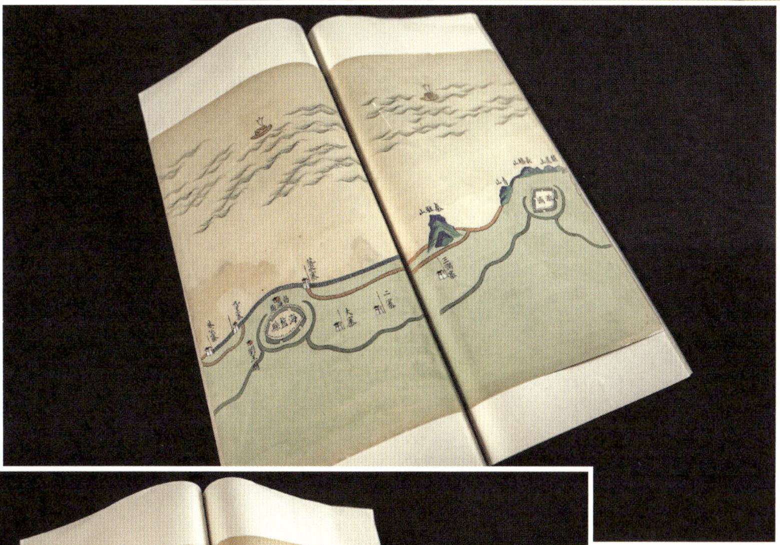

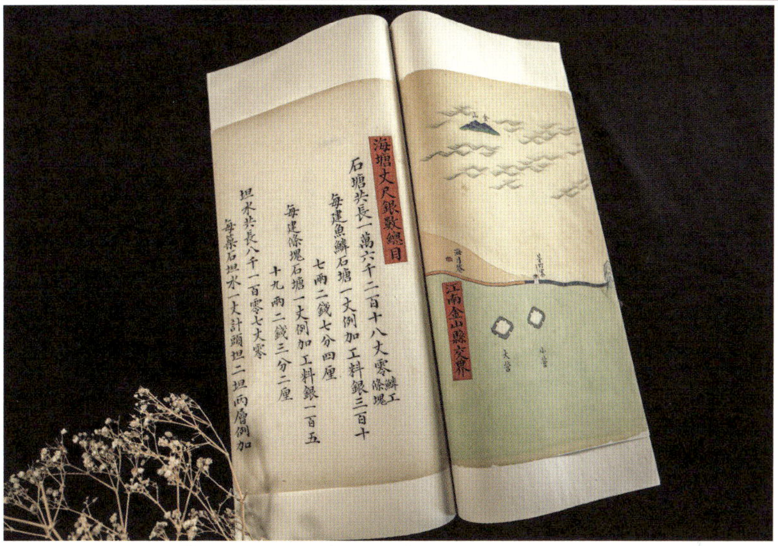